Heiko Schnickmann

Vom sächsischen Hof zur Textilhochburg
Eine Geschichte Wichlinghausens

Heiko Schnickmann

Vom sächsischen Hof zur Textilhochburg

Eine Geschichte Wichlinghausens

Rediroma-Verlag

Bibliografische Information der Deutschen Nationalbibliothek:
Die Deutsche Nationalbibliothek verzeichnet diese Publikation in der Deutschen Nationalbibliografie; detaillierte bibliografische Daten sind im Internet über http://dnb.ddb.de abrufbar.

ISBN 978-3-86870-895-0

www.rediroma-verlag.de
14,95 Euro (D)

Inhalt

Anstelle eines Vorworts: Die Geschichte eines Stadtteils

Die Geschichte eines Stadtteils, die von den Anfängen bis in die Gegenwart reicht, innerhalb eines Jahres zu schreiben, ist ein tollkühnes Unterfangen – zumal dann, wenn man, anders als Wissenschaftler an einer Universität, nicht sein Geld damit verdient, solche Arbeit zu leisten, sondern dies neben dem eigentlichen Broterwerb tun muss. Diese beiden Einschränkungen führen notgedrungen zu Problemen. Das gravierendste ist sicherlich der Umfang. Wollte man wirklich alles aufschreiben, was innerhalb einer 1200jährigen Geschichte eines Stadtteil passiert ist (und von dem man weiß), würde ein solches Buch dicker werden, als es das vorliegende ist. Daher kann diese Studie keinerlei Anspruch auf Vollständigkeit beanspruchen.

Aus diesem Grund ist es gut, dass sie das auch nicht will. Ich möchte mit dieser Arbeit keinesfalls den Schlussstein zu einer Geschichte Wichlinghausens setzen, sondern lediglich einen weiteren Stein in die Wand hinzufügen. Ich bin auch weit davon entfernt, mit dieser Arbeit komplettes Neuland zu betreten. Tatsächlich existieren bereits einzelne Veröffentlichungen, die sich mit der Geschichte Wichlinghausens beschäftigen. Als erstes ist da sicherlich die Dissertation von Walter Dietz zu nennen, die sich eingehend mit dem Wichlinghauser Hofgericht befasst[1], sowie die damit in Zusammenhang stehende Arbeit von Rainer Hendricks, in der er die Hofprotokolle des Gerichts auswertet[2]. Drittens muss an dieser Stelle die Gemeindegeschichte von Pfarrer Hans Helmich genannt werden, die zahlreiche Aspekte der Wichlinghauser Geschichte mit aufnimmt[3].

---

[1]Vgl.: Dietz, Walther: Das Hofgericht Wichlinghausen, Köln 1939.

[2]Vgl.: Hendricks, Rainer: Die märkischen Höfe in Wichlinghausen nach den Protokollen von 1660-1809, Wuppertal 1997.

[3]Vgl.: Helmich, Hans: Die Gemeinde Wichlinghausen in Wuppertal 1744 –

Von ganz anderer Qualität sind hingegen diejenigen Werke, die kaum wissenschaftlichen Standards genügen, deswegen aber dennoch interessante Einblicke in die Wichlinghauser Geschichte liefern. In erster Linie sind das die Arbeiten von Ferdinand Diekhaus aus den 1950er Jahren[4] und die von Pfarrer Hermann Lutze in den 1940er Jahren verfasste, aber erst 1964 veröffentlichte Gemeindegeschichte[5], die beide ohne Quellenangaben oftmals bei anderen abschreiben, falsch informieren und ungeprüft übernehmen.

Darüber hinaus existieren noch zahlreiche Darstellungen einzelner Aspekte. Rainer Hendricks' Arbeit über die Villa Halstenbach[6] zählt dazu, ebenso wie seine Aufsätze über die beiden Wichlinghauser Kirchen in dem von Sigrid Lekebusch und Florian Speer herausgegebenen Band über die Barmer Kirchengebäude. Darin befindet sich außerdem ein Artikel über die Erlöserkirche[7]. Die Arbeit von Margot Sundermann über den Nordpark[8] und die darauf basierende Arbeit von Antonia Dinnebier und anderen zeigen weitere Aspekte über den westlichen Teil von Wichlinghausen auf[9].

1994. Ein Beitrag zu Pietismus und Erweckung im Wuppertal, St. Augustin 1994.

[4]Vgl.: Diekhaus, Ferdinand: Unser „Dorp“ Wichlinghausen. Sein geschichtliches, wirtschaftliches und kulturelles Werden, Wuppertal 1952.

[5]Vgl.: Lutze Hermann, Aus der Geschichte unserer Gemeinde, in: Evangelisch-lutherische Gemeinde Barmen-Wichlinghausen (Hg.): Unsere Gemeinde. 1744 – 1864 – 1914 – 1964, Wuppertal 1964.

[6]Vgl.: Hendricks, Rainer: Villa Halstenbach. Geschichte eines Hauses und der Fabrikantenfamilien Mittelsten Scheid, Lekebusch und Halstenbach, Wuppertal 1996.

[7]Vgl.: Lekebusch, Sigrid/Speer, Florian (Hg.): Kirchen und Gottesdienststätten in Barmen (=Kirchen und Gottesdienststätten in Wuppertal, Band 2), Wuppertal 2008.

[8]Vgl.: Sundermann, Margot: Vom Bauernbusch zum Bürgerpark. Eine Studie zur Geschichte des Nordparks (= Mitteilungen des Stadtarchivs, des historischen Zentrums und des Bergischen Geschichtsvereins – Abt. Wuppertal 14) Wuppertal 1989.

[9]Vgl.: Förderverein Historische Parkanlagen Wuppertal e.V. (Hg.): Waldanlage Nordpark. Alleen, Spielplätze, Wildgehege, Wuppertal 2011.

In mehreren Büchern über die Geschichte Barmens oder Wuppertals kommt Wichlinghausen immer wieder vor, etwa die Geschichte Barmens von Hans Joachim de Bruyn-Ouboter[10], die Sozialgeschichte der Stadt Barmen von Wolfgang Köllmann[11] und die Studie Johann Victor Bredts zur Barmer Rechtsgeschichte[12] sowie zahlreiche Aufsätze und Quelleneditionen in der Zeitschrift des Bergischen Geschichtsvereins. Auch in den Büchern zum Wuppertaler Denkmalschutz von Michael Metschies sind einzelne Kapitel Wichlinghausen gewidmet[13]. Zu zahlreichen Aspekten des mittelalterlichen und frühneuzeitlichen Lebens in Wichlinghausen hat Gerd Helbeck in seinen Büchern zu Nächstebreck, Schwelm und Beyenburg Einblicke geliefert, die anderen Büchern fehlen[14]. Auch das Buch über Heckinghausen von Gerhard Dabringhausen gibt Hinweise auf einzelne Aspekte, auch wenn man sich bei diesem Buch gewünscht hätte, dass der Autor die von ihm benutzten Quellen an irgendeiner Stelle konkret benennt[15]. Hinzu kommen weitere Bücher über einzelne Wichlinghauser Familien, wie etwa die Mittelsten Scheids oder die Wuppermanns[16].

---

[10]Vgl.: de Bruyn-Ouboter, Hans Joachim: (1)200 Jahre Barmen. Die Stadtgeschichte, Wuppertal 2009.

[11]Vgl.: Köllmann, Wolfgang: Sozialgeschichte der Stadt Barmen im 19. Jahrhundert, Tübingen 1960.

[12]Vgl.: Bredt, Johann Viktor: Studien zur Rechtsgeschichte von Barmen, in: Zeitschrift des Bergischen Geschichtsvereins, 65. Bd, Wuppertal 1937.

[13]Vgl.: Metschies, Michael: Wuppertal wiederentdeckt, Wuppertal 1975; Metschies, Michael: Gefährdet – Gerettet – Verloren. Schicksale Wuppertaler Bauten, Wuppertal 1982.

[14]Vgl.: Helbeck, Gerd: Beyenburg. Geschichte eines Ortes an der bergisch-märkischen Grenze und seines Umlandes Bd. 1, Schwelm 2007; Helbeck, Gerd: Nächstebreck. (=Beiträge zur Geschichte und Heimatkunde des Wuppertals Bd. 30), Wuppertal, 1984; Helbeck, Gerd: Die schriftlichen Quellen zur Geschichte der Stadt Schwelm und ihres Umlandes, Schwelm 1977; Helbeck, Gerd: Schwelm. Geschichte einer Stadt und ihres Umlandes, Band I, Schwelm 1995.

[15]Vgl.: Dabringhausen, Gerhard: Heckinghausen. 1300 Jahre an der Grenze zwischen Rheinland und Westfalen, Wuppertal, 2012.

[16]Vgl.: Röhrig, Ernst Walter: Geschichte des vom Gute Lehn stammenden

Bei der Fülle an Material stellt sich natürlich die Frage, worin der Mehrwert eines weiteren Buches über Wichlinghausen liegt. Das aber ist genau der Punkt. Es gibt kein Buch über Wichlinghausen als Ganzes. Am ehesten kann Helmich diesen Anspruch erfüllen – allerdings lediglich in chronologischer Hinsicht. Sein Buch ist der Natur der Sache gemäß sehr an der Gemeindegeschichte orientiert, konzentriert sich vor allem auf einzelne Pfarrer und übergeht dabei andere Aspekte der Geschichte.

Die Arbeiten von Bredt und Dietz haben den Nachteil, dass sie bereits vor über 80 Jahren veröffentlicht wurden und daher zahlreiche Entwicklungen historischer Forschung nicht mitmachen konnten, sie sind in vielen Stellen daher schlicht veraltet. Das gilt auch für einzelne Aufsätze, die vor dem Zweiten Weltkrieg in der Zeitschrift des Bergischen Geschichtsvereins erschienen.

Hinzu kommt die Tatsache, dass die besondere Situation Wichlinghausens als Grenzregion es nötig macht, sich auch mit anderen als den bergischen Aspekten der Wichlinghauser Geschichte zu beschäftigen. So sind Erkenntnisse zur märkischen Geschichte, zur Geschichte des Amtes Wetter oder gar zu den westfälischen Grafschaften, zu denen Wichlinghausen einmal gehört hat, bisher kaum berücksichtigt worden.

Sich einmal umfassend mit der Geschichte Wichlinghausens zu beschäftigen, Altes zu überprüfen, bestehende Wahrheiten mit weiteren Aspekten zu vergleichen und daraus Schlüsse zu ziehen, die den Charakter eines Stadtteils genauer bestimmen, war daher längst überfällig.

Um der Fokussierung auf einen Aspekt zu entkommen, der oftmals dazu führt, dass man Tatsachen und Aspekte außerhalb seiner eigenen Scheuklappen nicht bemerkt, habe ich mich dazu entschieden, einen umwelthistorischen Ansatz zu wählen, um mich dem heimatgeschichtlichen Thema einer Stadtteilgeschichte zu

---

Geschlechtes Mittelsten Scheid, Barmen 1928; Dietz, Walter: Chronik der Familie Wuppermann, Bd. 1, Leverkusen-Schlebusch 1960.

widmen. Damit ist entscheidend, dass man hier differenziert, denn der Begriff *Umwelt* ist dabei keineswegs mit dem der *Natur* gleichzusetzen. Vielmehr ist die Natur nur ein Teil der Umwelt. *Umwelt* bezeichnet einen wesentlich größeren Aspekt. Darunter fallen auch von Menschen gemachte Fakten im Bereich Politik, Wirtschaft, Religion oder Architektur und Kunst. Im Großen und Ganzen behandelt eine Umweltgeschichte Wichlinghausens die Wechselwirkung zwischen dem Menschen und seiner Umwelt. Es stellen sich dabei Fragen nach den natürlichen Faktoren, die das Handeln des Menschen beeinflussen. Im Falle von Wichlinghausen sind das etwa die Qualität des Bodens für den Ackerbau, die Menge an vorhandenem Wasser für die Sicherung einer gewissen Lebensqualität oder die Hanglage für die Bedeutung der Besonnung. Gleichzeitig ergeben sich daraus auch Fragen nach den Auswirkungen menschlichen Verhaltens auf die Umwelt, wie etwa den Wasserverbrauch oder die Haustierhaltung und Pflanzenzucht. Darüber hinaus wirken die Aspekte der politischen Grenzlage, des religiösen Verhaltens oder der wirtschaftlichen Entwicklung sich ebenso auf die Menschen innerhalb eines Stadtteils aus. Die Aufgabe besteht darin, diese verschiedenen Aspekte zu verknüpfen und damit sinnvolle Verbindungen herzustellen, die einzelne Episoden oder besser noch zusammenhängende Entwicklungen aufzeigen und erklären können.

Diese Entwicklung soll mit diesem Buch durch die Zeit verfolgt werden. Der erste Teil beschäftigt sich daher zunächst mit den äußerst spärlichen Informationen zur mittelalterlichen Geschichte Wichlinghausens. Der zweite Teil setzt mit dem 16. Jahrhundert und der Garnnahrung ein und endet mit der Gründung der Kirchengemeinde. Im letzten Teil schließlich geht es um den Aufstieg Wichlinghausens zur Textilhochburg vom späten 18. Jahrhundert an und den mit dem Ende dieser Industrie verbundenen Strukturwandel und reicht bis in das Jahr 2015.

Es versteht sich von alleine, dass dieses Buch daher nicht das endgültige Urteil über die Geschichte Wichlinghausens sein kann. Vor allem die Aspekte über die mittelalterliche Geschichte Wichlinghausens und Barmens benötigen ein eigenes Buch, um die Verwicklungen, Besitz- und Eigentumsverhältnisse oder Verwandtschaftsbeziehungen aufzuzeigen.

Die Perspektive dieses Buches ist teilweise eingeschränkt. Das zeigt sich zum Beispiel daran, dass zahlreiche Ereignisse aus der Kirchengeschichte Wichlinghausens manchmal mehr Platz einnehmen als nötig. Das liegt vor allen an zwei Dingen. Zum einen habe ich das Jahr 2014 damit zugebracht das Archiv der Kirchengemeinde zu ordnen und zum anderen habe ich das 100jährige Bestehen der Erlöserkirche in Wichlinghausen durch Vorträge und eine vor mir gestaltete Ausstellung begleitet. Für das Buch konnte ich daher auf viele Erkenntnisse aus diesem Bereich zurückgreifen.

Daher will das Buch den Leser noch zuletzt dazu auffordern, sich selbst mit der spannenden Geschichte des Stadtteils auseinanderzusetzen. Es fordert zu Widerspruch auf und animiert zum eigenen Forschen – das ist meine Hoffnung.

Schließlich bleibt noch der Dank an alle die helfenden Hände und Augen, die mich bei diesem Buch unterstützten. Allen voran meine Mutter, die in einem atemberaubendem Tempo Korrektur las und dabei zahlreiche Fehler entdeckte, dem Vorsitzenden des Bergischen Geschichtsvereins Wuppertal Hans Joachim de Bruyn-Ouboter (1947-2016), der es sich trotz mangelnder Zeit nicht nehmen ließ, noch einmal auf inhaltliche Korrektheit zu achten, den Mitarbeitern der Archive und meinen zahlreichen Freunden und Bekannten, die aufgrund dieses Projekts irgendwann dazu übergingen, das *Heilige Römische Reich Wichlinghauser Nation* auszurufen.

Wichlinghausen, am 3. Oktober 2015
Heiko Schnickmann

Teil I. Von den Anfängen bis zur Stiftung Wennemars

1. Wichlinghausen von den Anfängen bis in Frühmittelalter

Wie andere Teile Wuppertals auch gehört Wichlinghausen geologisch zum Rheinischen Schiefergebirge, einer dem Devon (vor etwa 400 Mio. Jahren) entstammenden Gesteinsformation, die maßgeblich für das Aussehen Wichlinghausens verantwortlich ist[17]. Dieses Erdzeitalter wird innerhalb der Geologie noch in weitere kleinere Einheiten unterschieden, so dass man nicht nur vom Devon, sondern auch vom Unter,- Mittel- und Oberdevon sprechen kann. Die beiden letzten Zeiten sind in Wichlinghausen im Bereich des Klingelholl erkennbar. Diese lange Straße, die von der Westkotterstraße im Osten bis zur Leimbach im Westen führt, trennt zugleich diese beiden Erdzeitalter. Der höher gelegene Teil nördlich, auf der heute die Erlöserkirche, der jüdische und der evangelische Friedhof, der Gemarker Gemeindestift und natürlich der Nordpark stehen, ist der jüngere Teil und gehört zum Oberdevon (vor 380 – 350 Mio. Jahre). Südlich des Klingelholl, am Sedansberg und dem Wichelhaushof, findet sich Gestein aus dem Mitteldevon (vor etwa 390 Mio. Jahren)[18].

[17]Vgl.: Leja, Michael, Tesche-Ricciardi: Als das Bergisches Land noch am Äquator lag, hrsg. von Sigurd Tesche, Remscheid 2012, 84; de Bruyn, Barmen, 11; Lücke, Martin: Von Ausbruch bis Verwerfung. Magma, Meer und Mandelstein, in: Förderverein Historische Parkanlagen Wuppertal e.V. (Hrsg.): Waldanlage Nordpark. Alleen, Spielplätze, Wildgehege, Wuppertal 2011, 2-5.

[18]Vgl.: Lücke, Magma, 2-5.

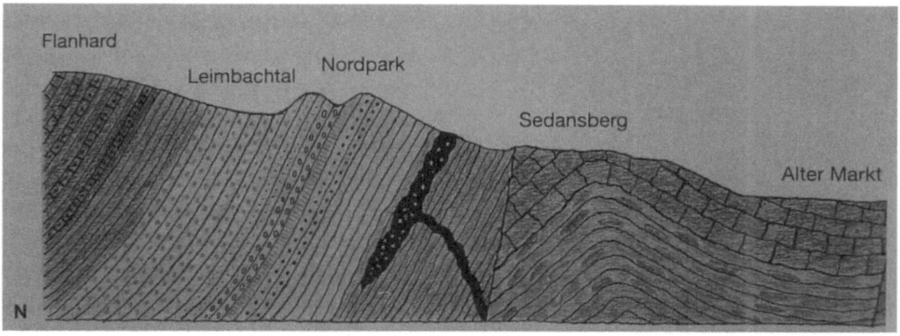

1. Das Profil des nördlichen Barmens

Dieser Übergang glich einer Revolution der Landschaft, denn bis in den Devon hinein lag das gesamte Bergische Land und damit auch Wichlinghausen unter Wasser – genauer in einem Meeresarm, dem so genannten Variszischen Ozean. Dieser Meeresarm trennte den Kontinent Laurussia von dem bekannten Südkontinent Gondwana. Der Kontinent Laurussia verfügte über wenig bis gar keine Pflanzenwelt, was dazu führte, dass Wind und Wetter zu seiner Erosion führten. Die Flüsse brachten das losgelöste Gestein in das Meer. Innerhalb der ältesten Phase des Devon (vor etwa 410 Mio – 390 Mio. Jahren) gelangte so eine Gesteinsschicht von bis zu acht Kilometern Höhe in das Meer, was zur Entstehung zahlreicher Flachgewässer führte. Damit kehrte für die Zeit des Mitteldevon Ruhe ein[19].

Damit war es aber vorbei, als das enorme Gewicht der Gesteinsmassen, die von Laurussia ins Meer gerutscht waren, auf den Meeresboden drückte und so Risse entstehen ließ, durch die Magma austreten konnte. Aus diesem Magma entstand Diabas, der heute die Bügerallee und auch den Nordpark ziert. Doch noch immer lagen diese Gebiete unter Wasser[20].

---

[19]Vgl.: Leja, Äquator, 60f.
[20]Vgl.: Ebenda; Lücke, Magma, 2-5.

2. Das Bergische Land im Mitteldevon

Dies änderte sich erst in der Zeit des späten Karbon (vor etwa 305 Mio. Jahren). Die Risse im Meeresboden, die großen Geröllmengen im Meer und die austretende Lava waren Faktoren für eine Beschleunigung des Kontinentaldrifts. Gondwana und Laurussia kamen immer weiter aufeinander zu und machten das, was einst der Variszische Ozean gewesen war zum Variszischen Gebirge, dessen Reste das heutige Rheinischen Schiefergebirge bilden. Das Gebirge selber war bis zum Ende der Kreidezeit vor 66 Mio. Jahren abgetragen worden[21].

Aus dieser Entwicklung ergeben sich die Höhen, die derjenige bewältigen muss, der sich auf den Weg durch Wichlinghausen macht, ebenso wie die Beschaffenheit des Bodens. Der höchste Punkt Wichlinghausens (Am Bilten) liegt etwa auf einer Höhe von etwa 265 Metern über dem Meeresspiegel und liegt damit etwa 100 Meter über der Oberbarmer Talsohle und 70 Meter über dem Wichlinghauser Markt. Dieser Anstieg war für die Besiedlung der Stadtteils ebenso von Bedeutung wie die Beschaffenheit des Bodens nördlich des Klingelholls. Das Wasser versickerte hier nicht, wie südlich des Klingelholls, sondern bildete Bäche, an denen sich

[21]Vgl.: Leja, Äquator, 92f.

die ersten Höfe bilden konnten. Die zur Sonne gelegene Hanglage sorgte zudem für relativ gutes Ackerland[22].

Die Eiszeit, die vor 1,8 Millionen Jahren begann und vor etwa 200.000 Jahren bis an das Rheinische Schiefergebirge heran ragte, war ausschlaggebend für die Entstehung der Wupper und ihrer Zuflüsse und -bäche[23]. Letztere prägten die Wichlinghauser Landschaft. Neben dem Wichlinghauser Bach, dem Westkotter Bach, der Schellenbeck und Leimbach sind das auch noch die kleineren Bäche des Nordparks. Die Bäche und die Sonne waren daher ausschlaggebend für die Siedlungen, die später Wichlinghausen werden sollten.

3. Aufschüttungen im Nordpark

[22]Vgl.: de Bruyn, Barmen, 15.
[23]Vgl.: Ebenda, 16.

Mit diesem Begriff *Wichlinghausen* werden zwei politische Bezirke bezeichnet, die sich in Nord und Süd aufteilen. Die Grenze zwischen beiden bildet die obere Westkotter Straße, die Oststraße und der Diek. Wichlinghausen-Nord grenzt sich nach Westen an der Märkischen Straße ab, im Nordwesten bildet die A46 die Grenze. Nordöstlich bilden der Beuler Bach und die Schellenbeck, die Grenze nach Nächstebreck und im Osten selber ist es die Straße An der Beule, die Wichlinghausen von Langerfeld abgrenzt.

Die Grenze von Wichlinghausen-Süd nach Oberbarmen und Langerfeld bildet die Strecke der Rheinischen Eisenbahn, der heutigen Nordbahntrasse, die Wichlinghausen im Süden und Osten abtrennt. Im Westen ist es die Westkotter Straße, die an der Ecke Münzstraße die Grenze nach Süden schließt.

Das aber ist lediglich die aktuelle kommunalpolitische Abgrenzung. Grenzen von Kirchengemeinden und Pfarrbezirken sind oftmals wesentlich älter. Schaut man auf die Grenzen der evangelischen Kirchengemeinde Wichlinghausen-Nächstebreck, reichen die Gemeindebezirke des Wichlinghauser Teils weiter nach Westen und grenzen Wichlinghausen erst ab der Leimbach und dem Sedansberg von der Barmer Innenstadt ab. Bis zum Jahre 1954 wurde auch die im Norden gelegene Gemeinde Hatzfeld, die heute zu Gemarke-Wupperfeld gehört, als Bezirk zum Teil von der Kirchengemeinde Wichlinghausen betreut. Der im Jahre 1912 eingeweihte Friedhof an der Gennebrecker Straße wurde von der Gemeinde Wichlinghausen betrieben, so dass auch der heutige Bereich Schellenbeck zumindest in Teilen zur Kirchengemeinde gezählt wurde.

Noch älter sind Grenzen, die sich aus Straßennamen ergeben können oder solche, die sich durch fehlende landwirtschaftliche Kultivierung auszeichnen. Im Süden Wichlinghausens findet sich mit dem Krühbusch eine Straße, die auf Kraut schließen lässt, das in diesem Bereich wuchs und dabei so dicht wucherte, dass man gemeinhin von einem Busch sprach, durch den nur schwer durchzukommen war. Weiter westlich setzte sich diese Grenze fort. Im Sonnabend gab es ein kleines Wäldchen, das etwa dort Bestand hatte, wo heute die Nordbahntrasse verläuft. Durchbrochen wurde die Grenze von der Wichlinghauser Straße, die nach Wupperfeld und Rittershausen führte.

Im Norden Wichlinghausens findet sich mit dem Begriff *Markland* ein Hinweis auf eine Grenze, die mit *Mark* bezeichnet wurde. Damit verwandt ist der Begriff *Gemarke* bzw. *Gemarkenwald.* Ein solcher findet sich im 16. Jahrhundert im Bereich des heutigen Nordpark erwähnt, so dass auch dieser eine Grenze bildete – wohl zum Bereich der Grafschaft Mark, die sich im Nordosten an Wichlinghausen direkt anschloss[24].

Zum Westen hin haben wir mit der Barmer Landwehr, einem spätmittelalterlichen Abwehrbau, eine politische Grenze, die das Amt Beyenburg vom märkischen Gebiet abgrenzen sollte. Sie führt an der Leimbach vorbei bis hoch nach Hatzfeld[25]. Diese Grenze verschob sich am Ende des Mittelalters weiter nach Osten[26]. Die Schellenbeck und die Mählersbeck bildeten so schließlich ab dem 17. Jahrhundert eine Grenze zwischen dem Bergischen Land und der Grafschaft Mark. Sie ist in etwa dort anzusiedeln, wo heute die Wittener Straße verläuft[27].

Damit ist das Gebiet, dass hier als Wichlinghausen bezeichnet werden soll, abgesteckt. Im Westen reicht es bis an die Leimbach, führt über den Nordpark, Westkotten und den Wichlinghauser Markt nach Norden zum Markland, folgt der Schellenbeck bis zum Beckacker und reicht im Südosten an der Krühbusch heran. Im Süden grenzt die Nordbahntrasse den Stadtteil ab.

---

[24]Vgl.: Lücke, Magma, 6.
[25]Vgl.: Helbeck, Beyenburg 1,134.
[26]Vgl.: Helbeck, Nächstebreck, 64f.
[27]Ebenda, 63.

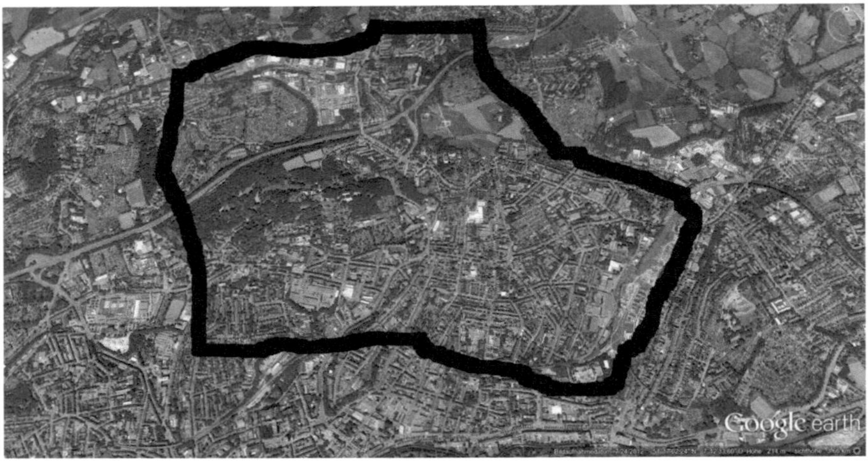

4. Grenzen von Wichlinghausen

Anfang des 19. Jahrhunderts schrieb der Historiker Vincent Paul Sonderland in seiner Geschichte von Barmen, über eine sehr alte Siedlung im Wichlinghauser Raum, denn

> „[n]ur die Sagen, daß vor dem achten Jahrhundert […] am Bilten ein Götzenbild verehrt worden ist, giebt uns Kunde, daß damals ein Theil des jetzigen Gebiets von Barmen bewohnt gewesen sey".

Er begründet diese Sage damit, dass mit *Am Bilten* ein Hof gemeint sei, der früher *Am Bilde* hieß, und dass dort „ein Götzenbild gestanden und dem Hofe den Namen gegeben haben" soll[28].

Solche volksetymologischen Herleitungen von Ortsnamen sind gängiger Bestandteil von Versuchen, sich die eigene Region und deren Besonderheiten zu erklären. Auch wenn zahlreiche solcher Erklärungen in die Irre führen, sind nicht alle gleich falsch. Was also hat es mit dem Ort A*m Bilten* oder auch *Am Bilde* auf sich? Die älteste schriftliche Überlieferung dieses Wortes überhaupt

---

[28] Sonderland, Vincent Paul: Die Geschichte von Barmen im Wuppertale, Elberfeld 1821, 15.

stammt aus dem 8. Jahrhundert und hat die Bedeutung von *Muster* oder *Vorbild.* Wenn Sonderland von einem Götzenbild spricht, müssen wir davon ausgehen, dass es sich um das Abbild eines Gottes gehandelt haben könnte. Das Wort *Bild* in der Bedeutung von *Abbild* findet sich aber erst später als 800[29], so dass eine frühe Benennung des Hofes nach einem Götterbild wohl ausgeschlossen werden kann. Eine erste Erwähnung des Hofes findet sich zudem erst im Jahre 1642[30]. Hinzu kommt die Tatsache, dass auch eine Ableitung des Verbs *bilden* möglich ist. Anders als *Bild* ist hier die sprachhistorische Entwicklung recht gut belegt. Seine früheste Bedeutung ist die des *Gestaltens* oder auch *Form Gebens*[31]. Daraus hat sich, wie das englische Wort *to built* noch belegt, auch eine Form von *bauen* ergeben.

Der Begriff *Bilten* ist in Wichlinghausen dafür aber noch an anderer Stelle belegt, und dabei gar nicht so weit von der heutigen Straße Am Bilten entfernt. Nicht nur war der Ort, an dem 1852 der Friedhof an der Friedhofstraße angelegt wurde, als *Bilter Feld* bekannt, auch gab es im Bereich Westkotten einen Hügel, der *Bilten* genannt wurde. Seine Spitze war der so genannte *Bilter Kopp*[32]. Da der Bereich des Hofes Westkotten in den 1970er Jahren durch die Neubauten in der Waisenstraße geändert wurde, gibt es ältere Bilder, die den Bereich ohne die alten Fachwerkhäuser zeigen. Größere Hügel sind darauf nicht zu erkennen. Ein Bild[33] aus den 1920er Jahren zeigt das Haus Westkotten. Links hinter dem Haus führt ein kleiner Weg hinauf zu einem weiteren Haus, das auf einer kleinen Erhebung steht. Es ist möglich, dass die kleine Erhebung der genannte Hügel *Bilten* ist. Er ist auch heute noch vorhanden

---

[29]Vgl.: Seebold, Elmar: Kluge. Etymologisches Wörterbuch der deutschen Sprache, Berlin/Boston [25]2011, 122f.

[30]Vgl.: Stock, Wolfgang: Wuppertaler Straßennamen. Ihre Herkunft und Bedeutung, Essen 2002, 22.

[31]Vgl.: Seebold, Kluge, 123.

[32]Vgl.: Stock, Straßennamen, 22.

[33]Ebenda, S. 389.

und zeigt sich in der leicht hügeligen Geographie der Hochhausanlage im Bereich Waisenstraße/Märkische Straße.

Daher kann man vermutlich annehmen, dass der Begriff *Bilten*, womöglich durch die Bedeutung *bauen* oder *formen*, ein regionales Wort für einen kleinen Hügel ist. Schaut man sich mit diesem Wissen die heutige Straße Am Bilten an, fällt in der Tat auf, dass diese auf einem niedrigen Hügel oberhalb der Müggenburg zu finden ist. Der dort erwähnte Hof ist daher wahrscheinlich mit dem Namen *Auf dem Hügel* gekennzeichnet worden. Somit scheint mir die These Sonderlands hinfällig.

Wenn demnach die ersten Siedler, denn davon muss man ausgehen, wenn man ein Heiligtum mit Abbild eines Gottes vermuten will, nicht in grauer Vorzeit in Wichlinghausen gesiedelt haben, muss diese Besiedlung später angesetzt werden. Hinweise auf einen Zeitraum gibt uns sowohl der Name *Wichlinghausen* als auch ein Eintrag aus dem Heberegister des Klosters Werden im Süden von Essen.

Der Eintrag stammt aus dem Jahr 837 und ist auf den 17. Oktober datiert[34]. Darin vermacht Erp, der Sohn Aldrichs dem Kloster Werden ein Stück Wald im nördlich von Wichlinghausen in Velbert gelegenen Felderbachtal. Damit können wir davon ausgehen, dass im Norden Wuppertals bereits Siedler wohnten, die sich dem Land angenommen hatten und dort Ackerbau betrieben. Gleichzeitig haben sie Land zu ihrem Eigentum erklärt, dass noch nicht kultiviert war, wie eben das Waldstück im Felderbachtal, das durch Werden gerodet wurde.

Über den Namen des Stifters Erp, Sohn von Aldrich, ist es zudem möglich auf die mögliche Herkunft dieser Siedler zu tippen. Aldrich ist ein sächsischer Name, der sich etwa in den altenglischen Chroniken als Aldric wiederfindet. In Verbindung mit der Tatsache, dass Ortsbezeichnungen auf *-inghausen* oder *-inghofe* auf

[34]Vgl.: Lacomblet, Theodor: Urkundenbuch für die Geschichte des Niederrheins, Düsseldorf 1840, Nr. 52, 24.

sächsische Siedler hinweisen[35], ist eine Siedlung sächsischen Ursprungs sehr wahrscheinlich. Zahlreiche solcher Ort finden sich im Nordosten Wuppertals, so neben Wichlinghausen etwa Heckinghausen, Ellinghausen, Mödinghofe, Jesinghausen und nördlich von Wuppertal auch Hasslinghausen.

Dabringhausen weist darauf hin, dass sich schon in der Zeit von 700 bis 770 einige solcher sächsischen Siedlungen etabliert haben könnten. Seine Vermutung gründet sich auf eine undurchdringliche Grenze zwischen heidnischen Sachsen und christianisierten anderen germanischen Völkern. Tatsächlich drangen die Sachsen ab 700 in die Gebiete etwa der Brukterer ein und siedelten dort[36]. Die Tatsache, dass vor dem Beginn der lang andauernden Sachsenkriege Karls des Großen 772, nur wenige Feldzüge gegen die Sachsen unternommen wurden, zeigt nach Dabringhausen, dass eine frühe Siedlung durchaus möglich sei. Davon abgesehen waren die sächsischen Siedlungen, die in Wichlinghausen und nördlich davon existierten, von Wald umgeben, der erst durch zahlreiche Rodungen des Klosters Werden verschwand. Für großangelegte Eroberungs- und Kriegszüge eignet sich ein solches Gebiet nicht. Daher ist es durchaus möglich, dass Sachsen in Wichlinghausen schon vor 800 siedelten.

Welche Informationen kann man über diese Siedler finden? Während die Endung *-hausen* auch heute noch die Verbindung zu *Haus* aufzeigt, weist der Wortbestandteil *-ing* auf den Begriff *Sippe* hin, wohl desjenigen, den man sich zum Stammvater wählte. Im Fall von Wichlinghausen wird es sich um einen Sachsen mit Namen Wichmar gehandelt haben, weist doch eine Urkunde von 1384, auf der Wichlinghausen erwähnt wird, den Stadtteil als *wychmaringhusen* aus.

Die Landschaft, die Wichmars Familie vorfand, war mehrheitlich

[35]Vgl.: Helbeck, Nächstebreck, 26f.
[36]Vgl.: Dabringhausen, Heckinghausen, 21ff.

durch Wald geprägt, der sich aus Rotbuchen zusammensetzte[37]. Weiter nördlich, am Gebiet des heutigen Mallack sind auch Erlen möglich, darauf lässt neben dem Namen (*Am Allack = Am Erlenacker*) auch der Boden schließen, der für diesen Baumbestand geeignet ist. Dennoch ist es eher wahrscheinlich, dass hier Eichen standen, darauf weisen zumindest Quellen aus dem 16. Jahrhundert hin[38].

Neben den Bäumen muss vor allem auf die Bäche hingewiesen werden. Quellen und Fließgewässer sind für eine menschliche Ansiedlung, auf der Ackerbau und Viehzucht betrieben werden soll, eine Grundvoraussetzung. Der Wichlinghauser Bach, der heute unter der Wichlinghauser Straße fließt und in der unteren Tütersburg entspringt, bot für einen einzelnen Hof eben eine solche Voraussetzung. Dazu kamen die seit der Spätantike benutzte Straße nach Schwelm, die durch Wichlinghausen führte, sowie der ansteigende Berg, der durch den Wechsel der Gesteinsschichten ein flaches Areal auf Höhe des Marktes bot. Südlich vom Markt, im Gebiet der heutigen Rathenaustraße, fand sich zudem sehr fruchtbarer Boden. Der dort zu Beginn des 19. Jahrhunderts erwähnte Wichlinghauser Garten weist darauf ebenso hin, wie der Pfarrgarten und der Garten der ehemaligen Hirschapotheke, die an der rechten bzw. linken Ecke der unteren Rathenaustraße vorhanden waren. Dazu kam der Wald, der am Sonnabend stand und eine Grenze zur Gegend an der Wupper bildete.

Wer ein Haus bauen will, der benötigt anfangs vor allem Holz. Die Bewaldung am Freudenberg bzw. Sonnabend war dafür ideal. Der Boden am Fuße des Freudenbergs war fruchtbar, mit der Straße vor der Haustür besaß man Kontakt zu Händlern und konnte

---

[37]Vgl.: Sundermann, Bauernbusch, 6.

[38]Vgl.: Sundermann, Bauernbusch, 5 u. 7. Dabei ist zu beachten, dass im Mittelalter bereits diese Baumart gerne gepflanzt wurde, so dass sich eher ein Eingriff des Menschen vermuten lässt. Dennoch sind vereinzelte Eichen vorstellbar.

eigenen Überschuss verkaufen sowie gleichzeitig eventuelle Abgaben an das Kloster Werden nach Norden über die Strecke der heutigen Tütersburg bringen. Die Talsohle mit der ständigen Bedrohung durch Überschwemmung war dreißig Meter weiter unten weit genug entfernt. Der Wichlinghauser Bach floss am eigenen Grundstück vorbei. Es kann also gut sein, dass das erste Hofeshaus, das in Wichlinghausen gegründet wurde, an der Ecke Westkotter Straße/Wichlinghauser Straße stand. An dieser Stelle sah bereits der Barmer Historiker Adolf Werth 1908 das älteste Gut stehen, wenn er schreibt, dass „das Haus der Sohle (das Haupthaus) des Wichlinghauser Hofes [...] auf der Stelle der jetzigen Restauration Ludewig [stand]“[39]. Der Blick in das Personenverzeichnis des Jahres 1907 zeigt, dass diese Gastwirtschaft an der Wichlinghauser Straße 138 stand, mithin am Ende der Straße, also an der Ecke zur Westkotter Straße.

Ferdinand Diekhaus hingegen geht davon aus, dass der erste Hof dort lag, wo auch heute noch eines der ältesten Häuser am Markt steht. Das Gebäude der Tütersburg 20, das wohl um das Jahr 1730 errichtet wurde, soll der Nachfolgebau des Hofeshauses sein. Seine Vermutung gründet sich auf den Gedanken, dass an dieser Stelle nicht nur die Quelle des Wichlinghauser Baches liegt, sondern auch die Sonneneinstrahlung ideale Bedingungen für Ackerbau bot. Diese Begründung gilt jedoch auch für andere Flächen rund um den Markt. Allerdings ist Diekhaus inkonsequent. Während er den ältesten Hof oberhalb des Marktes in die Tütersburg setzt, sieht er den größten Hof, eben den namensgebenden Hof der Wichlinghauser, an der Stelle, die ich weiter oben beschrieben habe, also südwestlich vom Markt, bei diesem handele es sich seiner Meinung nach aber nicht um den ältesten Hof[40].

Denkt man die Besiedlungsthese Wichlinghausens konstant zu Ende, so ergibt sich im Prinzip eine einfache Überlegung. Wich-

---

[39] Vgl.: Werth, Adolf: Barmen. Festschrift zur Jahrhundert-Feier, Barmen 1908, 4

[40] Vgl.: Diekhaus, Wichlinghausen, 4f.

mar zog mit seiner Familie in das später nach ihm benannte Gebiet, bebaute es, rodete Bäume, zog Felder und baute ein Haus an einer der erwähnten Stellen. Nach seinem Tod setzte die sächsische Erbschaftsregel ein und das Land wurde an alle Söhne gleich aufgeteilt, so dass nun ein weiteres Haus gebaut werden musste. Dieses Prinzip setzte sich fort, bis das ursprünglich sehr große Land in kleinere Parzellen aufgeteilt war[41]. Über den genauen Standort des ersten Hofes zu sprechen, ist daher müßig. Zwei mögliche Orte sind hier aufgezeigt worden, andere sind denkbar, Belege gibt es für keinen.

5. Hof Wichlinghausen

[41]Vgl.: Steinbach, Franz: Vererbung und Mobilisierung des ländlichen Grundbesitzes im bergischen Hügelland, in: Petri, Franz/Droege, Georg (Hgg.): Collectanea Franz Steinbach, Bonn 1967, 358ff.

An dieser Stelle scheint es mir wichtig, einmal auf den Begriff *Hof* selber einzugehen. Dieser bezeichnet erstens ein Stück Land, über dessen Größe die frühmittelalterlichen Urkunden nur bedingt Auskunft geben. Zweites ist damit eine betriebliche Einheit von Land und Gebäude gemeint. Wenn hier also davon ausgegangen wird, dass das Hofeshaus an der Ecke Westkotter Straße/ Wichlinghauser Straße stand, bedeutet das nicht, dass das Land, das von den Bewohnern dieses Hauses kultiviert wurde, nur dort gelegen haben muss. Vielmehr kann es nördlich und westlich oder auch südlich und östlich davon gelegen haben.

Für Wichlinghausen können wir davon ausgehen, dass seit dem frühen 10. Jahrhundert das Villikationssystem galt. Dabei handelt es sich um ein System, bei dem vom König bis zum Bauern die Eigentums- und Besitzverhältnisse genau geregelt waren. Eine einfache Formel bringt es auf den Punkt: Land ging vom König auf den Adeligen oder die Kirche auf den Bauern (mit möglichen weiteren Stufen) über, blieb aber stets Eigentum der Krone.

Damit stellt sich die Frage, wer eigentlich für Wichlinghausen der Lehnsherr war. Dazu fehlen jedoch Belege. Dennoch kann man davon ausgehen, dass das Erzbistum Köln als Grundherr (also als derjenige, der vom König beliehen wurde) für den Bereich Wichlinghausens anzusehen ist. Sowohl im heutigen Rheinland als auch im heutigen Westfalen hatte es große Besitzungen. Die Einteilung des kölnischen Besitzes erfolgte in Grafschaften, deren Grenzen sich von den heutigen politischen Grenzen unterschieden. Eine dieser Grenzen verlief genau am Wichlinghauser Westen entlang und sorgte so für die heute noch genutzte Unterteilung von Ober- und Unterbarmen. Wichlinghausen gehörte daher zur westfälischen Grafschaft, die vermutlich die Ekbertiner verwalteten, deren Vorfahre Ekbert von Karl dem Großen und dem Kölner Erzbistum mit der Aufsicht über die neuen sächsischen Gebiete in Karls Reich betreut wurde.

Diese Grafschaft aber wurde dem Prinzip entsprechend auch

wieder unterteilt – eben in jene Villikation, die dem System ihren Namen gibt. Diese Villikation für Wichlinghausen war Schwelm, wie eine Urkunde aus dem frühen 10. Jahrhundert belegt, in der der Fronhof Schwelm Erwähnung findet[42]. Das Kirchspiel Schwelm, das mit der Villikation deckungsgleich war, war dann auch für Taufen, Hochzeiten und Beerdigungen in Wichlinghausen zuständig.

Nun habe ich allerdings schon erwähnt, dass im neunten Jahrhundert Erp, Sohn des Alderich, dem Kloster Werden ein Waldstück vermachte. Da aber nicht nur Bauern dem Kloster Werden Land vermachten, sondern auch Grafen und andere Adelige dem Kloster Grundbesitz, und damit auch die Menschen, die darauf lebten und arbeiteten, übergaben, stieg das Kloster selber zum Grundherrn auf. Um das Jahr 1070 etwa zahlt Schwelm einen nicht geringen Betrag an das Kloster[43].

Was aber ist dieses Kloster nun eigentlich? Der Klostergründer, Liudger, ein friesischer Adeliger, hatte bereits 793 ein Kloster gegründet, dessen lateinischer Name *monasterium* der später dort entstandenen Stadt den Namen geben sollte: Münster. Dabei wollte Liudger ursprünglich gar nicht zu den westfälischen Sachsen, sondern sah sein Heil in der Dänenmission, die aber Frankenkönig Karl nicht fördern wollte. Stattdessen erhielt er den Auftrag, die Sachsen zu missionieren, mit denen Karl gegen Ende des 8. Jahrhunderts noch im Krieg lag.

Bei Kloster Werden handelt es sich um einen Ausgangspunkt für die Mission der Westfalen[44]. Geplant war ein Ort, in den man sich zurückziehen konnte, um neue Energie für die Mission zu sammeln, aber auch um neue Missionare auszubilden, denn das Gebiet, das von Münster aus abgedeckt wurde, reichte bis zur Nordseeküste.

---

[42] Vgl.: Helbeck: Nächstebreck, 40.

[43] Vgl.: Köhler, Heinrich (Hrsg.): Barmen, Berlin 1928, 7.

[44] Vgl.: Finger, Heinz: Die Abtei Werden als geistiges und geistliches Zentrum im Grenzraum von Rheinland und Westfalen. (= Libelli Rhenani. Series minor. 2.) Köln 2003, 7.

6. Das Kloster Werden in Essen

Es versteht sich von alleine, dass ein Gebiet, das von der fränkisch-sächsischen Grenze bis an die Nordseeküste und bis hinein nach Ostwestfalen-Lippe nicht von einem Kloster alleine missioniert werden konnte – zumal die Kleriker, die man brauchte zum großen Teil aus dem fränkisch-gallischen Raum kamen. Eine Zwischenstation tat daher Not. Diese baute er in einen waldreichen Ort an der Ruhr, an dem er die zweite Hälfte des Doppelklosters Münster/Werden, dessen Abt er war[45] errichtete.

Der Ruf des Klosters war von Anfang an recht gut. Seine Missionare waren erfolgreich und vermehrten so den Klosterbesitz in Westfalen recht schnell. Auch der erwähnte Erp gehörte wohl zu diesen gerade christianisierten Sachsen, die dem Kloster Werden Land zukommen ließen. Später übernahmen westfälische Missionare selber die Mission – und das wohl auch in Wichlinghausen.

Die Rolle Werdens wird in anderem Kontext oftmals gegenüber der Bedeutung des heiligen Suitbert heruntergespielt, der eigentlich als Apostel des Bergischen Landes gilt[46]. Für Wichlinghausen ist das sicherlich falsch. Zwar ist es möglich, dass die Kaiserswerther Mönche des Suitbert auch in Oberbarmen missionierten, aber nachweisen lässt sich dieses nicht. Nachhaltigen Einfluss hatten vor allem die Mönche aus Werden. Anders ist es kaum zu erklären, dass der Hof Einern zum Kloster Werden gehörte, oder wie es Adolf Werth formulierte: „Die eigentliche Bekehrung geschah aber wohl erst durch die Mönche des […] Klosters Werden. Hierdurch kam es denn auch, daß diesem Kloster ein großer Teil der Höfe des Landes pflichtig wurde“[47].

Wenn man sich ein um 1070 herum entstandenes Werdener Urbar, also eine Abgabenliste, anschaut, auf der Barmen das erste

---

[45]Vgl.: Freise, Eckhard (Hrsg.): Die Vita sancti liudgeri, Bielefeld 1993, 43ff.; ders.: Liudger, in: LexMA, Bd. 5, Zürich 1991, 2038.

[46]Vgl.: Lutze, Gemeinde, 6

[47]Werth, Adolf: Geschichte der Evangelisch-Reformierten Gemeinde Barmen-Gemarke 1702-1927, hrsg. von Adolf Lauffs, Barmen 1927, 3.

Mal erwähnt wird, kann man ein paar Höfe erkennen, die in Wichlinghausen standen. Zunächst einmal ist der Hof in Barmen selber zu nennen, der sich im Norden Wichlinghausen befunden haben dürfte. De Bruyn-Ouboter benutzt Quellen aus dem 16. Jahrhundert und identifiziert die beiden Höfe Allenkotten und Nickhorn als direkte Nachfolger dieses Hofes. Als Indizien zeigt er auf, dass in den Urbaren aus dem 16. Jahrhundert steht, beide Kotten seien schon lange im Besitz Werdens[48]. Folgt man de Bruyn-Ouboter, wäre dies der erste Hof, der in dem von mir abgesteckten Bereich Wichlinghausens liegt.

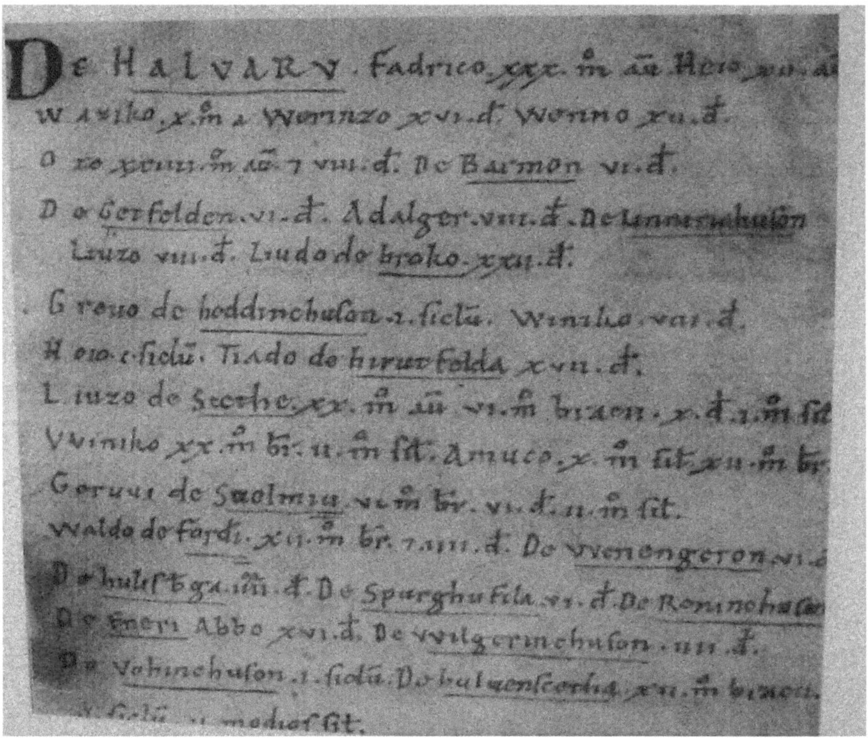

7. Ausschnitt des Urbars von Werden mit Barmen, Hatzfeld und event. Wichlinghausen

[48]Vgl.: De Bruyn, Barmen, 27.

Das Urbar mit der Ersterwähnung Barmens ist für Wichlinghausen aber noch aus zwei weiteren Gründen interessant. Erstens ist dort auch vermerkt, dass ein *Tiado de hirutfelda* an das Kloster Werden eine Abgabe von 17 Denaren zu bezahlen hat. In diesem *hirutfelda* läßt sich ein Hirschfeld vermuten, wobei es sich um die alte Bezeichnung des Hatzfeldes handeln dürfte[49]. Damit können wir von zwei Höfen ausgehen, die in Wichlinghausen standen. Es handelt sich um einen Hof im Bereich Markland und das Hatzfeld.

Zweitens bleibt die Frage nach dem namensgebenden Gut Wichlinghausen selber. In dem Urbar findet sich auch noch ein weiterer Ort, der kaum zugeordnet werden kann: *vvilgerinchusen.* Ist es möglich, dass hier der Schreiber, müde und unkonzentriert, hungrig oder schon in Gedanken unterwegs zur Tagesmesse *l* und *g* vertauschte und so der Hof *vviglerinchusen* verschwand?

Wer sich schon einmal mit der Geschichte Wichlinghausens mithilfe der Internetrecherche beschäftigt hat, der wird schnell auf ein weiteres augenscheinlich uraltes Gut stoßen, das ich hier bisher nicht erwähnt habe. Es handelt sich um das so genannte Freigut Westkotten, das der Westkotter Straße und einigen Familien den Namen gab. Was ist von diesem Freigut zu halten? Ist es möglich ein weiteres Gut zu identifizieren, das zum Kern Wichlinghausens gehörte? Ferdinand Diekhaus erwähnt es und nennt die Grenzen und das Alter des Gutes:

> „Dieses Gebiet bildete wahrscheinlich schon nach der Landaufteilung in der Karolingerzeit das ‚Freigut Westkotten'. Im Südosten trennte der Krühbusch es vom ‚Sadelhof Kemna', […]. An der nördlichen Seite lag […] der ‚Sadelhof Eynern' […]. Westlich bildete die Leimbach die Grenze, östlich reichte Westkotten bis in die Nächstebreck“[50].

[49]Vgl.: Stock, Straßennamen, 162.
[50]Diekhaus, Dorp, 3.

Zeichnet man diese Lage nach, erstreckt sich diese Freigut über die drei vorher ausgemachten Höfe Hatzfeld, Barmen und Wichlinghausen. Das würde jedoch zumindest im recht eindeutig zu identifizierten Fall von Hatzfeld bedeuten, das es nicht zu Werden, sondern zu Westkotten gehörte. Wenn es dieses Gut gab, stehen die Urkunden im Kontrast dazu.

8. Das Stammhaus des Hofes Westkotten

Dieses Freigut aber ist noch aus anderen Gründen recht unplausibel. Schon der Name widerspricht der These eines so großen Gebiets. Als *Kotten* wird gemeinhin ein Absspliss eines größeren Hofes bezeichnet. In Verwaltungslisten werden sie nur als halbe Höfe gezählt, so dass ein solcher Name kaum zu einem Gut mit solchen Ausmaßen passen will. Hinzu kommt der

Teilname *West*, der stutzig macht, denn klar erkennbar handelt es sich hierbei um eine Richtungsangabe, die unweigerlich zu der Frage führt, von welcher Ortschaft aus gesehen dieses Kotten westlich lag. Diese Frage aber lässt sich recht einfach beantworten: westlich von Wichlinghausen. Damit scheint das Gut Westkotten klar ein abgetrennter Teil Wichlinghausens zu sein, der wohl um das Jahr 1000 herum entstanden sein muss[51].

Woher kommt nun diese Idee des Freigutes Westkotten, das rechtlich gesehen auf einer Stufe mit Grafen und Klöstern gestanden haben soll, da es nur dem König, nicht aber einem anderen Herrn unterstellt war?

Die Spur führt zurück in das Jahr 1939. Ab dem 5. Februar erscheint in dem NS-Propagandablatt Rheinische Landeszeitung (RLZ) eine immer sonntags publizierte Serie mit dem Namen *Auf heimatgeschichtlichem Neuland. Bisher unbekannte Dokumente erzählen aus der tausendjährigen Geschichte des Freigutes Westkotten*. Die Texte stammen aus der Feder Hermann Westkotts und verzichten auf genaue Quellenangaben, zitieren allerdings zahlreiche Protokolle und Akten. Begleitet wird der Text, der die nahezu an DIN A2 heran reichenden Seiten füllt, mit Bildern und dem Abdruck von Dokumenten, auch diese ohne Angaben der Quellen. Der Text präsentiert in sechzehn Teilen, die bis in den Mai 1939 vervollständigt werden, die Geschichte des Freiguts. Erzählt wird sie jedoch nicht von den Dokumenten, sondern vor allem vom Autoren, der zahlreiche Dinge herbeisehnt[52].

Eine solche Herleitung alter Geschichte von den Germanen war in der NS-Zeit äußerst beliebt, konnte man doch so nachweisen,

[51]Vgl.: Stock, Straßennamen, 388.

[52]Vgl.: Westkott, Hermann: Auf heimatgeschichtlichem Neuland. Bisher unbekannte Dokumente erzählen aus der tausendjährigen Geschichte des Freigutes Westkotten, in: Rheinische Landeszeitung, 5. Februar 1939 – 28. Mai 1939, Stadtarchiv Wuppertal. In der Ausgabe vom 3. Januar 1939 wird die Fundgeschichte der Dokumente auf dem Speicher des Elternhauses des Autors erzählt.

dass man selber oder doch zumindest die Region, aus der man kam, eine alte Geschichte und germanische Tradition hatte. Bedenkt man zudem die Vielzahl von Westkotts, die es nicht nur in Wuppertal gibt, ist eine solche Familiengeschichte im Rücken durchaus von großem Interesse für den jeweiligen Namensträger. Der Anhaltspunkt für seine Annahme, ein Freigut Westkotten existiere, gibt der Autor wie folgt:

> „In unserer Heimat unterstand die Gerichtspflege der Freien den Grafen von Volmarstein. In ihrem Bezirk bestanden sich zwei Freistühle, der eine auf dem Burghof in Volmarstein, der andere bei Westkotten: ‚Zu Hohradt unter der Linde, da steht ein Freistoell'"[53].

Das Zitat ist einer Beschreibung der Grenzen eben dieser Grafschaft entnommen und interessanterweise die einzige nachprüfbare Quellenangabe der ganzen Zeitungsserie. Die Beschreibung selber stammt aus dem 16. Jahrhundert und wurde erstmals 1910 im „Märkischen Jahrbuch für Geschichte" veröffentlicht[54], bevor sie 1933 auf in einer Zeitschrift des Bergischen Geschichtsvereins erschien[55]. Allerdings ist diese Interpretation eher zweifelhaft. Die Freigrafschaft Volmerstein besaß zwar tatsächlich solche Freistühle, an denen Gericht gehalten wurde, doch waren es mehr als zwei, wie Westkott zu wissen glaubt. Tatsächlich hatte die Grafschaft ursprünglich wohl einmal zwei Freistühle, einen auf der Burg Volmerstein, einen in Witten-Herdecke, bis in späterer Zeit, etwa ab dem 16. Jahrhundert, weitere Stühle hinzukommen, so in Hagen-Haspe und eventuell noch einer in Wetter oder Dortmund-

---

[53]Ebenda, 5. Feb. 1939.

[54]Vgl.: Haarmann, Karl: Geschichte des Volmarstein'schen Vemgerichts im Mittelalter, in: Jahrbuch für Orts- und Heimatkunde in der Grafschaft Mark, Bd. 25, 1910/11.

[55]Vgl.: Lehmhaus, Fritz: Eine seltsame Grenze quer durch das Bergische, in : Mitteilungen des Bergischen Geschichtsvereins 2, 1933, 41-44.

Hoerde[56]. Bei all diesen Ungenauigkeiten wäre auch eine Gründung aus dem 16. Jahrhundert, aus dem ja die Beschreibung der Grenzen stammt, in Hohrath denkbar, wenn sie auch sonst nicht überliefert ist. Wenn man aber zugunsten des Autors annehmen will, dass es einen solchen Stuhl gab, ist seine Überlegung, dieser hätte etwas mit einem Freigut Westkotten zu tun, mehr als fraglich. Nicht nur handelt es sich bei dem Freistuhl um eine Gründung des 16. Jahrhunderts, auch ist Horath vom ursprünglichen Ort des Hofes Westkotten, der an der Ecke Märkische Straße/ Waisenstraße gestanden hat, gute drei Kilometer entfernt. Die von Westkott angenommen Ausmaße des Westkotter Freiguts schließen Horath zwar mit ein, würden aber doch wohl eher dazu führen, das Gut Horath zu nennen, nicht Westkotten.

Die Idee des Freigutes ist daher im besten Sinne eher einem fantasievolle Autoren, im schlechtesten einem gut erzählenden Fälscher anzulasten, hat aber keinen wie auch immer gearteten nachweisbaren Kern.

Dennoch lässt sich wohl festhalten, dass um das Jahr 1000 herum bereits eine erste Trennung des Gutes Wichlinghausen stattgefunden haben muss, so dass man von drei recht großen Höfen, eben Hatzfeld, einen Hof im Norden und Wichlinghausen, sowie einem Kotten, eben Westkotten, ausgehen kann, unter denen das Gebiet Wichlinghausens aufgeteilt war.

[56]Vgl.: Lindner, Theodor: Die Feme, Münster/Paderborn, 1888, 80.

2. Die Landesherren von Wichlinghausen

Kirchliche Einrichtungen konnten durch besonderes Geschick oder frommes Leben an viel Grundeigentum geraten. Im ersten Fall war es oftmals die politische Strategie von Bischöfen oder Äbten, die ihnen diese Möglichkeit bot, im zweiten Fall, half der Glaube der Menschen, die davon ausgingen, dass die Stimme von besonders frommen Mönchen lauter klang als die eigene, wenn es zum Jüngsten Tag kommen sollte. Wer Kirche und Klöstern Land stiftete, der konnte darauf hoffen, in die Gebete der Mönche aufgenommen zu werden.

Wenn aber ein Kloster Landesherrschaft oder auch nur Grundherrschaft ausübte, gab es ein großes Problem: Klerikern war es nicht erlaubt, in der Welt zu urteilen oder Gericht zu halten. Dazu benötigten sie die Hilfe der lokalen Adeligen, die sie dann herbeirufen konnten. Aus diesen Herbeigerufenen (lat. *advocatus*) wurde im deutschen Sprachgebrauch der *Vogt*, der diese Dinge für das Kloster regelte. Dafür bekam er einen Teil der Abgaben zugesichert.

Was hat das nun mit Wichlinghausen zu tun? Im Kapitel zuvor hatte ich aufgezeigt, dass aufgrund des Urbars des Klosters Werden möglicherweise drei Höfe und ein Kotten zum Kloster Werden gehört haben können. Leider tauchen die Höfe Wichlinghausen und Hatzfeld später nicht mehr in den Urbaren des Klosters auf. Sie müssen demnach aus dem Eigentum des Klosters verschwunden sein.

Wie oben erwähnt, scheint es sinnvoll diesen Eigentumswechsel durch das rechtliche Konstrukt der Vogtei zu erklären, das es Adeligen erlaubte, sich Güter von Klöstern durch Gewohnheit oder ganz offiziell durch Abtretung anzueignen. Auf der Spur der Vögte ist es demnach möglich, die weitere Entwicklung Wichlinghausens zu verfolgen. Der erste nachweisbare Vogt über die Abtei Werden war im Jahre 889 ein Graf von Werl, der dieses Recht in der Familie weitergab[57], so dass man in der Lage ist, ab dem 10. Jahrhundert die Vogteirechte relativ lückenlos darzustellen. Die Grafen von Werl waren Nachfahren der Ekbertiner, denen Karl der Große die Grafschaft über Westfalen gegeben hatte[58]. Es ist nicht nachweisbar, ob die Ekbertiner diese Vogteirechte bereits inne hatten, Hermann I. von Werl jedenfalls besaß sie bis zu seinem Tode und übergab sie dann an seinen Sohn Hermann II. In der Zeit von 1015 bis 1029 aber befreite sich das Kloster Werden von ihm als Vogt, was er sich mit zahlreichem Grundbesitz bezahlen ließ. Dennoch erscheint sein Neffe Hermann III. wenige Jahrzehnte später wieder als der Vogt der Abtei[59].

9. Das Wappen der Grafen von Werl-Arnsberg

Es lohnt sich, die interessanten Beziehungsgeflechte dieses Hermann von Werl genauer zu untersuchen. Er heiratete nämlich eine Frau namens Richeza. Deren Hochzeiten sind äußerst aufschlussreich, denn sie heiratete nach dem Tode Hermanns in zweiter Ehe Otto von Northeim, den Herzog von Bayern. Mit ihm hatte sie neben zahlreichen Söhnen auch die Tochter Edelinde.

57 Vgl.: Leidinger, Paul: Die Grafen von Werl und Werl-Arnsberg (ca. 980 – 1124): Genealogie und Aspekte ihrer politischen Geschichte in ottonischer und salischer Zeit, in: Harm Klueting, Harm/Foken, Jens (Hrsg.): Das Herzogtum Westfalen. Band I: Das kurkölnische Herzogtum Westfalen von den Anfängen der kölnischen Herrschaft im südlichen Westfalen bis zur Säkularisierung 1803, Münster 2009, 124.
58 Vgl.: Ebenda, 125.
59 Vgl.: Ebenda, 138, 140.

Auch diese heiratete zweimal. Erst wurde sie mit dem Grafen Welf von Bayern verheiratet, der sie aber verstieß, woraufhin sie dann um das Jahr 1075 herum Hermann I. von Calvelage heiratete[60]. Diese recht komplizierte Verbindung lässt sich recht einfach wie folgt darstellen:

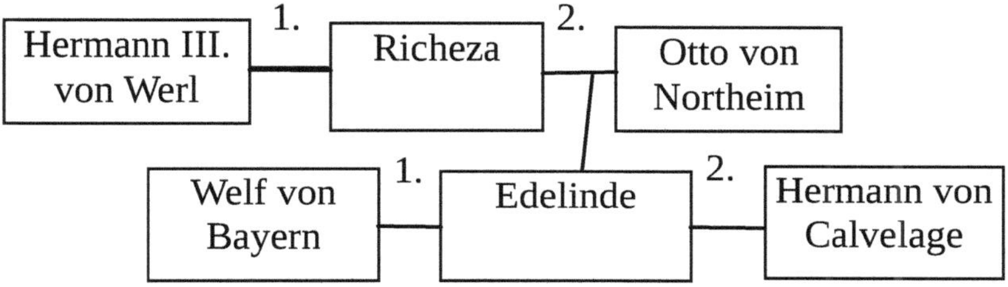

Was aber haben diese Hochzeiten mit Wichlinghausen zu tun? Im Mittelalter war es üblich, bei Hochzeiten der zukünftigen Ehefrau eine ansehnliche Mitgift zu gewähren. Normalerweise war dies dann der Fall, wenn man seine Tochter verheiratete. Aber auch bei anderen weiblichen Verwandten war das gängige Praxis. Wenn demnach die Tante Richeza des Werler Grafen Heinrich II. erneut heiratete, könnte auch bei dieser Ehe eine Mitgift gezahlt worden sein. Diese wurde bei der Ehe Edelindes noch einmal weiter gegeben, so dass sie schließlich bei dem Grafen von Calvelage landete. Bei dieser Mitgift ist es nicht unwahrscheinlich, dass es sich um die ehemaligen, auf irgendeinem Weg losgelösten Klostergüter Werdens handelte, die heute den Bereich Wichlinghausen bilden. Denn bei den Nachfahren des Calvelagers, den Grafen von Ravensberg, bei denen es sich um die Gründer von Bielefeld handelt, findet sich die nächste urkundliche Erwähnung Barmens und auch Wichlinghausens.

Diese Überlegung hat nur ein Problem: Die Zeit. Die Hochzeit zwischen Richeza und Otto von Northeim fand etwa um 1055 statt. Da Wichlinghausen um 1070 aber noch zum Kloster gehörte, ist

[60] Vgl.: Engel, Gustav (Hrsg.): Ravensberger Regesten, Bielefeld/Dortmund/Münster 1985, 140.

eine Mitgift für Richeza nicht möglich. Der spätere Graf Konrad von Werl-Arnsberg heiratet zwar eine Tochter von Otto von Northeim, was aber nicht dazu geführt haben dürfte, dass über diesen Weg eine Besitzübergabe stattfand – zumal um das Jahr 1050 die Vogteirechte des Kloster Werden von den Werler Grafen wohl auf die Grafen von Berg übergingen.

Wie ist dieses Problem zu lösen? Für mich ist eine Frage von Bedeutung, da eine direkte Übergabe Barmens von Werden nach Werl und nach Bielefeld zeitlich nicht möglich ist: Wieso sollen im Urbar Barmen, Schwelm und Einern Abgaben nach Halver liefern?

Das Kloster Werden war im frühen Mittelalter durch die zahlreichen Stiftungen eine sehr reiche Abtei. Durch ihren Status als Reichsabtei unterstand sie dem Kaiser und nicht irgendeinem Grafen, der Abt von Werden ist bei zahlreichen politischen Entscheidungen dabei und verhandelt auf Augenhöhe mit Königen, Grafen und anderen Adeligen. Gründe für diese Verhandlungen sind in den meisten Fällen Streitfragen um Besitz, nicht selten auch kriegerische Handlungen. All das kostet auch im Mittelalter Geld. Mir erscheint es logisch, dass ein Grafengeschlecht wie das von Werl durchaus in Zahlungsschwierigkeiten kam und daher Geld benötigte. Was spricht dagegen, dass die Grafen bei der Abtei Werden Geld geliehen haben, und zum Pfand, wie in späterer Zeit üblich, dafür zahlreichen Grundbesitz für eine gewisse Zeit übertrugen. Da die Grafen juristisch noch Eigentümer waren, konnten sie die zeitweise verpfändeten Ländereien auch als Mitgift vergeben. Gegebenenfalls ist es auch möglich, dass Otto von Northeim, der sich gegen König Heinrich IV. auflehnte, Geld benötigte, das er sich von Werden lieh und dafür die Ländereien belieh, die ihm durch die Mitgift seiner Frau zugekommen war. Dieses zeitweise Verleihen der Güter wäre ein möglicher Grund für das Nichtvorhandensein der genannten Höfe in den Urbaren in späterer Zeit.

Mir scheint diese zeitweise Überlassung der weit an der Grenze gelegenen Höfe sinnvoll. Sie erklärt die seltsame Zugehörigkeit zum alten Oberhof Halver, der als Werdener Oberhof das Vertrauen des Klosters genoss und die temporären Einnahmen mitverwaltete. Nachdem, von wem auch immer, das Pfand wieder ausgelöst worden war, ging das Gebiet an die Ravensberger über.

Damit ist für mich recht eindeutig, dass Wichlinghausen als sächsische Gründung zur Zeit Karls des Großen Teil einer westfälischen Grafschaft gewesen sein muss, die den Ekbertinern und nach ihnen den Werler Grafen zugefallen ist. Wichlinghausen als Teil der Grenzregion der Werler Herrschaft wurde vermutlich als Mitgift des Grafen von Werl für seine Tante Richeza an den Northeimer weitergegeben. Er verpfändete die Gebiete Wichlinghausen, Hatzfeld und Barmen an das Kloster Werden, um Geld für seinen Kampf gegen Heinrich IV. aufzubringen. Später konnte das Land wieder eingelöst werden, wobei vermutlich der Hof, der in dem Werdener Urbar als *de Barmon* bezeichnet wird, aus irgendwelchen Gründen bei Werden blieb. Als Mitgift der Edelinde ging das restliche Gut als Eigentum an die Grafen von Calvelage über, deren Nachfolger die Grafen von Ravensberg wurden.

Mit den Ravensbergern kann man sich endlich von Spekulationen lösen und hat die Möglichkeit die Geschichte Barmens und auch die des eng damit verbunden Hofes in Wichlinghausen im Hochmittelalter nachzuverfolgen.

Anders als oft in Büchern zur Geschichte Barmens noch immer behauptet[61], wird Barmen nicht erst in einer Urkunde 1245 wieder erwähnt, sondern bereits in einer Urkunde um 1205. Dieser Urkunde war eine 1202 ausgebrochene Fehde zwischen den Grafen von Ravensberg und den Grafen von Tecklenburg vorausgegangen, in der Simon von Tecklenburg umkam und Graf Hermann III. von Ravensberg und sein Sohn Otto gefangen genommen wurden. In dieser Situation vermittelte der Kölner Erzbischof einen Friedensvertrag, in dem die Ravensberger ein Bußgeld von 1000

[61]Vgl. z. B.: Wiescher, Michael: Bauern, Weber, Arbeiter. Zur Geschichte der Südhöhen in Barmen, Wuppertal 2015, 19.

Mark zu zahlen hatten. Da sie nicht in der Lage waren, diese Summe aufzubringen, verpfändeten sie stattdessen Güter, die ihnen gehören – dazu gehörte auch Barmen, das zu diesem Zeitpunkt zum südlichen Streubesitz der Grafschaft gehörte[62].

10. Blick auf die Burg Ravensberg

1231 wurden diese Gebiete wieder zurückgegeben, als sich beide Parteien wegen Vertragsbruch erneut vergleichen mussten. Graf Otto von Tecklenburg erließ in diesem Vertrag dem Grafen Otto von Ravensberg die Geldstrafe von 1000 Talern, so dass die Gebiete wieder in die Hand der Ravensberger übergingen. Zu diesem Zeitpunkt war das Territorium der Ravensberger durch die so genannte Herforder Teilung am 1. Mai 1226 unter den beiden Söhnen Hermanns III. aufgeteilt worden. Die zu diesem Zeitpunkt verpfändeten Gebiete, also auch Barmen, waren von dieser Teilung

[62]Vgl.: Engel, Regesten, 322ff..

nicht berührt worden. Es ist davon auszugehen, dass sie nachher zwischen den beiden Brüdern neu aufgeteilt wurden. Mit dem Tod Ottos von Ravensberg 1244 fiel die Herrschaft aber wieder Ludwig zu, da Otto seiner Tochter nur einen Teil seines Territoriums vermacht hatte. Ludwig verkaufte im Januar 1245 den Hof Barmen an den damaligen Herzog von Limburg, Heinrich IV., der zugleich auch Graf von Berg war. Damit wurde Barmen bergisch[63].

Zu dem Verkauf im Jahre 1245 gehörte nicht der Hof Wichlinghausen. Dieser muss vor diesem Datum anderweitig den Besitzer gewechselt haben, denn erst im Jahre 1384 taucht der Ort *wychmaringhusen* erneut auf, als die Ritter Albert und Hermann von Vynke zu Kapellen diesen Hof an den Grafen Engelbert von der Mark verkauften, was bedeutete, dass Wichlinghausen Teil des Herrschaftsgebietes der Grafen von der Mark wurde.

Die Familie Vyncke, die einem Geschlecht von Ministerialen entstammte, also eine Familie, die ihr Ansehen durch Verwaltungsarbeit für die Ravensberger erlangt hatte, war auch in späterer Zeit noch wichtig, da sie den Ravensbergern Güter abkaufte oder ihnen Geld liehen. Mit der Herforder Teilung und dem Verkauf des Erbes von Otto durch seine Tochter Jutta schrumpfte das Territorium der Ravensberger zusammen und damit seine wirtschaftliche und politische Bedeutung. Es kann daher davon ausgegangen werden, dass der Verkauf Wichlinghausens auch irgendwann in den 1240er Jahren, wahrscheinlich nach dem Tod Ottos 1244 angesiedelt werden kann, als viele Güter verkauft, zerteilt und verpfändet wurden.

Wer aber waren diese Grafen von der Mark, denen Wichlinghausen zufiel? Um das Jahr 1160 herum teilte Graf Adolf II. von Berg sein Territorium auf und vermachte den westfälischen Teil seinem Sohn Everhard, der schon 1161 als Graf von der Mark auftrat, während er den rheinischen Teil an seinen Sohn Engelbert übergab, der ab 1165 als Graf von Berg in Erscheinung tritt[64]. Im Laufe

[63]Vgl.: Ebenda, 397.

[64]Vgl.: Janssen: Mittelalter, in: Gorißen, Stefan/Sassin, Horst/Wesoly, Kurt:

der Zeit wuchs eine erbitterte Feindschaft zwischen beiden Familien, die erst mit der Vereinigung der beiden späteren Herzogtümer 1521 beenden werden konnte[65]. Bis dahin jedoch kam es zu manchem Kampf. So passierte es, dass Ende des 14. Jahrhunderts Herzog Wilhelm von Berg (er war 1380 zu einem solchen ernannt worden) gegen Graf Adolf IV. von der Mark in den Krieg zog und verlor. In dieser Situation wurde der Herzog bei Kleve festgesetzt und geriet in die Gefangenschaft seines Neffen Adolf von der Mark. Bei dieser Gelegenheit schaffte es der Graf, dem Herzog ein Pfand abzuringen, damit dieser wieder frei kam. Dieses Pfand gibt der Forschung ein Rätsel auf, denn aus dem Urkundentext geht Interessantes hervor, denn die Berger verpfändeten

> „den hoff toe Barme ind dat eygen van Barme, ind allet dat wy in den Eygendom van Barme liggende hebben, ind mit alle des haeues Gerichte heerlicheide rechte ind toebehoeren nyet vytgescheiden so woe dye hoff ind Barme ind oir toebehoir gelegen is bynnen palen der graesschap van der Marke Ind mede alle des haues in der Barme recht ind toebehoer gelegen in dem Lande van dem Berge."[66]

Den Text hier im Original zu zeigen, ist angebracht, denn die Übersetzung ist bereits Teil des Problems. Worum geht es also? Die Stelle, in der es heißt, dass „dye hoff ind Barme ind oir toebehoir gelegen is bynnen palen der graesschap van der Marke" an den Märker übergehen, bildeten den Streitpunkt. Aus ihr geht hervor, dass ein Teil Barmens in der Grafschaft Mark liegen muss. So ist zumindest die Sicht der siegreichen Märker, die nicht unbedingt stimmen muss.

Geschichte des Bergischen Landes Bd. 1. Bis zum Ende des alten Herzogtums 1806, Bielefeld 2014, 42.

[65]Vgl.: Ehrenpreis, Stefan: Das Herzogtum Berg im 16. Jahrhundert, in: Bergische Geschichte, 213.

[66]Bredt, Barmen, 21.

Zwei weitere Urkunden aus dem späten 14. Jahrhundert helfen

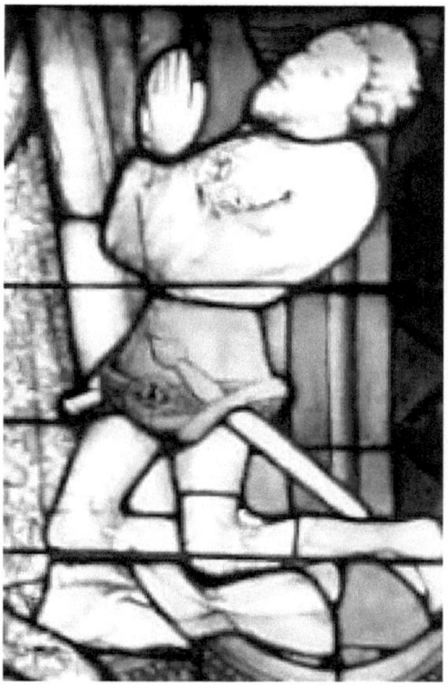

11. Herzog Wilhelm von Berg

weiter. Es handelt sich um die Vergabe von Lehnsrechten an den Amtmann von Wetter, Menneken von Mollenkotten, der diese Rechte wohl 1396 erhielt, und seinen Nachfolger Johann Stecke, der sie 1398 erhielt. Zwischen der Vergabe der beiden Lehen liegt genau der Zeitpunkt des Vertrags zwischen dem bergischen Herzog und seinem siegreichen Neffen. In der Urkunde für Menneken wird diesem das Lehen über die Höfe, Schwelm, Hagen und Wichlinghausen gewährt, Johann Stecke hingegen erhält darüber hinaus auch noch Barmen, Bransel und Mollenkotten[67]. Es ist wohl davon auszugehen, dass auch Menneken von Mollenkotten die letzten drei Lehen bekommen hätte, wenn diese 1396 schon im Besitz der Grafen von der Mark gewesen wären. Erst nach der Verpfändung aber werden diese dem Nachfolger übergeben. Damit ist in meinen Augen recht klar, dass Barmen bzw. die Güter, die damit bezeichnet werden, vorher zum Bergischen Land gehört haben müssen.

[67]Vgl.: Bredt, Barmen, 249.

12. Graf Adolf von der Mark

Wichlinghausen nimmt hierbei nun eine besondere Rolle ein. Aus Akten späterer Zeit geht hervor, dass zum Hofgericht in Wichlinghausen zahlreiche Höfe gehörten, die nicht in dem Gebiet lagen, das heute zum Bereich Wichlinghausen gehört. Etwa ein Hof an der Hardt und die Höfe Bockmühl und Heckinghausen[68]. Das sich in diesem Bereichen auch noch einige Höfe fanden, die ihre Amtsgeschäfte im Bergischen tätigten, hängt mit der Grenzsituation zusammen, die der Graf von der Mark mit der Verpfändung zu seinen Gunsten ändern wollte. Aus dieser Terminologie ergibt sich dann auch die Bezeichnung *Barmen*, die zusätzlich zum Hof Barmen in der Pfändungsurkunde des Herzogs zu lesen ist („dat eygen van Barme, ind allet dat wy in den Eygendom van Barme liggende hebben“).

Nachdem die Frage nach den Besitzverhältnissen geklärt ist, muss natürlich die Frage beantwortet werden, um welche Höfe es ging. Fest steht nun ganz klar, dass ein Hof Wichlinghausen existierte, der durch die Verkaufsurkunde des Jahres 1384 gesichert ist.

Auch das Essener Damenstift ist für die Auffindung Wichlinghauser Höfe von Bedeutung. In dem sogenannten Kettenbuch des Stifts aus dem Jahr 1332 tauchen drei Wichlinghauser Höfe auf,

[68]Vgl.: Dietz, Hofgericht, 13.

die vorher noch nicht da waren. Neben dem Dieker Hof, der etwa dort stand, wo heute die Straße Am Diek in die Wittener Straße mündet[69], sind es vor allem die Höfe Leimbach und Riescheid, die Erwähnung finden[70]. Alle diese Höfe sind auch hier dem Oberhof Schwelm zugeordnet. Neben diesen aber findet sich noch ein Name: Wyncberynchusen[71]. Hat sich der Herausgeber verguckt und ein b gesehen, wo ein h stand?

Für das 14. Jahrhundert sind also sicherlich insgesamt fünf Höfe innerhalb der abgesteckten Grenzen zu vermuten. Es handelt sich dabei im Osten um den Dieker Hof, im Westen um die Höfe Riescheid und Leimbach, im Zentrum den Hof Wichlinghausen und das Westkotten, nördlich davon die Höfe Hatzfeld und Allenkotten/Nickhorn.

3. Das zweigeteilte Wichlinghausen im Spätmittelalter

Die Gründung von Ämtern war eine im Spätmittelalter sich in vielen Teilen Europas etablierende Praxis. Neben den Territorien im Reich fanden sie sich so etwa auch in Frankreich. Im Spätmittelalter wurden sowohl in der Grafschaft Mark als auch in der Grafschaft Berg solche Ämter geschaffen. Dabei handelt es sich um Verwaltungseinheiten, die sich um die Abgaben der ihnen zugehörigen Bauern kümmerten. Sie übernahmen im Prinzip die Aufgabe die zahlreichen Rechte, die die Landesherren im Laufe ihrer Herrschaft erworben hatten, in einer Hand zu vereinen. Dazu wurden diese Ämter dezentral innerhalb der Landesherrschaft aufgebaut. Ausgangspunkt für diese Ämter war oftmals eine bereits vorhandene Burg oder etwas Ähnliches.

Das Amt Beyenburg wird ab 1390 in den überlieferten Dokumen-

---

[69]Vgl.: Hendricks, Halstenbach. 13.

[70]Vgl.: Wahl, Barmen, 179.

[71]Vgl.: Arens, Franz: Das Heberegister des Stiftes Essen, nach dem Kettenbuch im Essener Münsterarchiv, in: Beiträge zur Geschichte von Stadt und Stift Essen, Bd. 34, 1912, 40.

ten fassbar. Im Bergischen Land sind ab der Mitte des 14. Jahrhunderts acht alte Ämter bezeugt, die im Laufe des Jahrhunderts um weitere Ämter ergänzt worden sind. Das Amt Beyenburg war eines dieser neuen Ämter. Seine Aufgabe lag vor allem in der Absicherung des bergischen Territoriums gegenüber den märkischen Ansprüchen. Das Amt Beyenburg bildete keine territoriale, sondern nur eine juristische Einheit. Es umfasste zum einen das Kirchspiel Lüttringhausen, das bereits im 12. Jahrhundert zum Besitz der Berger gehörte, zum anderen waren Beyenburg selber sowie Radevormwald (beide seit etwa 1300) und Barmen (seit 1245) Teil des Amtes Beyenburg[72].

13. Die Überreste der Burg Beyenburg

[72]Vgl.: Janssen, Mittelalter, 63.

Wenn aber Lüttringhausen den ältesten Besitz des späteren Amtes darstellte, ist die Frage berechtigt, warum der Amtssitz in Beyenburg und nicht auch dort angesetzt wurde. Der Grund dafür mag in dem Vorhandensein einer Burg liegen, galten diese doch als „Kristallisationspunkt für das entstehende Amt"[73]. Auch wenn die Burg Beyenburg erst 1336 als *castrum* Erwähnung findet, so ist sie wohl durchaus schon vorher präsent. Der Amtmann bekam so einen festen Sitz, um die Gebiete im Amt Beyenburg zu regieren – unter anderem auch Höfe in Wichlinghausen.

Auch wenn der Hof Wichlinghausen zum märkischen Einflußbereich gehörten, so sind zahlreiche andere Höfe rund um den Markt und in den hier festgelegten Grenzen als bergische Höfe anzusehen. Überliefert sind diese Höfe in der Beyenburger Amtsrechung von 1467. Mit ihr kann der Raum der Spekulation verlassen werden, zeigt sich in ihr doch eine Fülle von Höfen und Kotten, die die Liste der bisherigen bekannten Gebiete in Wichlinghausen ergänzen. In der folgenden Tabelle werden die Höfe und Kotten, ihre Besitzer und Abgaben aufgezählt[74]:

[73]Vgl.: Schöller, Peter: Die rheinisch-westfälische Grenze zwischen Ruhr und Ebbegebirge, Münster 1953, 16.

[74]Vgl.: Bredt, Rechtsgeschichte, 35f. u. 38f. und Dietz, Walter: Barmen vor 500 Jahren, Wuppertal 1966, 110 – 117.

Name	Besitzer	Abgaben
Hatzfeld	Nesa von dem Hertzfelde	2 Hühner
Dickten	Heynken	6 Schilling, $1^{1}/_{2}$ Malter Hafer, 2 Hühner
Leimbach	Hanß in der leinbeke	4 Mark, $1^{1}/_{2}$ Schilling, 2 Hühner
	Fyen leymbecke	2 Mark, 1 Huhn
	Voßkuele in der Leinbeke	9 Schilling, 2 Hühner
Riescheid	Schwaecke to Richenschede	2 Mark, 1 Huhn
	Wyneke to Richenscheyde	1 Huhn
	Heynken Richenschede	$2^{1}/_{2}$ Mark, 2 Malter Hafer
eckbroek		3 Schilling, 2 Hühner
alde kamp		2 Hühner
Klingelholl	Hanß	1 Mark, 3 Malter Hafer, 2 Hühner
Westkotten	Wilhem	2 Mark
	Göckel	1 Malter Hafer
Auf dem Dahl	Peter	6 Schilling, 3 Malter Hafer, 2 Hühner
Wich. Markt	Wyneke to Wicheringkhauß	$1^{1}/_{2}$ Mark, 1 Huhn, 13 Becher Roggen
	Goebel to Wicherinckhauß	2 Mark, $1^{1}/_{2}$ Schilling, 4 Malter Hafer, 1 Huhn, 3 Viertel Roggen
	Goebel Rogge to Wicherynckhauß	$1^{1}/_{2}$ Mark, 1 Pf. Pfeffer,
	Göckel to Wicherinckhauß	2 Mark, 1 Huhn
Baeßchenhoff	Heinrich	3 Scheffel Hafer

Die zu zahlenden Abgaben der Wichlinghauser Höfe und Kotten sind jährliche Abgaben, die an den Amtmann gezahlt werden mussten. Aus diesen und den anderen Abgaben des Amtes Beyenburg entnahmen er und seine Verwaltungsbeamten ihren Lohn. Auffällig ist die große Zahl an Geld, die von den Wichlinghausern abgegeben werden musste. 14 der 19 Höfe und Kotten zahlten in Münzen. Am meisten zahlte Hanß in der leinbeke, der 4 Mark und $1^1/_2$ Schilling abgeben musste, was darauf schließen lässt, dass er nicht nur einen großen Hof besaß, sondern auch erfolgreich wusste, mit seinen Waren zu handeln.

Hierbei stellt sich die Frage nach eben diesen Waren. Schaut man sich die Tabelle an, erkennt man schnell, dass neun Güter (5 Kotten, 4 Höfe) Abgaben in Form von Ackerfrüchten zu zahlen hatten, während Hühner von 13 Gütern (6 Kotten, 7 Höfe) abgeben wurden. Damit erschließt sich, dass für Wichlinghausen der Ackerbau als Einnahmequelle wenig bis gar keine Rolle spielte. Aber auch die Zahl der abzugebenden Hühner ist sehr begrenzt, so dass auch hier nicht von der Hauptquelle des Handels der Wichlinghauser ausgegangen werden kann. Woher also kam das Geld?

Bereits im Jahr 1446, also gut 20 Jahre vor dem Erstellen der Amtsrechung, fällt in Essen ein Hermann von Elverfeld auf, der versuchte, dort die Bleicherei anzusiedeln[75]. Man kann also wohl davon ausgehen, dass im 15. Jahrhundert bereits die Textilproduktion ein wichtiger Erwerbszweig des bäuerlichen Lebens an der Wupper war. Dietz vermutet auch, dass vom Hof Einern aus möglicherweise „die Bauern ins Tal hinabstiegen, um zu bleichen“[76]. Dafür mussten sie auf jeden Fall durch Wichlinghausen, so dass ich für Wichlinghausen eine im 15. Jahrhundert bereits etablierte Bleich- und Textilproduktion annehmen möchte, deren Hauptproduktionsorte vor allem im Westen lagen, während im Zentrum

[75]Vgl.: Dietz, Walter: Die Wuppertaler Garnnahrung, Neustadt an der Aich 1957, 12f.

[76]Ebenda.

noch auf Ackerbau und Textilwirtschaft gesetzt wurde. Die monetären Abgaben, etwa der Höfe und Kotten in der Leimbach und in Riescheid, rechtfertigen in meinen Augen die Überlegung, dass es in Wichlinghausen einen regen Handel mit Textilien gab[77], von denen das Amt Beyenburg profitierte.

Märkischer Einfluss in Wichlinghausen findet sich in den Quellen erst mit dem 17. Jahrhundert in den Hofprotokollen des Hofgerichts Wichlinghausen, die alle nach dem 30jährigen Krieg einsetzen[78]. Dennoch kann davon ausgegangen werden, dass sowohl das Hofgericht als auch einige der Höfe schon vorher existierten und somit zum Amt Wetter gehörten.

Das Amt Wetter war auf märkischer Seite das Gegenstück zum Amt Beyenburg. Wie dieses hatte es die Aufgabe die Grenze zu bewachen, genau wie dieses war es aus dem Vorhandensein einer Burg entstanden. Auch weitere Parallelen zeigen sich. Die Burgen in Beyenburg und Wetter sind sehr späte Bauten des 13. Jahrhunderts. Anders als bei Beyenburg ist für die Burg Wetter jedoch der Erbauungszeitpunkt recht klar umrissen: Im Auftrag von Graf Engelbert I. wurde die Burg irgendwann zwischen 1250 und 1274 errichtet. Einer seiner Amtsnachfolger, Engelbert III, hielt sich auch verhältnismäßig oft auf der Burg auf, 1391 wurde sie sogar sein Sterbeort, als er an der Pest erkrankt war. Mit dem Bau der Burg war ein ungemeines Bevölkerungswachstum verbunden, das 1355 Engelbert dazu brachte, das Freiheitsprivileg der Burg auf das Dorf herum auszuweiten[79].

---

[77]Vgl.: Ebenda, 13f. Dass das Bergischen als Ganzes seit dem 14. Jahrhundert gut vom Handel am Niederhein profitierte, zeigt Dietz in seiner Studie hervorragend.

[78]Vgl.: Dietz, Hofgericht, 3; Hendricks, Protokolle, 2.

[79]Thier, Dietrich: Die märkische Freiheit Wetter, Hagen 1989, 11 u. 15f.

14. Ruine der Burg Wetter

Dieses Wachstum wird wohl mit der Errichtung des Amtes Wetter zu Beginn des 14. Jahrhunderts einhergehen, denn 1338 ist ein erster „Ambtmann in Wetter“ bezeugt. Damit war das Amt Wetter innerhalb der Grafschaft Mark ein recht spätes Amt. Dieser Umstand hat vor allem mit der noch nicht gesicherten Herrschaft im Süden zu tun. Erst mit der Eroberung der Freigrafschaft Volmarstein konnten sich die Märker ihrer Herrschaft im Süden an der Ruhr sicher sein und setzten die Amtsverfassung auch dort durch[80].

Das Amt Wetter war eine wachsende Verwaltungseinheit. Hatte es ursprünglich nur Wetter selber sowie den Ort Ende erfasst, ka-

[80]Vgl.: Vahrenhold-Huland, Uta: Grundlagen und Entstehung der Territoriums der Grafschaft Mark, Dortmund 1968, 172f.

men, nachdem 1324 die Freigrafschaft Volmarstein dem märkischen Territorium einverleibt worden war, auch die Gebiete hinzu, die vormals zu dieser Freigrafschaft gehört hatten, also Volmarstein, Herdecke und Wengern. Auch das Gericht Westhofen wurde dem Amt Mitte des 14. Jahrhunderts zugeschlagen[81]. Mit der Erweiterung des Amtes Wetter über die Freigrafschaft Volmarstein ergab sich das Recht der Gerichtsbarkeit über deren ehemalige Gerichtsstühle und damit ggf. auch über Horath. Es kann damit davon ausgegangen werden, dass ab diesem Zeitpunkt die Wichlinghauser, obwohl sie territorial nach Bielefeld bzw. eventuell teilweise zum Stift Essen gehörten, zum märkischen Grafen bzw. dessen Stellvertreter gingen, wenn sie juristische Probleme hatten, die die Femgerichtsbarkeit betrafen.

Schaut man sich an, wo die ältesten in den Protokollen des Hofgerichts stehenden Höfe und Kotten in Wichlinghausen standen, schließt sich eine Lücke zu den Höfen der Beyenburger Amtsrechnung, dennoch muss man die gut 200 Jahre, die zwischen beiden Dokumenten liegen berücksichtigen, wenn es darum geht Ordnung in die Wichlinghauser Verhältnisse zu bringen. Die folgende Tabelle probiert dies[82]:

---

[81]Vgl.: Denzel, Ernst: Wirtschafts- und Sozialgeschichte der Stadt Wetter, Wetter 1952, 34f.

[82]Vgl.: Dietz, Hofgericht, Karte; Hendricks, Märkische Höfe, 5-36; Helmich, Wichlinghausen, 94; Stock, Straßennamen, 22, 25, 258, 329, 344, 362, 392.

Gebiet	Name	Besitzer	Jahr
Markland	Kiekers	Cord Kickert	1673
	Bilten	Evert Braun	1688
	Müggenburg	Caspar Schmale	1669
	Schimmelsgütgen	Hillebrandt Beckmann	1662
	Kücksbelte	Johannes Kattenbroch	1684
	Busche	Johannes Busche	1686
Tütersburg	Krautshäusgen	Johann Cronenberg	1685
	Beckmanns Gut	Peter Beckmann	1660
	Das Dahl	Agneß Sprenger	1678
	Tütersburg	Thöniß Langerfelde	1671
Sonnabend	Holts gut	Anthon Brause	1684
	Hebbekers Gut	Wennemar Horath	1676
	Sonnabend	Henrich Hebbeker	1667
	Notze	Engel Rittershauß	1674
	Steffens Haus	Röttger Siebel	1666
Diek	Gut an der Wiesche	Engel im Kampe	1665
	Oberste Erlen	Anna Egen	1671
	Zum Egen	Jasper zum Egen	1673
	Neuen Haus	Johan Caspar Beckmann	1681

Die Lücke von 200 Jahren hat vor allem Auswirkung auf die Größe der Höfe. Eine Sortierung der in den Hofprotokollen angegebenen Höfe nach Orten, zeigt vier Gebiete auf, die im 15. Jahrhundert märkisch waren und daher nicht auf der Beyenburger Amtsrechnung erscheinen können.

Dabei handelt es sich zum einen um ein im 17. Jahrhundert sechs Höfe umfassendes Gebiet im Norden Wichlinghausens, das von der Müggenburg bis zur Kickersburg reicht und sowohl die Kuckuckstraße als auch die Schimmelsburg mit einschließt. Zweitens ein Gebiet, das die Tütersburg umfasst. Drittens scheint es drei Höfe oder Kotten im Bereich der heutigen Sonnabendstraße gegeben zu haben und schließlich ist ein Gebiet um den zum Essener Stift gehörigen Hof Diek auszumachen.

Man darf wohl davon ausgehen, dass das Gut an der Wiesche, die beiden Güter der Familie Egen und auch das Neuen Haus einmal zu diesem Hof gehörten, der seltsamerweise aber nicht in den Protokollen des Gerichts vorkommt. Ich vermute daher, dass der Hof selber, weil zum Stift Essen gehörig, einem anderen Gericht verpflichtet war, ein Abspliss jedoch zum märkischen Gericht Wichlinghausen gehörte.

Das zeigt, dass die Zugehörigkeit zum bergischen oder märkischen Territorium nicht so klar gegeben ist, wie ich hier probiert habe anzugeben. In den Hofprotokollen wird das recht deutlich, wenn sich Besitzer weigern, den Hofeseid zu leisten, wohl weil sie sich eben nicht als Märker sehen, sondern zum Bergischen gehörig.

Der Grund für diese Verwirrung liegt in der Heirat begründet. Wer die Namen der Besitzer zudem genau anschaut, erkennt auch, dass neben den meist männlichen Besitzern auch drei Frauennamen auftauchen. Hinter dem Namen *Nesa* im Hatzfeld in der Beyenburger Amtsrechung verbirgt sich eine Frau namens Agnes, in den Protokollen des Gerichts sind eine Anna Egen und eine Agneß Sprenger vorhanden. Daraus ist ersichtlich, dass auch Frauen den Besitz antreten durften, vor allem dann, wenn ihr Mann verstorben war und Kinder nicht vorhanden waren oder den Besitz ablehnten.

In Grenzregionen war es üblich, dass Hochzeiten zwischen Nachbarn unweigerlich dazu führten, dass Höfe die zu unterschiedlichen Territorialherren gehörten, in der Hand einer Familie vereint wurden. Dass dabei nicht immer die Obrigkeit gefragt wurde, ergibt sich aus einer Beschwerde des Amtmanns von Wetter von 1471. Darin stellt dieser fest, dass er nicht gefragt wurde, ob ein Mann aus dem Bergischen und eine Frau aus dem Bergischen heiraten dürfen, da der Ehemann in erster Ehe mit einer Märkerin verheiratet war, die ihm den Hof Bockmühle vererbt hatte[83].

Solche Verwandtschaftsverhältnisse führten nicht nur zu Problemen im jeweiligen Amt, sondern auch in den Familien selber. Die zusammengelegten, geteilten, vererbten oder verkauften Höfe führten auch bei den Wichlinghauser Bauern zu Verwirrung. Daher ist davon auszugehen, dass oftmals die einfache Alternative gewählt wurde. Das Gericht, das am nächsten lag, wurde im Zweifel gefragt. Entschied dieses gegen den Willen des Besitzers ging man zum anderen auf der anderen Seite, berief sich eventuell auf die erste Frau des Großvaters der Schwiegermutter und konnte dann dort vorsprechen und seine Angelegenheiten klären. Allgemein wird auch für die Bauern in Wichlinghausen gegolten haben, was auch für andere Grenzregionen galt: Waren die jeweiligen Territorialherren weit weg, spielte man beide zu seinen Gunsten gegeneinander aus.

4. Die Burgen um Wichlinghausen

Vom Wichlinghauser Markt aus nach Richtung Norden führt die Tütersburg, die in die Müggenburg mündet. Folgt man dieser Straße nach rechts bis zur Gennebrecker Straße, biegt dann nach links und wieder nach rechts, steht man in der Schimmelsburg. Folgt man der Schimmelsburg und biegt an deren Ende nach links, landet man nicht nur in der Kleingartensiedlung Schellenbeck-Nord und überquert die Schellenbeck selber, sondern läuft geradewegs auf die Lahmburger Straße zu und schließlich einen kleinen Hügel hinauf zur Schrubburg. In einiger Entfernung dazu liegt zudem noch die Kickersburg. Im Nordosten von Wichlinghausen scheint es also zu einer Ballung von sechs Burgen zu kommen. Was hat es damit auf sich?

Sprachgeschichtlich sind die Begriffe *Burg* und *Berg* miteinander

[83]Vgl.: Dietz: Hofgericht, 10 u. 82f.

verwandt. Während der Begriff *Burg* in den altgermanischen Sprachen befestigte Stadtanlagen bezeichnete, kann er als *borg* im Altnordischen auch einen Hügel meinen, auf dem sich eine Wohnanlage befindet. Spätestens damit ist die Ähnlichkeit in Bezug auf die Bedeutung des Begriffs relativ klar, macht aber eine Herkunftsbestimmung für beide Worte schwer. So ist es möglich, dass sich das Wort *Burg* tatsächlich von dem indogermanischen Wort $*b^{h}er^{h}$ ableitet, das seinerseits *Erhöhung* bedeutet. Eine solche Ableitung aber passt nicht zur Bedeutung des Wortes *Burg* im Sinne von Stadt. Da die befestigten Städte aber vor allem auch ein Ort des Schutzes waren, scheint es eher möglich, dass das Wort *Burg* vom Wort *bergen* bzw. dessen Vorläufer **berg-a* stammt, das so viel wie *bewahren, hüten* oder auch *schützen* heißen kann. Das würde zur Stadt passen und später auch zur Burg, in dem Sinne, in dem sie heute als mittelalterliche Festungsanlage oder Adelssitz gilt[84].

15. Die Burgen in Wichlinghausen

[84] Vgl.: Seebold, Kluge, 110f. u. 163f.

Warum nun dieser Exkurs zur Begriffsgeschichte? Will man sich über die Namen von Straßen erkundigen, die es in Wuppertal gibt, so greift man zum Standardwerk von Wolfgang Stock. Zu jeder der *Berg*-Straßen in Wichlinghausen (mit Ausnahme der Lahmburger Straße, zu der anscheinend keine Informationen vorliegen) verwendet Stock die folgende Erklärung: „Die Bezeichnung ‚Burg' ist nicht auf einen Burg zurückzuführen, sondern leitet sich von Berg ab (der Wechsel von ‚berg' auf ‚burg' kommt in Ortsnamen häufig vor.)“[85]

Diese Erklärung leuchtet zwar ein, denn die Begründung von Stock ist nicht falsch, doch gibt es zwei Aspekte, die mich daran zweifeln lassen, dass in Wichlinghausen ursprünglich Berge gemeint waren und keine Burgen. Der erste ist sprachwissenschaftlicher Natur und lässt sich tatsächlich leicht nachvollziehen. Die Sprecher einer Sprache neigen dazu, im täglichen Sprachgebrauch Wörter anders auszusprechen als üblich. Endungen werden verschluckt, Worte zusammengezogen, Vokale gewechselt. Oftmals wird dieser Vorgang als Sprachverfall gedeutet, ist aber im Prinzip ein natürlicher Vorgang, weil Menschen dazu neigen, Dinge zu vereinfachen. Der Wechsel von *e* zu *u* scheint mir aber dabei ein Wechsel zu sein, der diesem Prinzip widerspricht. Das *e* ist der normalen Mundposition viel näher als das *u*, für das sich die Oberlippe nach oben, die Unterlippe nach unten beugen muss. Das ist eine Anstrengung verschiedener Muskelpartien, die dem oben genannten Vereinfachungsprinzip nicht entgegenkommt. Andersherum jedoch hat es Sinn von einem *u* zu einem *e* zu gelangen, weil das *e* eben der Position des Mundes in geschlossenem Zustand entspricht. Dass von einigen historischen Sprachwissenschaftlern davon ausgegangen wird, dass das *e* der ursprüngliche Vokal ist, dem dann *a* und *o*, später auch *u* folgen, spricht zeitgleich für diese Überlegung, leugnet sie aber auch. Denn auf der einen Seite zeigt

---

[85] Stock, Straßennamen, u.a. 362.

dies, dass das *e* als erster Vokal wohl deswegen gelten kann, weil seine Aussprache dem Mund passt, anderseits zeigt sie, dass eine Verschiebung von *e* zu *u* möglich wäre. Allerdings nur mit Hilfe von *o*. Für den alltäglichen Sprachgebrauch möchte ich aber dennoch davon ausgehen, dass die Vereinfachung überwiegt, nicht die Ausgestaltung der Sprache.

Wem das nun zu weit hergeholt erscheint, der möge sich den zweiten Aspekt annehmen, der mich an der Bedeutung *Berg* für *Burg* zweifeln lässt. Dieser ist ein räumlicher, denn Tütersburg, Müggenburg und Schimmelsburg bilden denselben Hügel. Oberhalb der Müggenburg befindet sich mit der Straße Am Bilten der höchste Punkt dieser Erhebung, der dahinter zum Markland hin abfällt. Die Schimmelsburg liegt östlich davon und bildet eine Abstufung dieses Hügels auf dessen nordöstlicher Seite. Damit bezeichnen drei Namen denselben Berg mit unterschiedlichen Besitzern. Das scheint mir wenig vorteilhaft, wenn es darum geht, Land und Höfe zu bezeichnen.

Ähnliches gilt für Lahmburger Straße und Schrubburg. Letztere liegt auf einem weiteren Hügel nördlich des Hügels Müggenburg, diesem quasi direkt gegenüber. Die Lahmburger Straße verläuft nahezu parallel dazu und führt schließlich zur Schrubburg hinauf. Das bedeutet nördlich von Wichlinghausen liegen zwei Hügel von unterschiedlicher Höhe, für die es fünf Namen gibt. Drei für den einen, zwei für den anderen. Diese These funktioniert einzig bei der Kickersburg, die über einen dritten Hügel verläuft.

Eine weitere Theorie für die Namen führt Helbeck an. Für die Schrubburg kann er für die Mitte des 17. Jahrhunderts drei Mitglieder der Famlie Schrub festmachen: Johann Schrup, Trine Schrubs und Gretgen an der Schrubsborg. Die beiden erstgenannten sind so arm, dass die kirchliche Armenkasse für ihre Begräbnisse aufkommen muss. Daraus folgt für Helbeck, dass es sich bei der Schrubburg um einen Spottnamen des ärmlichen Kottens gehandelt haben muss, der sich erhalten hat[86]. Diese Theorie führt er fort für die Lahmburg, die Kickersburg, die Schimmelsburg und auch die Krautburg, wobei es sich um einen alten Namen für ein Gut an der Tütersburg handelt. Hier sind die Spötter die Kohlentreiber, von denen der Schwelmer Pastor Friedrich Müller 1789 schreibt, dass diese es darauf anlegten,

> „neu gebauten Häusern Namen zu geben. Da der Kohlentreiber Name insgeheim drolliger ist als der, den der Besitzer seinem Haus gegeben hat, so wird er eher im gemeinen Leben gang und gebe, und der Besitzer muss sich endlich bequemen, ihn anzunehmen"[87].

Wie einfallslos müssen diese Kohlentreiber gewesen sein, wenn sie sechs Kotten den Namen *Burg* verpassen, zumal die Schrubburg als Ausgangspunkt dieser Benennungen nicht einmal original von den Kohletreibern selber zu stammen scheint. Denn Helbecks Überlegung zu den Schrubs basiert aus den Quellen aus der Mitte des 17. Jahrhunderts, Die Anekdote Müllers ist gute 150 Jahre jünger. Wenn zu diesem Zeitpunkt die Kohlentreiber neue Gebäude mit solchen Namen überzogen, die Schrubs aber schon seit mindestens dieser Zeit das Kotten bewohnten, handelt es sich bei deren Kotten nicht um einen Neubau, der eines neuen Namen bedurft hätte. Dieser Spottname war daher wohl schon etabliert und die Kohlentreiber hätten ihn bloß kopiert und fünf andere benachbarte Kotten ebenso benannt. Selbst wenn dem so wäre, würde dies bedeuten, dass bei der Nächstebrecker und Wichlinghauser Bevölkerung eine ähnliches Einfallslosigkeit vorgeherrscht hätte, wenn sie diese Spitz- und Spottnamen dermaßen gut gefunden hätten, dass sie sie übernahmen. Ich halte das für wenig glaubhaft. Welche Erklärung bleibt dann noch?

Die Antwort auf diese Frage hat vor allem mit dem Aufbau eines

[86]Vgl.: Helbeck, Nächstebreck, 160.
[87]Zitiert nach Helbeck, Nächstebreck, 161.

mittelalterlichen oder frühneuzeitlichen Bauernhofs zu tun. Es waren keinesfalls nur einzelne Häuser, die den Hof ausmachten, wie Helbeck etwa mit Blick auf das ärmliche Kotten der Schrubs scheinbar annimmt, sondern oftmals mehrere Gebäude. Vor allem die Zeit ab 1200 ist für diese Entwicklung einschneidend. Durch die Verstädterung und auch das Bevölkerungswachstum in Europa musste der Ackerbau nicht mehr nur die Bauern alleine, sondern auch zahlreiche andere Menschen ernähren, so dass die Aufbewahrungsorte neben dem Wohnhaus immer wichtiger wurden. Speicher und Scheune wurden so ausgebaut und dem Bedarf angepasst. Daneben existierten etwa in Ostwestfalen noch Kästen, Schuppen, Backhäuser und Bienenhütten, Schweine- und Schafställe. Die Kästen waren Kornkästen, in denen Getreide aufbewahrt wurde[88].

16. Bauernhof in der Frühen Neuzeit

Im Bergischen Land kann man von ähnlichen Bauten ausgehen,

[88]Vgl.: Schepers, Josef: Haus und Hof deutscher Bauern. Westfalen-Lippe, Münster 1960, 97f.

jedoch gab es im Bergischen zwei Arten von Höfen. Neben dem Einzelhof existierten auch noch sogenannte Weiler, die aus mehren Gebäuden bestanden, in denen verschiedene Familien lebten. Beide Formen kamen gleichberechtigt in den einzelnen Ortschaften vor. Die Einzelhöfe im Wupperbogen waren dabei beherrscht von einem so genannten Sachsenhaus. Darunter verstand man ein dreischiffiges Haus mit Längsdiele. In einem Haus waren dabei Stall und Wohnräume untergebracht. Als ein Beispiel für diese Art des Hausbaus kann der Hof Klingelholl dienen[89].

Die Weiler im Bergischen entstanden zumeist aus Einzelhöfen, die sich jedoch durch Erbteilung oder Verkauf von einzelnen Grundstücken, die aber zusammen immer noch einen Hof darstellten, auf einzelne Besitzer verteilten. Aus diesen Weilern ergaben sich dann einzelne dörfliche Strukturen, die heute noch als Dorf bezeichnet werden können, als solches aber nicht angelegt waren, sondern eben aus einem Hof entstanden[90].

Rees schreibt über beide Arten von Höfen, dass sie noch zu Beginn des 19. Jahrhunderts „einer befestigten Anlage" glichen, da die Höfe umzäunt waren und mit Toren und Steigen versehen. Regelrechte Falltore scheinen einige Bauernhöfe besessen zu haben[91]. Neben Zäunen sind auch Mauern und Schlagbäume überliefert[92]. Schell kann zu Beginn des 20. Jahrhunderts feststellen, dass „vielfach [...] noch heute alte Höfe unseres Landes ummauert" seien und er bemerkt dazu, dass „solche Anlagen in der Nähe von Haßlinghausen, Schee und Herzkamp" besonders zahlreich seien[93]. Ein

---

[89]Vgl.: Dütschke, Gottfried: Die älteste Bevölkerung des Wuppertals nach ihren Höfen, in: ZBGV 41, 1908, 201.

[90]Vgl.: Steinbach, Agrargeschichte, 357ff.

[91]Vgl.: Rees, Wilhelm: Gehöft und Bauernhaus im Bergischen Lande, in: Rheinische Heimatpflege 7.2, 1935, 167.

[92]Hierbei handelt es sich um den Wiedenhof in Langenberg, vgl.: Schell, Otto: Die frühere Befestigung der Bergischen Höfe und Dörfer, in: ZBGV 42, 1909, 3.

[93]Vgl.: vor Ebenda, 4.

solches Gebäude im Herzkamp weist sogar Schießlöcher in den Böden auf[94].

Die freistehenden Kornkästen, die im Wuppertal auch als Garnkästen vorgekommen sind[95], scheinen dabei oftmals recht schmal und hoch gewesen zu sein. Sie verfügten über mehre Etagen und ihr Eingang war oftmals nur über eine Leiter zu erreichen. Die Fundamente sind aus Stein, weswegen sie auch als Steingaden bezeichnet werden. Einen solchen findet man noch heute in Wichlinghausen.

Als im Jahre 1965 die Evangelistenschule Johanneum von der Carnaper Straße zwecks Autobahnbau umziehen musste, kam sie nach Wichlinghausen und begann mit dem Neubau ihrer Schule südlich des Nordparks. Für den Umbau sollte auch ein altes Fachwerkhaus weichen. Als man jedoch mit dem Abriss begann, stellte man fest, dass der Kern des Hauses ein dreigeschossiger Steinbau war, um den im 18. Jahrhundert wohl ein Fachwerkhaus herum gebaut worden war. Die Pläne wurden geändert. Der Steinbau wurde in das neu anzulegende Areal integriert. Seine obere Etage dient als Grillplatz und in der Etage darunter wurde ein kleiner Andachtsraum eingerichtet. Lediglich die unterste Etage ist im Erdboden eingelassen und nicht zu sehen.

In unmittelbarer Nähe zum Turm steht der Hof Klingelholl, der von einem langen roten Dach abgedeckt ist. Auch er gehört zum Johanneum und wird von Dozentenfamilien bewohnt. Der Hof Klingelholl, der erstmals in der Beyenburger Amtsrechung 1467 erwähnt wird, ist ein frühneuzeitlicher Bau, der dem Sachsenhaus entspricht, das Düschke im Norden Wuppertals ausgemacht hat. Auf einem Holzbalken im Gebäude selber ist als Jahr des Baues des Hofes 1436 bzw. 1456 angegeben. Diese Diskrepanz ergibt sich aus der Verwitterung des Holzes, so dass die Zahlen nicht eindeutig lesbar sind. Der Gründung des Hofes kann in das frühe 15.

[94]Vgl.: vor Ebenda, 5.
[95]Vgl.: de Bruyn, Barmen, 43.

Jahrhundert verlegt werden, auch wenn der Bau selber wohl aus dem 17. Jahrhundert stammt[96].

Folgt man den Angaben zum westfälischen bzw. bergischen Bauernhaus, dann gehörte der Turm zum Hof und war vermutlich als Korn-, eher noch als Garnkasten in Verwendung. Erst im 18. Jahrhundert wurde er wohl zu einem Wohnhaus umgebaut. Damit steht dieser Steingaden im Bergischen nicht alleine. Andere Bauten dieser Art im Niederbergischen sind zu dieser Zeit in Wohnhäuser umgebaut oder dazu erweitert worden[97].

17. Am Hof Klingelholl

Ein Vergleich des Klingelholler Turms mit anderen Steingaden aus der Region ergibt zahlreiche Übereinstimmungen. Die etwas von

[96]Vgl.: Sundermann: Bauernbusch, 21f.
[97]Vgl.: Münch, Willi: Niederbergische Steingaden und Wehrspeicher, Düsseldorf 1967.

innen nach außen zulaufenden Fenster, in denen sich kleine Sitznischen befinden, lassen darauf schließen, dass der Bau aus der Zeit der Spätgotik stammt[98] und somit zur gleichen Zeit wie der ursprüngliche Hof Klingelholl entstanden sein dürfte.

Wenn man davon ausgeht, dass der Hof Klingelholl und auch sein Steingaden im 15. Jahrhundert erbaut wurden, dann muss die Frage gestellt werden, welche Aufgabe dem Steingaden zufiel. Aus der Amtsrechung ergibt sich, dass der Hof Klingelholl wohl nur ein Kotten gewesen ist, das wenige Abgaben in Naturalien zu zahlen hatte, dennoch findet sich darunter auch die Abgabe von einer Mark. Wenn es zutrifft, dass das ein Zeichen dafür ist, dass in Wichlinghausen bereits im 15. Jahrhundert mit Garn gehandelt wurde, dürfen wir davon ausgehen, dass der Steingaden im Klingelholl eventuell als Garnkasten genutzt wurde, indem dieses Material gelagert oder getrocknet wurde.

Gleichzeitig muss an eine andere Funktion des Garnkastens gedacht werden, die sich aus der Tatsache der mit Zäunen oder auch Mauerwerk abgeschirmten Höfe ergibt: Warum waren die Höfe und damit wohl auch der Hof Klingelholl geschützt? Wovor schützte der Zaun oder die Mauer? Und schließlich: Hatte der gemauerte Garnkasten noch einen Zweck außer dem gerade vermuteten?

Die Garnkästen aus Stein hatten auch die Funktion des Schutzes. Für den Fall eines Angriffs war es der Familie eines Hofes oder Kottens möglich, sich in den Kasten zurückzuziehen. Die Untersuchung von Münch macht dies ganz deutlich. So besitzt etwa der Steingaden auf Gut Erf bei Wülfrath gut sichtbare Schießscharten in den Wänden, während die erste Etage klar als Lagerstätte gekennzeichnet ist. Zusätzlich befand sich auf dieser Etage der ursprüngliche Eingang, zu dem man hinauf musste[99], was jedoch recht untypisch ist. Oftmals war der Eingang zum Gebäude durch

[98]Vgl.: Ebenda, 108.
[99]Vgl.: Münch, Steingaden, 30ff.

einen Kellereingang gewährleistet. Oberstes Ziel der steinernen Gebäude war, dass die jeweiligen Angreifer es nicht in das Gebäude schaffen sollten. Für Westfalen sind daher neben Pechnasen, aus denen man dem Gegner mit heißem Pech überschütten konnte, auch vereinzelt Wassergräben belegt, die einen Angriff erschweren sollten[100].

Die Frage nach dem Aufkommen der Bauernburgen ist recht schwer belegbar. Die von Münch untersuchten Güter stammen zur Hälfte aus dem 14. Jahrhundert, was aber keinesfalls bedeutet, dass zu diesem Zeitpunkt auch die Burgen errichtet wurden. Diese sind eventuell schon älter. Wenn das Ratinger Stadtbuch von 1362 etwa einen *Johannes uppem Gaden* auflistet, dann kann man davon ausgehen, dass dieser in einem *Steingaden* gewohnt hat[101]. Ist dies der Fall, muss das Gebäude schon lange stehen und seine ursprüngliche Funktion erweitert haben. Man darf daher annehmen, dass bereits im 13. Jahrhundert die wehrhafte Form des Speichers entwickelt wurde, wenn der Speicher selber erst mit dem 12. Jahrhundert in Gebrauch kam, wie Schepers meint[102].

Dagegen sprechen freilich die äußeren Veränderungen, die Schepers anführt. Die Ausgestaltung des Fehderechts, das nicht selten zum Faustrecht ausartete, ist etwa seit dem hohen Mittelalter belegt[103] und könnte schon zu diesem Zeitpunkt dazu geführt haben, Wehrspeicher anzulegen. Damit stellt sich dann die Frage nach der Art der Angreifer. Im Bezug auf die Fehde muss man von Männern ausgehen, die Rittern gleichgestellt waren und einzig das Recht zur Fehde besaßen. Dieser Begriff ist aber nicht eindeutig definiert. Bauern waren zwar im Prinzip ausgenommen, könnten je nach Region dennoch dazu übergegangen sein, sich gegenseitig in einer

---

[100]Vgl.: Schepers, Bauernhaus, 98f.
[101]Vgl.: Münch, Steingaden, 13.
[102]Vgl.: Schepers, Bauernhaus, 97.
[103]Vgl.: Ebenda; Boockmann, Andrea: Fehde, Fehdewesen, in: LexMA, Bd. 4, Zürich 1989, 332f.

Fehde zu bekämpfen. Ein Rechtsbruch ist zudem nie auszuschließen[104]. Aber auch die legale Fehde konnte dazu führen, dass Bauernhöfe Schaden nahmen. Anders als in der Schlacht war der Zweck der Fehde, dem Gegner in jeder Art und Weise zu schaden. Das bezog natürlich auch Bauernhöfe mit ein, die Abgaben zu zahlen hatten und so als Nahrungslieferant in den Fokus der Fehde führenden Partei gerieten[105]. Von solchen kleineren Überfällen im großen politischen Rahmen darf man bei der Bauernburg am Hof Klingelholl ausgehen.

Wie weiter oben bereits erwähnt, wechselte Wichlinghausen 1384 den Eigentümer. Die Ministerialen der Ravensberger verkauften es an die Mark. 1245 war jedoch bereits Barmen an die Berger verkauft worden. Damit war Wichlinghausen im Prinzip kein Teil Barmens gewesen. Es ist aber vermutlich so, dass Wichlinghausen und Barmen bis zur Loslösung des Hofes Wichlinghausen durch die Ravensberger als Einheit betrachtet wurden. Diese These wird etwa durch die Grenzziehung der Freigrafschaft Volmarstein gestützt, die, wenn eine Beschreibung aus dem 16. Jahrhundert zutrifft, sowohl Oberbarmen als auch Unterbarmen mit einschloss. Damit läge der Hof Klingelholl mitten in Barmen.

Die sich Ende des 14. Jahrhunderts zugetragenen Streitigkeiten zwischen dem Herzog von Berg und dem Grafen von der Mark, in denen letzterer siegte, führten zu einer unfreiwilligen Verpfändung Barmens an den Märker, genauer derjenigen Güter von Barmen, die sich in der Grafschaft Mark befunden haben.

---

[104]Vgl.: Boockmann, Fehde, 332.
[105]Vgl.: Ebenda, 332f.

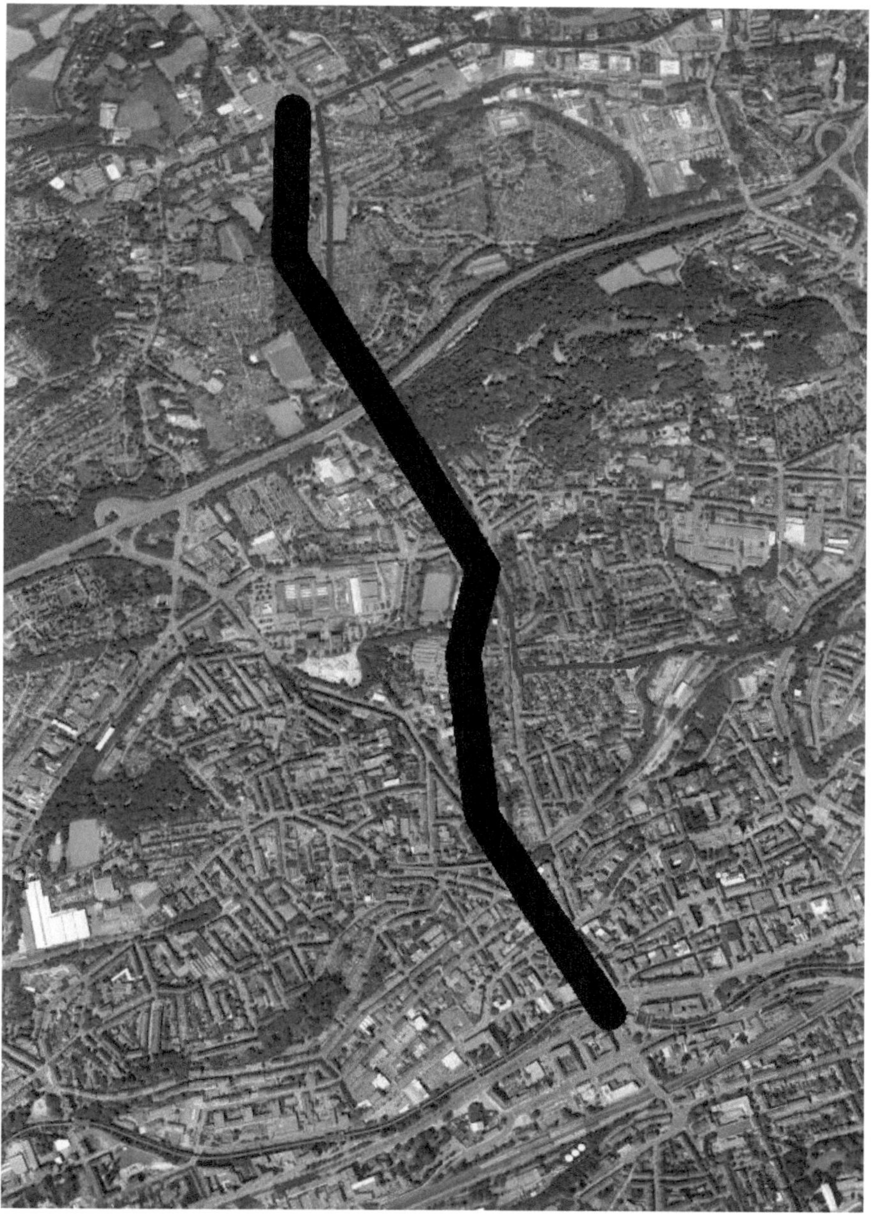

18. Die Landwehr im nördlichen Barmen

Wo aber endete genau die Grafschaft Mark? In der Urkunde, in der diese Verpfändung festgehalten wurde, gibt es darüber keine Auskunft. Das Problem ist hierbei, dass der Märker den Vertrag diktieren konnte, da er als Sieger aus der Schlacht kam. In Wichlinghausen standen Höfe nebeneinander, die unter der bergischen Gerichtsbarkeit standen und Höfe, die unter der Gerichtsbarkeit der Märker standen. Welche Höfe nun märkisch waren und im bergischen Territorium lagen oder bergisch und in märkischem Territorium, ließ sich nicht objektiv feststellen, sondern lag im Ermessen desjenigen, den man fragte. Im Falle der weiter oben zitierten Urkunde, musste der Märker gefragt werden und der Berger hatte nur die Möglichkeit zustimmend und zähneknirschend zu nicken.

So ergibt sich die Möglichkeit, dass der Bereich Barmen in den 1390er Jahren kurzfristig als märkisches Territorium betrachtet wurde, in dem sich bergische Höfe befanden, die dann dem Märker verpfändet wurden, der erst mit dieser Verpfändung, auf deren Einlösung er sicher nicht spekulierte, tatsächlich ein märkisches Territorium Barmen gründete.

Wo aber war nun die Grenze? Die Antwort darauf stammt aus einer Quelle des 18. Jahrhunderts. In einem Text heißt es, dass „durchs Barmen vber die gemarcke, den schlipper hov vnd Leimbach vorbey bis auf den Hatzfelder schlagbaum einen Landwehr liegen haben sollen“[106]. Diese Landwehr ist ein Bau des Amtes Beyenburg gewesen und stammt somit erst aus dem 14. Jahrhundert, wie Helbeck belegt. Die Landwehr lag mit einiger Sicherheit an der Grenze zwischen Berg und Mark und war von der bergischen Seite aus errichtet worden. Doch verlief damit die Grenze genau durch Barmen, was dem eigentlichen Vertrag ja widersprochen hätte. So verwundert es wohl nicht, dass im Jahr 1420 Herzog Adolf von Berg das Pfand erneut anerkennen musste, das den Märkern übergeben worden war. Diese erneute Anerkennung etwa

---

[106]Zitiert nach Helbeck, Beyenburg, 134.

25 Jahre nach der Pfandübergabe kann in meinen Augen nur damit zusammenhängen, dass der Berger sich nicht an die Vereinbarungen hielt, die in den 1390er Jahren getroffen wurden und immer wieder kriegerische Vorstöße in das Gebiet – vielleicht unter dem Gesetz der Fehde – befahl, das einst ihm zum Teil gehört hatte. Er muss in Bereich Unterbarmen recht erfolgreich gewesen sein, denn die Landwehr wurde im 15. Jahrhundert, wohl nach 1420, bis an die Leimbach vorverlegt. Schließlich konnte er diese ganz aufgeben, da Barmen in der Beyenburger Amtsrechung in den 1460er Jahren wieder zum Amt Beyenburg und damit zum Bergischen gehörte.

Die Frage ob dies durch kriegerische Auseinandersetzung passierte oder gar durch Einlösen des Pfandes, lässt sich durch die Tatsache, dass es auch noch nach 1467 märkische Höfe in Barmen gab, recht eindeutig klären. Eine kriegerische Übernahme hätte in meinen Augen dazu geführt, diese Höfe mit in sein Territorium einzubeziehen. Die Einlösung des Pfands stelle jedoch den *status quo ante* wieder her und sorgte so für bergische und märkische Höfe in Wichlinghausen.

Dennoch darf davon ausgegangen werden, dass zunächst auch die kriegerische Variante gewählt wurde. Das würde zumindest erklären, warum am Hof Klingelholl eine steinerne Bauernburg zu finden ist, die in das frühe 15. Jahrhundert datiert werden kann. Diese Burg wurde zum Schutz der Bauernfamilie errichtet, die fürchten musste, durch Angriffe der Berger und mit Sicherheit auch den Verteidigern der märkischen Seite angegriffen zu werden.

Die Bauernburg Klingelholl zeigt daher in meinen Augen deutlich, dass es nicht abwegig sein muss, in Wichlinghausen von tatsächlich existierenden Burgen auszugehen, eben jenen Wehrspeichern, die relativ hoch und alleinstehend – vor allem auf einem Berg – gut sichtbar waren. Anders als beim Klingelholl ist es im Falle der Burgen an der Ostseite Wichlinghausens aber wohl eine andere Grenze und eine andere Epoche, die hier den ausschlaggebenden Faktor geben. Denn unzweifelhaft hat Helbeck Recht, wenn er auf das Alter der Höfe in der Schubburg und der Lahmburger Straße hindeutet[107], die erst im 17. Jahrhundert, letztere sogar erst im 18. Jahrhundert, entstanden. Ähnliches gilt auch für die Krautburg, die Schimmelsburg oder die Kickersburg. Diese drei aber sind, wie auf der Liste der Wichlinghauser Hofprotokolle ersichtlich, bereits Ende des 17. Jahrhunderts bekannt, wohl noch nicht im 15. Jahrhundert. Bei den Burgen im Nordosten Wichlinghausens von mittelalterlichen Burgen auszugehen, ist daher schlecht möglich.

Da heute zudem keine Steine zu finden sind, die auf eine solche Burg hinweisen, stellt sich die Frage nach der Beschaffenheit dieser Bauernburgen. Für Westfalen erschließt sich die Antwort wie folgt:

> „In bäuerlicher Selbsthilfe entstanden Fachwerk-Wehrspeicher. Die Schießscharten befinden sich mitunter in breiten Fachwerkstielen. [...] Hieb- und Kugelspuren an nagelgespickten Speichertürmen des 16. Jahrhunderts bezeugen Plünderungsversuche. Im Tiefland nördlich des Wiehengebirges lebt in der Bezeichung Lehms (Lehmhus) für den Fachwerkspeicher die Erinnerung fort, daß dieses Bauwerk einmal mit feuersicherem Lehmmantel umhüllt war“[108].

Schepers' Ausführungen belegen, dass Wehrspeicher nicht nur wie die Burg im Klingelholl aus Stein, sondern eben auch aus Fachwerk und Lehm gebaut worden sein können. Solche Burgen sind wesentlich leichter wieder abzutragen, wenn sie nicht mehr gebraucht werden, so dass heute keine Spuren auf diese Anlagen zu finden sind.

[107]Vgl.: Helbeck, Nächstebreck, 160ff.
[108]Vgl.: Schepers, Bauernhaus, 98f.

19. Wehrspeicher

So bleiben zwei Fragen nach dem Zweck solcher Burgen jenseits der bereits erwähnten generellen Absicherung von Bauernhöfen und der Fülle von Burgen im nordöstlichen Bereich Wichlinghausens. Die Antwort auf beide Fragen findet sich erneut in der politischen Situation, diesmal jedoch des frühen 17. Jahrhunderts. Wie bereits im ersten Kapitel erwähnt, findet sich im Nordosten Wichlinghausens mit der Schellenbeck die Grenze zwischen Mark und Berg. Diese Grenze war jedoch neueren Datums. Wie das Beispiel Klingelholl zeigt, war im ausgehenden Mittelalter der Grenzverlauf zwischen Mark und Berg durchaus variabel gewesen. Eine genaue Festlegung der Grenze war zudem mit der Zusammenlegung der beiden Herzogtümer Jülich-Berg und Kleve-Mark unnötig geworden. Erst mit dem Tode des kinderlosen Herzogs Johann

Wilhelm am 25. März 1609 wurde diese Frage wieder auf die politische Tagesordnung gepackt.

Das Problem der Grenze ergab sich nun aus der Erbfolge. Die älteste Schwester Herzog Wilhelms war mit dem Herzog von Preußen verheiratet worden. Über ihre Tochter ging ihr Erbanspruch an ihren Schwiegersohn, Erbprinz Johann Siegesmund von Kurbrandenburg, über. Da Wilhelms zweitälteste Schwester Anna mit dem Pfalzgrafen von Pfalz-Neuburg verheiratet war, meldete auch ihr Sohn Ansprüche auf das Erbe des Herzogs an[109]. Aus dieser Situation ergab sich der Jülich-Bergische Erbfolgestreit. Ziel dieses Streites war es zunächst, an der Einigkeit des Herzogtums Jülich-Kleve-Berg festzuhalten, so dass man sich durch Vermittlung zahlreicher anderer – auch internationaler – Beteiligter auf eine gemeinsame Verwaltung einigte. Dieses Vorhaben scheiterte jedoch, so dass 1614 endgültig eine getrennte Verwaltung bei gleichzeitiger politischer Einheit des Herzogtums Jülich-Kleve-Berg festgelegt wurde. Kleve und Mark fielen an Brandenburg, Jülich und Berg hingegen an Pfalz-Neuburg[110]. Teil dieser Verwaltungsgrenze war die Schellenbeck, die fortan Mark und Berg trennte[111].

Bis 1666 waren jedoch beide Parteien mit der gemeinsamen Regierung des Herzogtums nicht zufrieden, so dass es vor allem im Verlauf des 30jährigen Krieges immer wieder zu Spannungen zwischen beiden Lagern kam. Erst mit dem dann geschlossenen Vertrag von Kleve wurde der Streit tatsächlich beendet. In ihm wurde die Verwaltungsgrenze zur Territorialgrenze zwischen Mark und Berg[112]. Damit war politisch entschieden worden, dass Barmen und Wichlinghausen bergisch waren.

Die oben angeführten Überlegungen zu den Burgen in Wichling-

---

[109]Vgl.: Ehrenpreis, Berg, 343.
[110]Vgl.: Müller, Klaus: Das Herzogtum Berg von 1609 bis 1806, in Bergische Geschichte Bd. 1, 505-510.
[111]Vgl.: Helbeck, Nächstebreck, 63.
[112]Vgl.: Müller, Berg, 527.

hausen sollten klar gemacht haben, dass die Überlegung, *Burg* sei eine Ableitung von *Berg* in Wichlinghausen nicht zutrifft. Auch die Überlegung, es handle sich um Spotnamen der Kohlentreiber für einzelne Häuser, hat wenig Sinn. Vielmehr darf davon ausgegangen werden, dass die Burgen tatsächlich als Verteidigungsanlagen angesehen werden dürfen. Hierbei handelte es sich um Wehrspeicher und Steingaden von Bauern, die sich im Spätmittelalter und im 17. Jahrhundert an Grenzen befanden. Zwar verschwanden sie mit der Zeit, der Name aber blieb.

20. Die Schellenbeck als Grenze zwischen Mark und Berg

5. Wennemars Stiftung an den Vikar – kirchliches Leben

Sind bisher vor allem die politischen Entwicklungen in Wichlinghausen von Bedeutung gewesen, so muss mit dem Ende des Mittelalters auch ein Blick auf die religiösen Momente in der Geschichte Wichlinghausens geworfen werden. Der Grund dafür ist vor allem der, dass ohne diese religiösen Motive Wichlinghausen nicht vorstellbar ist. Der Ruf der Wichlinghauser bis in das 20. Jahrhundert hinein besonders gläubig zu sein, was sich etwa im Begriff des *Harmoniumsviertel* widerspiegelt, fußte auf einer ausgeprägten nahezu pietistischen Frömmigkeit, die zwar ihren Höhepunkt erst im 19. Jahrhundert erreichte, deren Grundlagen aber bereits wesentlich früher einsetzten. Erste Spuren dieser Frömmigkeit finden sich bereits im 15. Jahrhundert und werden durch die Reformation in die Richtung gelenkt, die in späteren Jahrhunderten prägend für Wichlinghausen sein sollte.

Ich hatte bereits darauf hingewiesen, dass Wichlinghausen im Prinzip zum Kirchspiel Schwelm gehörte. Es gibt allerdings Hinweise darauf, dass nicht alle Wichlinghauser sich Schwelm zugehörig fühlten. Wenn etwa Adolf Werth darauf hinweist, dass der Elberfelder Laurentiuskirche im Jahre 1482 von zwei Wichlinghauser Höfen, nämlich einem Hof Wichlinghausen und einem Hof Dickten an der Nordgrenze Hafer und Geld zum Geschenk gemacht wurde, dann zeigt dies eine kirchliche Bindung nach Westen. Diese Geschenke gingen jedoch nicht an die Kirche selber, sondern wurden dem Antoniusaltar in der Kirche gestiftet. Damit stellte man sicher, dass der dort am Altar arbeitende Vikar für die Schenkenden oder für deren bereits verstorbenen Verwandten betete, so dass diesen die Zeit im Fegefeuer nicht allzu lang werden sollte. 1503 wurde dem in der Laurentiuskirche stehenden Altar der Jungfrau Maria aus einem Hof in der Leimbach die Abgabe von 20 Malter Hafer in jedem Jahr gestiftet[113].

Der so genannte Parochialzwang, der dafür sorgte, dass bestimmte kirchliche Handlungen nur vom zugewiesenen Pfarrer ausgeführt werden konnten – im Falle Wichlinghausens also vom Schwelmer Pfarrer – scheint die Wichlinghauser im späten Mittelalter nicht sehr besonders interessiert zu haben. Dieses Verhalten wird vermutlich auf die unterschiedlichen Territorialherren zu-

[113]Vgl.: Werth, Gemarke, 4.

rückzuführen sein. Wer sich als Teil des bergischen Bereichs fühlte, wird sicher nicht dem Schwelmer Altar gestiftet haben, wer sich als Teil des märkischen Einflussbereichs sah, stiftete nicht nach Elberfeld.

Daher sind für dieselbe Zeit auch Stiftungen nach Schwelm belegt. Die wichtigste, weil umfassendste Stiftung ist sicherlich diejenige von Peter von Heckinghausen. Der Hof Heckinghausen war Teil der märkischen Höfe, die vom Gericht in Wichlinghausen verwaltet wurden. Es verwundert daher nicht, dass Peter Heckinghausen auch einen Hof am Westkotten besaß, den er 1482 der Schwelmer Kirche zusammen mit einem Gut in Jesinghausen und anderen Abgaben zur Verfügung stellte. Ganz uneigennützig war diese Stiftung jedoch nicht, denn Peter war selber zum Vikar des Marienaltars berufen worden. Da die Vikare von den Einnahmen, die durch die Stiftung an den Altar herangetragen wurden, lebten, schaffte er es, seinen Lebensstil, der – bedenkt man die umfangreichen Güter, die der dem Altar stiftete – sehr großzügig gewesen sein muss, auch als Kleriker beizubehalten. Das Gut im Westkotten wurde wegen Peters Stiftung ab diesem Zeitpunkt Liebfrauengut genannt[114].

Andere Stiftungen sind zeitlich nicht genau belegbar, scheinen aber auch in die Zeit des 15. Jahrhunderts zu gehören. Dazu gehören Abgaben aus der Lehmbeck, aus Wichlinghausen, dem Westkotten und dem Riescheid[115]. Vor allem die Situation am heutigen Wichlinghauser Markt, denn in dessen Umfeld müssen die einzelnen Stifter aus Wichlinghausen gelebt haben, sind dabei äußerst interessant. Die zeigen klar, dass die Menschen, die dort wohnten, sowohl an die Elberfelder Kirche als auch an die Kirche in Schwelm stifteten. Selbiges ist auch für die Grenzregion an der Landwehr festzuhalten. Während 1502 eine Stiftung aus der Leimbach an den Elberfelder Marienaltar geht, sind um denselben Zeit-

[114]Vgl.: Dabringhausen, Heckinghausen, 46f.; Werth, Gemarke, 5.
[115]Vgl.: Werth, Gemarke, 5.

punkt zwei Stiftungen aus der Lehmbeck und Riescheid nach Schwelm gegangen. Die Schwelmer Kirche erhielt zudem von den Oberbarmer Gemeindegliedern einen Anbau, bei dem es sich um eine Kapelle zur Ehren der heiligen Anna gehandelt hat, die bis zu achtzig Personen Platz bieten konnte. An den dort befindlichen Altar wurden auch die oben genannten Stiftungen aus Wichlinghausen abgegeben. Dieses Verhalten zeigt klar, dass sich die Oberbarmer zwar als Teil des Kirchspiels Schwelm ansahen, sich von den Schwelmern durch eine eigene abschließbare Kapelle aber absonderten[116].

21. Adolf Clarenbach war nie in Wichlinghausen

Dieses Stiftungsverhalten ist in sofern wichtig, weil es über das Leben in Wichlinghausen einiges aussagt. Zum einen scheinen auch im späten Mittelalter die Wichlinghauser besonders fromm gewesen, zum anderen in der Lage gewesen zu sein, viel Geld zu spenden, mit dem sie in Schwelm an der Kirche einen Anbau durchsetzen, finanzieren und bauen konnten. Das und die mit dieser Kapelle klar einhergehende Abgrenzung von der restlichen Schwelmer Gemeinde scheint mir ein Hinweis darauf zu sein, dass bereits im Spätmittelalter in Wichlinghausen Wohlstand vorhanden war, der sich aber nur zum geringen Teil aus Agrarwirtschaft speiste, vielmehr ist davon auszugehen, dass bereits zu diesem Zeitpunkt die Textilproduktion zu finanziellem Wohlstand führte, wo-

[116]Adolf Werth verweist auf diese Kapelle und die Tatsache, dass sie in der Mitte des 17. Jahrhunderts als „absonderlich“ bezeichnet wird, vgl.: Werth, Gemarke, 6.

rauf – wie oben erwähnt – Dietz hinweist, wenn er den Beginn der Textilproduktion im Wuppertal eben in das Spätmittelalter legt[117].

Da Herzog Johann I. in der Zeit der Reformation katholisch blieb, wechselten auch seine Untertanen nicht die Konfession. Die neuen Ideen des Calvinismus oder des Luthertums wurden im Herzogtum so nicht eingeführt. Dennoch war Johann kein erbitterter Gegner der neuen Ideen. Anders als der Kölner Erzbischof Hermann von Wied etwa unterschrieb Johann das Wormser Edikt von 1521 nicht, in dem die Lehre Luthers als Ketzerei verurteilt wurde[118].

Unter solchen Umstanden war es möglich, dass die Reformation auch in das vereinigte Herzogtum vordrang. Für Wichlinghausen kommt zudem noch ein weiterer Punkt hinzu: Das Amt Beyenburg war seit dem Jahr 1505 an den Grafen Philipp II. von Waldeck-Eisenberg für die Summe von 8720 Gulden verpfändet worden. Damit wurde der Graf auch Amtmann von Beyenburg und spätestens Graf Franz, der zweite Sohn Philipps II., wohnte auch dort, wechselte aber wohl auch das ein oder andere Mal an den Dörner Hof nach Barmen. Der Nachfolger Philipps, sein Sohn gleichen Namens, trat 1525 zum Luthertum über und sorgte so damit, dass die Reformation auch im Amt Beyenburg Fuß fassen konnte.

Ein Zeichen dafür sind die Predigten Adolf Clarenbachs, der oftmals als Reformator des Bergischen bezeichnet wurde. Um 1495 wurde er zwischen Lennep und Lüttringhausen auf dem Buscher Hof geboren, ging 1511 nach Münster und studierte dann 1514 in Köln. Nach seinem Studium arbeitete er als Privatlehrer, bis er 1521 zum Lehrer für alte Sprachen und 1523 Konrektor der Münsteraner Schule St. Marien wurde. In dieser Zeit kam er mit der

[117]Vgl.: Dietz, Garnahrung, 11-16.

[118]Vgl.: Helmich, Wichlinghausen, 23; Mühling, Andreas: Hermann von Wied, in: Conrad, Joachim/Flesch, Stefan/Kuropka, Nicole/Martin, Thomas (Hg.): Evangelisch am Rhein. Werden und Wesen einer Landeskirche, Düsseldorf 2007, 130.

Lehre Luthers in Kontakt, deren Aussage er klar unterstrich. Da er in Folge dessen Münster verlassen musste, wechselte er nach Wesel und wurde auch dort Schulmeister, las nebenher aber in Privathäusern die Bibel im lutherischen Sinne. Der Herzog erfuhr von diesen Aktionen und forderte Clarenbach auf, Wesel zu verlassen. Nach kurzem Aufenthalt in Osnabrück kehrte er 1527 ins Bergische zurück und predigte dort die Reformation. Vor allem in Lennep und in Elberfeld fand er zahlreiche Zuhörer. Doch obwohl Graf Franz der Reformation zugeneigt war, blieben Bittschreiben Clarenbachs an ihn folgenlos. Nach der Festsetzung Clarenbachs 1528 in Köln wurde er im September 1529 dem Feuer übergeben[119]. Elberfeld und Lennep sind als seine Wirkungsstätte belegt. Ein Aufenthalt in Barmen ist aufgrund seines eher geduldeten Aufenthalts im Amt Beyenburg eher unwahrscheinlich, was auch einen direkten Einfluss Clarenbachs auf Wichlinghausen ausschließen würde. Hinzu kommt die Tatsache, dass im Jahre 1540 noch durch Wennemar von Wichlinghausen eine Stiftung an den katholischen Vikar in Schwelm durchgeführt wurde, die noch ganz im Geist der Stiftungen des 15. Jahrhunderts stand[120]. Eine solche Stiftung zeigt in meinen Augen deutlich, dass der reformatorische Gedanke in Wichlinghausen noch keine Früchte getragen hatte. Die Lehren Luthers und Calvins trafen erst nach der Mitte des 16. Jahrhunderts in Wichlinghausen ein.

Ohne staatliche Strukturen, die die Religion blitzartig änderten, vollzog sich die Reformation in Wichlinghausen langsam, dafür aber tiefgründig. Als Teil des Kirchspiels Schwelm wurde Wichlinghausen von der Mark aus reformiert. Im Westen des Stadtteils waren aber sicherlich auch Elberfelder Einflüsse zu verzeichnen. Die Ideen Luthers jedoch kamen zweifelsohne von Osten, also von Schwelm aus nach Wichlinghausen. Sichere Erkenntnisse zum

---

[119]Vgl.: Hermle, Siegfried: Adolf Clarenbach. Märtyrer „umb Christi willen“, in: Conrad u. a.: Werden und Wesen, 132ff.

[120]Vgl.: Lutze, Wichlinghausen, 6.

Fortschreiten der Reformation in Schwelm sind nicht vorhanden, lediglich einzelne Hinweise gibt es, wann in etwa die Ideen des Luthertums dort Fuß fasten. Vor allem vier Faktoren des Bekenntnisses nach Luther sind Grundlage für diese Hinweise. Erstens muss die Abschaffung der Heiligenverehrung begutachtet werden, zweitens muss man nach Berichten schauen, aus denen klar hervorgeht, dass auch Laien am Abendmahl teilnehmen durften, drittens muss die Verwendung der deutschen Sprache im kirchlichen Kontext Betrachtung finden und als viertes und wohl deutlichstes Zeichen muss die Ehe des Pfarrers in den Fokus rücken.

Letztere lässt sich in Schwelm frühesten um das Jahr 1580 belegen. Es gibt Hinweise darauf, dass Pfarrer Johannes Roleving verheiratet war und generell dem Luthertum zuneigte. Ein sicherer Beleg für einen verheirateten Pfarrer findet sich jedoch erst mit dem 1595 verstorbenen Hildebrand Linderhaus, der von seinen Erben als ihr Vater bezeichnet wurde.

22. Das Grundstück, das Wennemar stiftete

Während der Amtszeit von Pfarrer Reinoldus Haecke, der das Amt von 1549 bis 1566 bekleidete, ist das Singen von deutschsprachigen Liedern im Gottesdienst belegt. Aus derselben Zeit finden sich

Verträge, auf denen deutschsprachige Bibelverse aufgeschrieben wurden. Im Mittelalter war dies eine gängige Praxis, um das Fälschen von Verträgen zu vermeiden. Die Verträge wurden auf einem Stück Pergament doppelt ausgefertigt und zerschnitten. Auf der Schnittstelle wurde vorher ein solcher Spruch aufgeschrieben. Das Benutzen deutscher Sprüche auf diesen Urkunden zeugt davon, dass in der Bevölkerung wenn nicht die Lehre Luthers, dann doch zumindest die deutschsprachige Bibelübersetzung Anklang gefunden hatte. Der von kirchlicher Seite gegen Pfarrer Linderhaus erhobene Vorwurf, er habe die falsche und damit lutherische Lehre im Volk aktiv befördert, zeigt, dass in Schwelm die Gemeinde ausschlaggebend war.

Da die Oberbarmer Gemeindeglieder im 15. Jahrhundert in Schwelm eine besondere und einflussreiche Rolle gespielt haben müssen, wie etwa der Bau einer eigenen Kapelle an der Kirche zeigt, ist davon auszugehen, dass sie auch bei der Reformation keine geringe Rolle spielten. Die Tatsache, dass in Barmen spätestens seit 1539 durch die Waldecker Grafen aktiv die Reformation gefördert wurde, mag auch im Kirchspiel Schwelm den ein oder anderen Impuls gesetzt haben.

Für das Jahr 1595 ist in Schwelm jedenfalls belegt, dass es höchstens noch ein oder zwei Menschen gebe, die der katholischen Lehre anhingen. Der Rest der Gemeinde war zur Lehre Luthers übergetreten. Der Versuch des katholischen Landesherrn, nach dem Tod des Pfarrers Linderhaus einen katholischen Pfarrer aus dem Kloster Beyenburg einzusetzen, scheiterte am Widerstand der Gemeindeglieder, die sich für einen klar lutherisch ausgerichteten Kaplan namens Steinweg einsetzten. Es ist daher davon auszugehen, dass auch in Wichlinghausen die überwiegende Mehrheit der Bevölkerung dem Luthertum zuneigte[121].

Dieser Umstand hat jedoch nicht nur mit dem Erfolg der Lehre

---

[121]Für den gesamten Text vgl.: Helbeck, Schwelm, 299-309.

im Kirchspiel Schwelm zu tun, sondern auch mit den zahlreichen durch die Einrichtung der Garnnahrung in Wichlinghausen bestehenden Handelskontakte nach Antwerpen. Diese Überlegung geht auf Karl Wilhelm Bouterwek zurück, der sie schon 1867 aufstellte[122]. Eberlein weist daraufhin, dass diese Überlegung Spekulation bleiben muss, da eine Beweisführung nicht möglich ist[123]. Wie aber kommt Bouterwek auf diese Vermutung?

In Antwerpen hatten sich sächsische Augustiner niedergelassen. Diesem Orden gehörte auch Martin Luther an. Die Augustiner übernahmen dessen Lehre und predigten diese in ihren Wirkungsstätten – also auch in Antwerpen. Der Prior des Klosters in Antwerpen wurde wegen seiner reformatorischen Bestrebungen verfolgt und verbüßte eine Gefängnisstrafe[124].

23. Die Lehren Martin Luthers und Jean Calvins prägten Wichlinghausen

[122]Vgl.: Bouterwek, Karl Wilhlem: Die Reformation im Wupperthal und Peter Lo's Antheil an derselben, in: ZBGV 4, 1867, 277f.

[123]Eberlein, Hans-Peter: Peter Lo, der Reformator Elberfelds, in: Federschmidt, Karl (Hrsg.): „Ein Schritt zu mehr Freiheit“. Veranstaltungen zum 450-jährigen Reformationsjubiläum in Elberfeld. Eine Dokumentation, Wuppertal 2002, 5.

[124]Vgl.: Helmich, Wichlinghausen, 27.

Für das Jahr 1540 sind in den Notariatsprotokollen aus Antwerpen zwanzig aus Elberfeld stammende Männer belegt, die als Händler in der flämischen Metropole tätig waren. Elberfeld als Ortschaft mit Burg und Freiheit war gegenüber Barmen der bekanntere Name, so dass viele dieser Elberfelder auch aus Barmen bzw. Wichlinghausen stammten. Als Wichlinghauser kann sicherlich der dort aufgeführte Wimbert Clinghelhout bezeichnet werden[125]. Es ist nicht auszuschließen, dass er in Antwerpen von den Ideen Luthers gehört hat, ob er sie jedoch übernahm und in Wichlinghausen verbreitete, ist eine ganz andere Sache. Immerhin war Wimbert als Kaufmann in Antwerpen und nicht als Missionar. Falls er davon gehört haben sollte, dann ist es möglich, dass er, als die Reformation nach Wichlinghausen kam, mit seinen Erfahrungen aus Antwerpen zum Fürsprecher der Bewegung wurde. Anderseits ist es auch möglich, dass er als Kaufmann sich eher für Ruhe und Sicherheit in den alltäglichen Belangen des Lebens einsetzte, um sein Unternehmen nicht zu gefährden, was eine aktive Beiteilung an der Verbreitung der Lehre ausschließen würde.

Festzuhalten bleibt jedoch, dass Wichlinghausen ganz sicher durch das Kirchspiel Schwelm die Ideen der lutherischen Reformation aufgenommen hat. Daneben ist vor allem der Kontakt zu den Grafen von Waldeck als Faktor zu bezeichnen, die ab Mitte des 16. Jahrhunderts als lutherisch gelten können, da die von ihnen eingeführte Hessische Kirchenordnung auf der Lehre Luthers beruhte. Die Bedeutung des Wichlinghauser Händlers Wimbert hingegen ist eher untergeordnet, kann aber nicht ausgeschlossen werden.

Allerdings gibt es zahlreiche Hinweise darauf, dass auch der Einfluss der reformierten Bewegung des Jean Calvin im Tal der Wupper bereits im 16. Jahrhundert angekommen war und den Bereich Oberbarmen bzw. Wichlinghausen beeinflusste. Verbunden ist diese calvinistische Bewegung mit dem Elberfelder Pfarrer Peter Lo,

---

[125]Vgl.: Dietz, Garnnahrung, 80.

der ab 1552 als Kaplan in Elberfeld tätig war und der 1566 den Galaterbrief auslegte, wobei er sich auf den Heidelberger Katechismus, das Lehrwerk zur Unterweisung im calvinistischen Bekenntnis, bezog[126]. Nach dem Tode Los bekleidete Johann Volmar dessen Amt. Dieser war Teilnehmer der Synode von Neviges im Jahre 1589, auf der der Heidelberger Katechismus als Leitfaden für Predigt und Unterricht beschlossen wurde. Spätestens mit Volmar ist also von einer starken calvinistischen Bewegung in Elberfeld auszugehen[127].

Sonderland berichtet davon, dass in den 1580er Jahren eine Mehrzahl der Oberbarmer Bevölkerung die Konfession wechseln wollte. Dieser Wunsch wird ersichtlich durch eine Bitte dieser Fraktion, die sie an die Gräfin Maria von Waldeck richteten, diese möge dafür Sorge tragen, dass sie nun nicht mehr dem lutherischen Prediger in Schwelm Gehalt zahlen sollten, sondern dem Elberfelder Prediger Volmar[128]. Obwohl die Gräfin dies nicht veranlassen konnte, da dieser Wunsch außerhalb ihres Rechtsbereichs lag, zeigt der Fall, dass es in Oberbarmen starke Verbindungen nach Elberfeld gab, die sich darin widerspiegeln, gemeinsam den dortigen Gottesdienst zu besuchen.

Diese Verbindungen werden auch der Grund gewesen sein, dass sich dieser Teil der Oberbarmer Bevölkerung von Schwelm lösen wollte. Nur in den wenigsten Fällen mag der Grund tatsächlich darin gelegen haben, vom Luthertum zum Calvinismus zu wechseln, da beide Konfessionen zu Beginn der Reformation noch nicht in ihren erst später festgesetzten strengeren Regeln wahrgenommen wurden. Akten aus späterer Zeit zeigen, dass es sich bei diesen Bürgern auch um diejenigen Familie handelt, die politisch, wirtschaftlich und auch sozial großen Einfluss auf Barmen hatten, etwa weil sie am Schöffengericht Barmens beteiligt waren bzw. zu den so genannten Meistbeerbten gehörten. Dabei handelt es sich

[126]Vgl.: Werth, Gemarke, 15.
[127]Vgl.: Helmich, Wichlinghausen, 31.
[128]Vgl.: Sonderland, Barmen, 30.

um eine Gruppe von Menschen, die Haupterbe eines Hofes waren. Mit der Zeit veränderte der Begriff seine Bedeutung und wurde zu einer Bezeichnung für wohlhabende und reiche Menschen.

Die Wichlinghauser als Grenzgänger zwischen Berg und Mark mit eigenem Gericht hatten freilich mit diesen calvinistischen Barmer Bürgern wenig zu tun, so dass es zwar auch am Markt vereinzelte Calvinisten gab, sie aber nie eine Mehrheit bildeten. Ihnen nachzuspüren, bedeutet zunächst sich mit der Geschichte der Barmer Amtsschule vertraut zu machen, die im Jahr 1579 gegründet wurde und in etwa dort stand, wo heute der Alte Markt steht. Diese Schule war ab den 1580er Jahren vornehmlich durch Calvinisten geprägt, wenn sie wohl auch eine Gründung aller Barmer konfessionsübergreifend gewesen ist. Der Einfluss der Calvinisten auf die Schule im Jahrzehnt ihrer Gründung ist allerdings ein Hinweis darauf, dass auch bei der Gründung der Schule zahlreiche Calvinisten eine Rolle gespielt haben dürften, zumal die Schule durch private Spenden finanziert wurde. Eine solche Spendenbereitschaft für die Schule war vor allem Sache der Meistbeerbten, die eben zu den Calvinisten gehörten[129].

Die Liste derjenigen, die Geld für die Schule zur Verfügung stellten, ist überliefert. Unter ihnen findet man auch zahlreiche Wichlinghauser, von denen man davon ausgehen kann, dass sie zu den Reformierten zählten. Dazu gehören Pelser zu Wichlinckhausen, Hammelchen in der Leimbach und sein Sohn Peter, Peter Scheffen in der Leimbach, Peter zu Wichlinckhausen, Kerstgen zu Westkaten, Evert zu Wichlinckhausen, Johann im Dall, Curt im Nickhorn und seine Frau, Peter zu Westkaten, Cueper zu Wichlinghausen, Johann Kuitz zu Wichlinckhausen, Halfmann in der Leimbach und schließlich das Klingenholl[130]. Damit finden sich fünf Personen am Wichlinghauser Markt, die für die Schule spendeten, vier Leimba-

[129]Vgl.: de Bruyn-Ouboter, Hans Joachim: Spätreformation von unten im Wuppertal und in Schwelm, in: Mehnert, Fritz (Hrsg.): Oberbarmer Gemeindegeschichte, Wuppertal 2008, 41ff., 58f. u. 68ff.

[130]Vgl.: Werth, Gemarke, 511f.

cher, drei Parteien vom Westkotten und Klingelholl und drei Parteien aus dem Bereich Hatzfeld (Nickhorn und Dahl).

Keine 100 Jahre später finden sich ähnliche Namen auf einer Absichtserklärung, den reformierten Pfarrer in Schwelm zu unterstützen. Mit Melchior und Peter Scherenberg zu Riescheid, Rüttger to Hoheradt und Rüttger vom Scheidt in der Leimbach, Peter Kemmena in der Leimbach, Rüttgers Siebels zu Wichelhausen, Johann Klingholt und seiner Frau, Johann Huppe zu Westkotten und der Hausfrau Jaspers auffem Dal finden wir eine ganz ähnliche Verteilung[131].

Es ist daher klar ersichtlich, dass sich einige Wichlinghauser zum Calvinismus bekannten, obwohl Schwelm selber lutherisch geprägt war. Diese konkrete Herausbildung der beiden protestantischen Konfessionen aber war ein Ergebnis der Zeit nach 1580. Den überwiegenden Zeitraum des 16. Jahrhunderts über war diese Trennung nicht vorhanden.

Ganz anders sah dies in Bezug auf die katholische Religion aus. Wenn ab 1595 davon gesprochen werden kann, dass im Kirchspiel Schwelm „geiner, got lob, [...] es sei dann umb einen oder 2 zu thun, furhanden“[132], die katholischen waren, so kann man aus dieser Zahl nicht schließen, dass es in Wichlinghausen solche nicht gab. Zum einen ist nicht klar, ob mit dem Wort *gemain* Schwelm selber oder das Kirchspiel gemeint ist, zum anderen zeigt die Zahlenangabe klar, dass es sich um eine Schätzung bzw. Vermutung handelt, die lediglich klar machen soll, dass es wenig Katholiken in Schwelm gab.

Tatsächlich ist es aber gar nicht unwahrscheinlich, dass man im Bereich Wichlinghausen und Oberbarmen noch lange Zeit katholisch blieb. Ob etwa der genannte Wennemar, der 1540 eine Schenkung an den katholischen Vikar unternahm, lutherisch oder gar calvinistisch wurde, ist unklar, denn er wird sich von der Schenkung doch eine Steigerung seines Seelenheils versprochen

---

[131] Vgl.: Ebenda, 513.

[132] Helbeck, Schwelm, 299.

haben, das ihm nur nach katholischer Lehre zustand, nicht aber nach lutherisch oder calvinistischer.

Gleichwohl sind die Spuren der katholischen Gläubigen im Bereich Barmen und Wichlinghausen kaum auszumachen und zeigen sich auch erst mit der durch die von den Jesuiten eingeleitete *Missio Montensis* ab 1682 in Barmen, wo sie sich in einem Privathaus, das entweder an der Schuchardstraße stand[133] oder mit dem Dörner Hof identisch ist, den der katholische Landesherr für diesen Zweck dann zur Verfügung hätte stellen müssen[134], trafen. Die Zahl der Gemeindeglieder in Barmen blieb aber dennoch recht klein. 1708 waren es sieben Katholiken. Die Zahl stieg erst ab Mitte des 18. Jahrhunderts auf 350[135]. Das zeigt, dass es in Barmen nur wenige katholische Gläubige gab. Für Wichlinghausen lassen sich keine nachweisen. Erst mit der Industrialisierung im 18. und 19. Jahrhundert kommen sie wieder nach Wichlinghausen.

24. Die Kirche St. Antonius in Barmen war auch für die Wichlinghauser Katholiken der Ort des Gottesdienstes

---

[133]Vgl.: Brendel, Engelbert/Zimmermann, Werner Aloys: St. Antonius Kirche, in: Lekebusch, Sigrid/Speer, Florian: Kirchen und Gottesdienststätten in Barmen, Wuppertal 2008, 183.

[134]Vgl.: de Bruyn, Spätreformation, 50.

[135]Vgl.: Brendel/Zimmermann, St. Antonius, 183.

Teil II: Von der Garnnahrung bis zur Gründung der Kirchengemeinde Wichlinghausen

1. Die Garnnahrung in Wichlinghausen

Wann man im Wuppertal damit begann, seinen Lebensunterhalt mit Textilien zu verdienen und nicht mehr mit Weizen, ist unbekannt, doch lässt sich einigermaßen klar sagen, dass ab 1400 im Wuppertal die Garnbleichung aufkam. Wo es aber keine Fakten gibt, da wachsen Legenden. Ganze drei Gründungssagen zur Garnbleiche existieren, zwei davon behandeln Wichlinghausen. So soll es Göddert Wichelhaus, der wohl aus Wichlinghausen kam, gewesen sein, der die Garnbleicherei im Jahre 1450 einführte. Eine zweite Legende geht von einem falschen Wortursprung der Leimbach aus, die sich von Leinen-Bach ableite[136]. Ganz abgesehen von der Frage, ob diese Überlieferungen wahr sind oder nicht, scheint es auf der Hand zu liegen, dass in Wichlinghausen die Bleicherei eine besondere Rolle spielte, so dass man dort den Ursprung der Wuppertaler Bleiche vermutete.

Wichtig bleibt festzuhalten, dass wohl spätestens ab dem 15. Jahrhundert in Elberfeld und Barmen eine rege Produktion von gebleichten Textilien ihren Anfang genommen hat und dabei ein durchaus respektabler Ruf der Produkte entstand. Aus diesem Ruf heraus und dem damit einhergehenden Bewusstsein der Bleicher mag es auch zu einem wirtschaftlichen Problem gekommen sein, das zu Beginn des 16. Jahrhunderts in Elberfeld und Barmen auftrat: einer Überproduktion. In beiden Städten war mehr Garn gebleicht und hergestellt worden, als auf der anderen Seite verkauft werden konnte, was dazu führte, dass die Händler mit nicht verkauften Produkten zurückkamen und die Bleicher und ihre Familien keine Entlohnung erwarten konnten. Aus dem Ruf der Produkte und dem eventuell kriegsbedingten Absatzmangel – führten doch Kaiser Karl V. und der französische König Franz I. Krieg ab 1521 gegeneinander – ergab sich der Wunsch nach dem Schutz der

[136]Vgl.: Dietz, Garnnahrung, 22.

heimischen Produktion auf Seiten der betroffenen Händler und Bleicher, den sie sich mit 861 Goldgulden recht günstig erkauften[137].

Ein Schutzbrief vom 29. April 1527 ist die Gründungsurkunde der so genannten Garnnahrung, einer den mittelalterlichen Zünften ähnlichen Vereinigung aller am Textilhandel beteiligter Personen aus Elberfeld und Barmen. Der Name beschreibt, dass es hierbei tatsächlich nicht um ein Bleichen für den persönlichen Gebrauch ging, sondern um ein Gewerbe, das zum Nahrungserwerb genutzt wurde. Daher bezieht es sich auch nur auf solche Menschen und klammert die private Produktion von den Regeln schon in der ersten Bestimmung aus.

25. Produkte aus Flachs: Stroh, Garn, Vlies und Seil

[137]Vgl.: Ebenda, 26ff.

In dem Privileg selber werden drei verschiedene Dinge geregelt. Zum einen etwa, wie diese Zunft[138] organisiert sein sollte. So wurden jährlich am 20. Juli sowohl in Barmen als auch in Elberfeld zwei Garnmeister gewählt, deren Aufgabe die Überprüfung und Einhaltung der Regeln war. Ihnen oblag aber auch die Aufgabe, je nach Marktlage Produktionsmengen festzulegen oder, je nach Stand der Dinge, mit oder ohne die staatliche Unterstützung der Amtmänner Recht in Bezug auf die Arbeitsprozesse zu sprechen.

Zum zweiten wurde festgelegt, wer wann und wo wie viel Garn produzieren durfte. Dabei gab es zunächst eine räumliche Begrenzung, denn nur, wer in Barmen oder Elberfeld wohnte, durfte Garn produzieren. Eine Ausnahme bilden Nachkommen von Barmer oder Elberfeldern, die in den beiden Orten nicht wohnten. Auch sie waren berechtigt, eine von den Garnmeistern vorher bestimmte Menge an Garn zu produzieren. Aber auch diese Menge an Garn war gedeckelt. Mehr als 80 Zentner pro Person waren nicht erlaubt und konnten von den Garnmeistern sogar noch bis auf 48 Zentner gesenkt werden. Diese Menge an Garn durfte zudem nur im Zeitraum vom 25. März bis zum 13. Mai gebleicht werden. Berechtigt zur Garnproduktion waren alle, die in Elberfeld und Barmen geboren oder dorthin gezogen waren. Erstere hatten einen halben Goldgulden, letztere vier Goldgulden zu zahlen. Wer Mitglied der Garnnahrung werden wollte, musste zudem einen Eid ablegen[139].

Im Prinzip war demnach die Garnnahrung ein von der staatlichen Obrigkeit genehmigtes Textilkartell, das es seinen Mitgliedern erlaubte, ausschließlich einer Tätigkeit nachzugehen, ohne Konkurrenz von außen zu befürchten, wobei gleichzeitig die Macht des Kartells durch Handelsbeschränkungen begrenzt wurde und zudem Ausnahmen in Bezug auf die Produktionsstätten genehmigt wurden, die für die spätere Entwicklung der Wichlinghausener Garn-

---

[138] Der Name trifft nicht zu, soll hier aber der Einfachheit halber verwendet werden.

[139] Vgl.: Dietz, Garnnahrung, 23-25.

nahrung noch wichtig werden sollte.

Ist mit der Garnnahrung selber schon einmal geklärt, wie die Produktion organisiert war, so muss auch geklärt werden, was eigentlich auf welche Weise produziert wurde. Den Ursprung der Wuppertaler Textilproduktion bildet der Flachs, eine alte Kulturpflanze, die seit etwa 8000 Jahren belegbar angebaut wird. Diese Pflanze findet für zwei Dinge Verwendung: Zum einen wird aus ihr Öl gewonnen, das neben der Nahrung auch für Kosmetika und Farben benutzt wird, zum anderen ist Flachs der Ursprung von Leinenstoff, den es in unterschiedlichster Qualität gibt.

Alle Unterlagen aus der Zeit des Mittelalters und auch danach belegen, dass Leinen im Wuppertal nie angebaut wurde, lediglich im Norden von Wichlinghausen, zwischen Einern und Sprockhövel wird die Pflanze als Abgabe erwähnt. Das bedeutet, dass der Flachs in Barmen und Elberfeld nie heimisch war, sondern hier lediglich weiterverarbeitet wurde. Die Regionen, aus denen er um das Jahr 1600 nach Wuppertal kam, wurden als *Garnland* bezeichnet, es handelt sich dabei um Bielefeld, Minden, Braunschweig, Göttingen und Kassel. Schon Dietz ging davon aus, dass diese Regionen schon früher als Ursprungsort des im Wuppertal verarbeiteten Flachses dienten[140]. Die Orte Bielefeld und Minden, die zum Einflussbereich der Grafschaft Ravensberg gehören, lassen vermuten, dass die oben erwähnte mittelalterliche Verbindung zu Ravensberg hier eine Rolle gespielt haben könnte. Wie aber die Wuppertaler auf die Idee gekommen sind, Flachs zu wässern, den sie erst einkaufen mussten, bleibt ein Rätsel.

Womöglich ist aber die Überlegung nicht allzu weit hergeholt, dass der nahe Nachbar in Einern irgendwann in Wichlinghausen aufschlug und an der Leimbach, dem Westkotter oder Wichlinghauser Bach, am Beuler Bach oder der Schellenbeck sein Flachs wässerte und die Wichlinghauser dies nachahmten. Von dort aus

[140]Vgl.: Ebenda, 11.

kam es dann in das Tal der Wupper und nach Schwelm. Das würde auch erklären, warum ausgerechnet ein Wichelhaus als der erste Bleicher in der Sage auftaucht.

Flachs ist ein äußerst unreiner Stoff, der von Natur aus dafür sorgt, dass das Material, das aus ihm gemacht wird, einen grauen oder braunen Ton hat. Wer demnach etwas Weißes wollte, musste versuchen, den Flachs zu reinigen. Aus diesem Reinigungs- und Trocknungsprozess hat sich die Bleicherei entwickelt, die mithilfe von Wasser und Pottasche weißes Garn entstehen lassen kann[141]. Dafür benötigt man vor allem einen Platz, an dem man das Flachs auslegen und bewässern kann. Da im Wuppertal auf den einzelnen Höfen dieser Platz nur im engen Rahmen genutzt werden konnte, spielte das Bleichen von Leinwänden keine Rolle. Der Flachs in seiner Form als einfaches Garn wurde hier gebleicht und, so legt es das Privileg der Garnnahrung nahe, auch zu Zwirn verarbeitet, also zu Fäden, die aus mehren Garnen zusammengesetzt werden. Vor dem Privileg waren diese Orte der Garnbleiche Elberfeld, Barmen und auch Schwelm, welches durch die Garnnahrung aber ausgeklammert wurde[142].

Außerhalb des Wuppertals in den großen Handelsmetropolen Antwerpen und Amsterdam sind Spuren von Wichlinghauser Händlern[143] zu finden. Bereits 1540 erscheint mit dem bereits erwähnten Wimbert Clinghelhout (Klingelholl) ein Wichlinghauser Name in Antwerpen. 1551 findet sich mit Anton Wickelinckhuysen ein weiterer Garnhändler mit Bezug zu Wichlinghausen am selben Ort[144]. In Amsterdam schließlich macht ein Werneart Wichelhuysen im Jahr 1600 Geschäfte[145].

---

[141]Vgl.: Ebenda, 40ff.

[142]Vgl.: Ebenda, 74.

[143]Es sei hier darauf hingewiesen, dass Namen von Personen und Höfen sich zu diesem Zeitpunkt nicht mehr eindeutig zuordnen lassen.

[144]Vgl.: Dietz, Garnnahrung, 80.

[145]Vgl.: Ebenda, 82

26. Der Hof Klingelholl

Während die hier aufgeführten Wichlinghauser vor allem damit beschäftigt waren, die Produkte aus den heimischen Gefilden zu verkaufen, findet sich beim Rohstoffkauf ebenfalls ein Bezug zu Wichlinghausen. Im Jahre 1604 wird Caspar Holt zusammen mit Wilhelm zur Hosen im Auftrag der Garnnahrung das Patent erteilt, mit den Garnhändlern im Garnland zwischen Braunschweig, Kassel und Bielefeld über das Einhalten richtiger Maße und Gewichte zu verhandeln. Noch 1632 ist dieses Einhalten der richtigen Maße und Preise ein Problem, so dass sich die Garnmeister entschließen, den Händlern, die aus Kassel zurückkommen, noch einmal klar zu machen, welche Maße als Minimum gewünscht werden. Unter diesen Händlern befinden sich mit Konrad Klinkholt und Arndt Wichelhaus zwei mögliche Wichlinghauser[146].

Wichlinghauser Namen gab es demnach sowohl bei den Rohstoffhändlern in Hessen, Niedersachsen und Ostwestfalen als auch auf den Absatzmärkten in Amsterdam und Antwerpen. Aber auch beim Produzieren des gebleichten Garns spielte Wichlinghausen keine kleine Rolle. Für das Jahr 1606 wurde von den damaligen Garnmeistern eine Liste der Bleichereien in Elberfeld und Barmen erstellt, die klar aufzeigt, welche Bleicher wessen Garn bearbeiteten. Es war nämlich keinesfalls so, dass die Besitzer des Garns es auch selbst bleichten. Vielmehr ist davon auszugehen, dass die Besitzer ihr Garn gar nicht zu Gesicht bekamen, sondern lediglich den Gewinn des Verkaufs einstrichen. Zumindest geht diese Art des Handels aus den Listen der Garnnahrung hervor. Ein Mitglied der Garnnahrung geht zum Kaufmann, fragt an, ob dieser ihm Garn kauft, was dieser bejaht. Das gekaufte Garn landet direkt beim Bleicher, wird bearbeitet und geht dann weiter nach Antwerpen und Amsterdam. Händler und Bleicher streichen vom Erlös beide etwas für ihren Arbeitsaufwand ein, während der Rest an den Investor geht[147].

---

[146]Vgl.: Ebenda, 78.
[147]Vgl.: Ebenda, 36f.

27. Fachwerkhaus in der Lehmbeck

Unter den Bleichern des Jahres 1606 befinden sich auch zahlreiche Namen, die darauf schließen lassen, dass Wichlinghauser in das Garngeschäft verwickelt waren. An der Westgrenze zu Wichlinghausen lagen mit Johan Stältgen, Peter Kleiman und Jasper in der Leimbach sowie dem Ruhkemper und Johan tho Rischidt ganze fünf Bleicher, die insgesamt 181,25 Zentner Garn bleichten. Am Westkotten wurden von Johan Schuck und Peter Bungeler 52,5 Zentner gebleicht. Im Norden Wichlinghausen findet sich mit Cordt im Nickhorn jedoch nur ein Bleicher mit einer Gesamtmenge von 34,75 Zentnern Garn. Östlich vom Markt wurde im Jahre 1606 durch Peter thom Dycke 43,75 Zentner Garn gebleicht[148].

Daraus ergibt sich für die Garnnahrung in Wichlinghausen ein

[148]Vgl.: Crecelius, Wilhelm/Werth, Adolf: Urkunden zur Geschichte der Garnnahrung im Wupperthale, in: ZBGV 6 1880. 112 – 122.

recht interessantes Bild, denn der Norden und der Osten von Wichlinghausen scheinen für die Bleicherei nicht besonders geeignet gewesen zu sein, wohin gegen vor allem im Bereich der Leimbach und des Westkotter Bachs gute Voraussetzungen für die Bleicherei gegeben waren.

Die geringe Menge von Garn im Osten und im Norden von Wichlinghausen macht im ersten Moment stutzig, denn eigentlich ist davon auszugehen, dass es hier ideale Voraussetzungen für das Bleichen gab. Neben der geographischen Nähe zum Garnland Sprockhövel deutet im Osten etwa der Name der Wiescher Straße, die bereits 1591 erstmals erwähnt wird[149], daraufhin, dass hier durch die Wiesen durchaus die Möglichkeit zur Bleicherei bestand. Hinzu kommen mit dem Beuler Bach und der Schellenbeck Gewässer, die noch durch einige Siepen ergänzt werden, die das Bleichen erlaubten. Daher scheinen sowohl Osten als auch Norden Wichlinghausens zum Bleichen geeignet und werden wohl auch genutzt worden sein. Das Fehlen dieser Gegend in den Listen der Garnmeister dürfte mit der Grenzsituation zu Schwelm zu tun gehabt haben, wo auch gebleicht wurde. Diese Bleichereien fielen aber nicht unter die Kontrolle des Garnprivilegs.

Klar ersichtlich wird aus der Liste der Garnmeister, dass die Bleicherei am Wichlinghauser Markt nicht betrieben wurde. Dennoch waren ein paar Wichlinghauser als Bleicher tätig. Diese zogen von Wichlinghausen weg und betrieben ihr Handwerk am Ufer der Wupper, die Liste ihrer Kunden zeigt jedoch, dass sie noch immer mit Wichlinghausen verbunden waren. Zu diesen Bleichern gehörte etwa Wimber Schröder, der auf der Rosenau bleichte und dessen Garn zu drei Fünfteln von Wichlinghausenern stammte. Auf der anderen Seite findet sich mit Cord Wichlinghaußen in der Gemarke ein Bleicher, der sämtliche wirtschaftlichen Verbindungen zu Wichlinghausen gekappt hatte und überhaupt keine nachweisbaren Kunden von hier besaß. Auch Konrad Klinckholt, nach dessen

[149]Vgl.: Stock, Straßennamen, 392.

Familie der Klinkholzberg benannt wurde, gehört in diese Gruppe. Er bleichte an der Wupper und kam auf eine Gesamtmenge von 67 Zentnern, von denen 31 ihm oder seiner Familie gehörten (Bruder und Vater). Hinzu kam der Garnhändler Werner Wichelhaus, der sich in Elberfeld niedergelassen hatte[150], aber einen Großteil seines Garns weiterhin in Barmen bleichen ließ (47 von 63 Zentern).

Zahlreiche Wichlinghauser ließen jedoch auch in Heckinghausen bleichen, was eventuell mit den politischen Verbindungen über das Wichlinghauser Hofgericht zu tun hatte, das Heckinghausen auch einschloss. Garn von Wichlinghauser Händlern und Bleichern findet sich über ganz Barmen verteilt und macht in etwa 245,5 Zentner der gesamten Liste von 1606 aus. Bei 3590 Zentnern für ganz Barmen fällt diese Summe an Wichlinghauser Garn mit 6 % kaum ins Gewicht[151].

28. Der Hof Leimbach

---

[150]Vgl.: Böhmer, Emil: Aus der Frühgeschichte unserer Garnindustrie, in: ders.: Bilder zur Geschichte unserer Heimat, Schwelm 1935, 30.

[151]Vgl.: Crecelius/Werth, Garnnahrung, 112-122.

Neben Werner Wichelhaus finden sich aber auch andere Großhändler mit Bezug zu Wichlinghausen, etwa Johann Wichelhausen, der Sohn des Garnmeisters Wilhelm, der 1606 auf die stolze Summe von 64,5 Zentnern Garn kam. 18 Zentner davon wurden von Wimber Schröder gebleicht, der Rest verteilte sich vor allem auf Heckinghausen (29,5 Zentner), den Klinkholzberg (16 Zentner) und auf die Leimbach (1 Zentner).

Damit stellt Johann eine Ausnahme unter den Wichlinghauser Händlern dar, da diese normalerweise nicht im Westen an der Leimbach bleichen ließen. Die Händler kamen hier entweder aus den eigenen Reihen, wie im Fall von Kerstgen Klingelholl, der einen Zentner bei Johan tho Rischidt bleichen ließ, oder sie bleichten für Händler aus Barmen und Elberfeld.

Neben Johann Wichelhaus sind vor allem Anton Wichelhaus, bekannt aus Antwerpen, und Anton Grah aus Wichelhaus zu nennen, die 31,5 bzw. 37 Zentner an verschiedene Bleichereien in ganz Barmen verteilt hatten. Anton Wichelhaus ließ dabei vor allem in Heckinghausen, Wülfing und am Cleff, also an der Wupper, bleichen. Grah hingegen verteilte sein Garn bei Jaspar an der Rosenau, Jasper von Winghgatten in Heckinghausen sowie Willem Wirdt in der Gemarke (Wupper), Peter Bungeler am Westkotten (Westkotter Bach) und bei Peter thom Dycke, der wohl auf Wasser der Beule zurückgriff.

Händler	Bleicher	Garn
Holtgen zu Wichling-hausen	Goßmann Korte (Brögel), Leysken (Cleff), Jasper (Rosenau), Cort Bolte, sen. und jun. (Wülfing)	10,75
Tönis Wichlinghausen	Leysken (Cleff), Jasper (Cleff), Cort Bolte jun. (Wülfing), Hindrich (Wülfing), Johann Schroier (Heckinghausen)	31,5
Werner Wichlinghau-sen	Leysken (Cleff), Johan v. d. Bockmühle (Heckinghausen), Hinrich Jaspers Sohn (Rosenau), Wimber bey der Wupper (Wülfing), Jasper auff Eickelkamp (Heckinghausen), Johann Krampen (Gemarke), Engell up den Stocken (Arrenberg), Hermann (Uellendahl), Peter uffm Flus (Uellendahl)	63
Klinckholt	Leysken (Cleff)	2
Johann Wichelhausen, Grid Sohn	Johan v. d. Bockmühle (Heckinghausen)	8
Peter Schroder	Wimber Schröder (Rosenau)	10
Johann Wichelhausen, Wilh. Sohn	Wimber Schröder (Rosenau), Johann Stältgen (Leimbach), Conrad Klinckholt (Klingholzberg), Johann Husser (Heckinghausen), Johann Schroier (Heckinghausen), Jasper von Winghgatten (Heckinghausen)	64,5
Hinrich zu Ryschet	Wimber Schröder (Rosenau), Johann Stättgen (Leimbach)	7
Peter Radtmacher	Wimber Schröder (Rosenau)	1
Anton Grah	Jasper (Rosenau), Peter Bungeler (Westkotten), Jasper von Winghgatten (Heckinghausen), Willem Wirdt, (Gemarke), Peter thom Dycke	37
Peter von Horadt	Johann Stältgen (Leimbach)	1
Johann Stätgens Knecht	Johann Stältgen (Leimbach)	0,5
Va. u. Br. C. Klinckholt	Conrad Klinckholt (Klingholzberg)	12
Jasper Wichlhausen	Jasper Schel (Scheuren), Baltasar (Scheuren)	10
Nolze Rischidt	Johan tho Rischidt (Rischeider Bach)	1
Kerstgen Klingelholl	Johan tho Rischidt (Rischeider Bach)	1
Peter tho Rischidt	Der Ruhkemper tho Rischidt (Reischerder Bach)	1
Henßken an der Wy-schen	Peter thom Dycke (Diek)	0,25

Bleicher	Standort/Gewässer	Garn Wichling.	Garn gesamt
Wimber Schröder von Wichelhausen uff der Rosenaw	Wupper (Rosenau)	34	56
Cort Wichlinghaußen	Wupper (Gemarke)		43
Johann Stältgen in der Leimbach	Leimbach	4,5	44,5
Peter Kleimann	Leimbach		29,5
Jasper in der Leimbach	Leimbach		34
Johan Schuck tot Westkaten	Westkotter Bach		5
Peter Bungeler tho Westkaten	Westkotter Bach	4	47,5
Conrad Klinckholt	Klingholzberg	28	67
Johan tho Rischidt	Riescheider Bach	2	33,25
Der Ruhkemper tho Rischidt	Riescheider Bach	1	40
Cordt im Nickhorn	Marklandsiepen		34,75
Peter thom Dycke	Beuler Bach	4,25	43,75
Hinrich Wichelhausen	Kluse (Elberfeld)		43,5

Wie bereits angedeutet war östlich von Wichlinghausen im Bereich Nächstebreck und Langerfeld auf märkischer Seite etwa zeitgleich mit Barmen und Elberfeld eine eigene Bleichertradition entstanden, die durch die geographische Nähe zu Rohstoffen und Pottasche einen Vorteil gegenüber den Wuppertaler Bleichern besaß. Die Einführung der Garnnahrung sorgte dafür, dass von den drei Gebieten zwei wirtschaftlich bevorzugt wurden, während Schwelm das Nachsehen hätte haben sollen. Dieses einseitige Vorgehen zu Gunsten der Barmer und Elberfelder jedoch war für die Schwelmer kein Grund, sich nicht weiterhin im Garnbleichen zu betätigen. Tatsächlich führte die Schaffung der Bleicherzunft im Wuppertal zu einem rigorosen Eingriff in den Markt, der sich für die Schwelmer Bleicher von Vorteil erweisen sollte. Da die Preise und Mengen im Wuppertal durch die Garnnahrung geregelt waren, fiel es den Schwelmern nicht schwer, die Preise der Barmer und

Elberfelder zu unterbieten. Verbunden mit der noch immer gegebenen geographischen Nähe zu den Rohstoffen entstand für die Wuppertaler vor der eigenen Haustür ein Konkurrent im Bleichen, mit dem es logischer Weise große Schwierigkeiten geben musste.

Diese Schwierigkeiten zeigen sich dann auch bereits keine 25 Jahre nach der Gewährung des Garnnahrungsprivilegs. Am 17. Dezember 1549 wurde zwischen den Wuppertalern und den Schwelmern ein Vertrag geschlossen, aus dem klar hervorgeht, dass die Schwelmer das Bleichprivileg der Wuppertaler ignoriert hatten. Ihre Tradition nutzen die Schwelmer als Argument für ihre Sache. Sie sorgte dafür, dass den Schwelmern zugestanden wurde, 2000 Stück Garn pro Jahr zu bleichen, allerdings nur denen, deren Familien eine solche Bleichtradition belegen konnten. Mit dieser Regelung war dem Bleichen in Schwelm Tür und Tor geöffnet, denn wer wollte diese Tradition tatsächlich überprüfen?

Die Rechtsgrundlage der Garnnahrung hörte im Osten von Wichlinghausen auf, so dass diese im Schwelmer Kirchspiel nur bis zum Diek prüfen konnten. Dass in dem Gebiet östlich davon aber auch gebleicht wurde, ist nicht nur wahrscheinlich, sondern auch mit Namen von Schwelmer Bleichern belegt. Neben den örtlich deutlich klar gekennzeichneten Kindern von Hans tho Langerfeld, fallen als Teile der Bauerschaft Nächstebreck Knypman im Holken und Wintgen im Broick sowie Peter in der Beck und die Kinder Konrads in der Beck auf, die auf die Mählersbeck oder die Junkersbeck als Bleichort schließen lassen. Mit Heinrich in der Schellenbeck ist zudem auch ein Bleicher genannt, der im Wichlinghauser Bereich seinem Gewerbe nachging, aber nicht von den Garnmeistern kontrolliert wurde.

So verwundert es nicht, dass es erneut zu Streitigkeiten kam, die sich bereits 1565 zeigen. Auf den bloßen Verdacht hin, dass gewisse Schwelmer unerlaubt bleichten, wurde deren Garn beschlagnahmt und sie selber festgesetzt, bis Barmer Bürger für sie bürgten. Für den Nächstebrecker Heinrich von Elinckuisen bürgten neben Johann bei der Wupper auch der Sohn Peter des Langen aus Wichlinghausen. Da ein weiterer Grund für das unerlaubte Garnbleichen in Schwelm die Tatsache war, dass zahlreiche Wuppertaler Kaufleute in Schwelm bleichen ließen, weil die Arbeitskraft hier günstiger war, lässt sich nicht ausschließen, dass diese beiden Barmer für ihre Geschäftspartner bürgten.

Aus dieser Ausgangssituation erhebt sich ein Streit, der erst 1566 in Düsseldorf vor Gericht geklärt wurde. Obwohl die Wuppertaler als Sieger vom Platz ziehen, hatten auch die Schwelmer Grund zu feiern. Die Richter folgten der Argumentation der Schwelmer, dass die Beschränkung der Bleichereierlaubnis auf diejenigen Bleicher, die eine Tradition in diesem Gewerbe besitzen, hinfällig sei, solange die im Vertrag von 1549 zugesicherten 2000 Stück Garn nicht jedes Jahr produziert werden würden. Im Klartext hieß das: In Schwelm durfte jeder bleichen, so lange nicht insgesamt 2000 Stück Garn überschritten wurden. Doch auch hierbei stellte sich erneut die Frage nach der Koordination dieser Produktion. Wieder war keiner für diese Aufgabe zuständig, wenn sie auch offiziell den Amtmännern von Beyenburg, Elberfeld und Wetter übertragen wurde.

So ergibt sich aus dieser Tatsache erneut eine Auseinandersetzung im Jahre 1602. Als der Schwelmer Bleicher Volmar von der Oyde, ein ehemaliger Wuppertaler Bleicher, der der Kosten wegen nach Schwelm gezogen war, mit seinem Garn über Lennep nach Köln zur Messe wollte, wurde sein Garn festgesetzt, was für ihn einen herben Verlust bedeutete. Zur Rache nahmen die Schwelmer am 11. November 1602 fünf Wuppertaler Bleicher in Schwelm fest, die dort ihre Rohstoffe kaufen wollten. Unter diesen fünf befand sich mit Heinrich Peltzer erneut ein Wichlinghauser. Nach der Freilassung am 19. November zeigte sich, dass das beschlagnahmte Garn von Volmar gar nicht ihm, sondern einem der festgesetzten Wuppertaler gehörte, was ein deutlicher Hinweis darauf war, dass der Garnschmuggel zwischen dem Wuppertal und Schwelm florierte[152].

Damit ergibt sich ein recht eindeutiges Bild für die Barmer Grenzregionen zu Schwelm. Die Beziehungen zwischen den Wichlinghausern sowie den Oberbarmern und den Schwelmern waren eng. Die Wichlinghauser nutzten dabei ihre Grenzlage aus. Es lässt sich vermuten, dass die Ungewissheit der bergisch-märkischen Grenze in diesem Gebiet für die Wichlinghauser von wirtschaftlichem Vorteil war.

2. Streit und Krieg im 17. Jahrhundert

Seit den 1560er Jahren war das Rheinland immer wieder von Streitigkeiten und Kleinkriegen gekennzeichnet, die sich auf das Bergische Land auswirkten. Der Beginn dieser dauerhaften kriegerischen Auseinandersetzungen begann mit der Erhebung der niederländischen Generalstaaten gegen die spanische Herrschaft, von denen auch die an die Niederlande angrenzenden Grenzgebiete des Vereinigten Herzogtums in Mitleidenschaft gezogen wurden. In den 1580er waren es die Ausläufer des Kölner Krieges, in dem ein abgesetzter Kurfürst gegen seinen Ersatzmann zu Felde zog, der das Herzogtum nicht zu Ruhe kommen ließ. Die 1590er Jahren waren bestimmt durch Truppenaufläufe aller Konfliktparteien im Herzogtum, die zu Gewalt, Plünderungen und Mordtaten führten. Dieser Umstand ließ die recht unabhängig vom Landesherrn agierenden Städte und Gemeinden politisch aktiv werden. Aus der Auseinandersetzung zwischen Spanien und den Niederlanden entwickelten sich Eroberungszüge, in denen kleinere Grafschaften und Städte entweder von spanischer oder niederländischer Seite erobert wurden. Von spanischer Seite aus waren diese Eroberungen auch mit der Durchsetzung der katholischen Gegenreformation verbunden, die sie gegen die lutherischen Städte und Gemeinden einsetzen wollten[153].

---

[152]Für die gesamten Absätze vgl.: Böhmer, Garnindustrie, 22-31.
[153]Vgl.: Mostert, Rolf-Achim: Der jülich-klevische Regiments- und

Nach diesen Erlebnissen fiel für viele Einwohner des Bergischen Landes der mit dem Tod von Herzog Johann Wilhelm am 25. März 1609 einsetzende Jülisch-Klevische Erbfolgestreit kaum ins Gewicht. Johann Wilhelm war ohne männlichen Erben gestorben und so war die Frage nach der Nachfolge des Vereinigten Herzogtums offen. Drei wahrscheinliche Möglichkeiten ergaben sich, da dank eines Kaiserprivilegs aus dem 16. Jahrhundert auch die Töchter des Herzogs erbberechtigt waren. Der Vater Johann Wilhelms hatte zwei seiner Töchter an das Haus Hohenzollern nach Brandenburg und an das Haus Pfalz-Neuburg vermählt. Zwar war die Sache im Prinzip eindeutig, denn die älteste Tochter Maria Eleonora hatte klar das Vorrecht, doch war diese bereits 1508 gestorben, so dass nur ihre Tochter und der Schwiegersohn Johann Sigismund als Erben in Frage kamen. Das wiederum passte Philipp Ludwig von Pfalz-Neuburg, Ehemann der zweitgeborenen Tochter Anna, überhaupt nicht, so dass er für seine Frau das Erbe beanspruchte. Schließlich probierte Kaiser Rudolf II. sich über das Privileg seines Amtsvorgängers Karl V. hinwegzusetzen und das Herzogtum in seine Macht zu bringen, um es neu vergeben zu können.

Johann Sigismund und Philipp Ludwig waren sich zumindest darin einig, dass dem Kaiser kein Recht zustand, das Herzogtum neu zu vergeben, so dass sie sich temporär verbündeten, was den Kaiser zur Aufgabe zwang. Die Städte verhielten sich den beiden Kontrahenten gegenüber neutral, was angesichts der kriegerischen Ereignisse der vergangenen Jahrzehnte nachvollziehbar war. Gleichzeitig wollten sie eine Spaltung des Herzogtums verhinden. So einigten sich die die Anwärter im Oktober 1614 auf eine gemeinsame Verwaltung des Herzogtums, bei der der nördliche Teil an Brandenburg, der südliche Teil an Pfalz-Neuburg fiel[154].

Erbfolgestreit – ein „Vorspiel zum Dreißigjährigen Krieg“?, in: Ehrenpreis, Stefan (Hg.): Der Dreißigjährige Krieg im Herzogtum Berg und in seinen Nachbarregionen, Neustadt an der Aisch 2002, 30ff.

[154]Vgl.: Müller, Herzogtum Berg, 505ff.

29. Johann Sigismund von Preußen

War auf diese Weise ein großer Krieg verhindert worden, so stand der nächste bereits vor der Tür. Mit dem Fenstersturz von Prag begann 1618 ein internationaler Konflikt, in dem politische und religiöse Interessen aufeinander prallten. Leidtragende dieses Konfliktes war die Bevölkerung. Zwar wurde der Krieg vor allem im

Osten und Süden des Landes ausgetragen, aber die Soldaten, die in diesen Teilen kämpften, marschierten durch das ganze Land. Im weiteren Verlauf wurde daher auch das Bergische Land und Wichlinghausen von diesem Krieg beeinflusst.

Grund dafür waren neben den Truppenbewegungen vor allem die religiösen Gegensätze, die die gemeinsamen Regenten gegeneinander aufbrachten. Hatten sowohl der Preuße als auch der Pfälzer als Lutheraner begonnen, so schwenkte der eine 1613 zum Calvinismus über, der andere aber bekannte sich zum Katholizismus. Daher war er über die in den 1620 Jahren stattfindende Besetzung der Grafschaft Mark durch die Spanier sicherlich nicht unglücklich. Als sich aber die Gegenseite im Bergischen bemerkbar machte, rief der Herzog weitere spanische Truppen ins Land. Diese Truppenaufmärsche veranlassten zahlreiche Untertanen, ihre Höfe, Güter und Häuser zu verlassen und sich in den Wäldern zu verstecken. Die Wirtschaft, auch die Textilwirtschaft, lag brach. Der Handel in den Niederlanden war für die Barmer Bleicher und Elberfelder Garnhändler unmöglich geworden. Erhöhte Steuern und damit einhergehende Engpässe bei der Ernährung sorgten für ein übriges, um die Situation noch weiter zu verschlechtern.

Die Erfolge des Kaisers in den 1620er Jahren ließen bei den beiden Kontrahenten erkennen, dass von dieser Seite wieder Gefahr bestehen könnte, seinen Anspruch auf das Herzogtum militärisch zu untermauern. Daher einigten sie sich erneut darauf, das Herzogtum gemeinsam zu verwalten, obwohl diese Vereinbarung von beiden Seiten immer wieder gebrochen worden war. Der Vertrag selber führte zu wenig Resonanz, da die anderen Parteien dennoch in das Herzogtum einmarschierten und mit Plünderungen und Gewalttaten von sich Reden machten. Die beiden Herrscher probierten, die einfallenden Generäle zwar mit Grafschaften und Geld zu besänftigen, aber das plötzliche Auftauchen der Schweden machte diese Bemühungen wieder zunichte.

30. Wolfgang Wilhelm von Pfalz-Neuburg

Mit den Schweden begann der Krieg auch innerhalb des Wuppertals Gestalt anzunehmen. Sie besetzten nicht nur Radevormwald oder Schloss Burg, sondern erreichten unter General Wolf Heinrich Baudessin im Dezember 1632 auch Beyenburg und waren damit in unmittelbarer Nähe Barmens gelandet[155].

31. General Wolf Heinrich Baudessin

Dieser General hat unmittelbar mit einem Ereignis in Wichlinghausen zu tun, dass die Entwicklung des Stadtteils prägen sollte: Den Gottesdienst in Wichlinghausen. Dieser soll dort durch die Schweden in der Wichlinghauser Schule stattgefunden haben. Daher ist es nötig, zunächst auf den Bau dieser Schule einzugehen.

Dokumente, die den Bau oder die Stiftung der Schule belegen, existieren nicht mehr. Alle Aussagen zum Bau der Schule stammen wohl aus mündlichen Überlieferungen und sind später schriftlich festgehalten worden. Die Gründung einer Schule in Wichlinghausen in dieser Zeit scheint aus mehreren Gründen unwahrscheinlich. Zum einen wird in einer Zeit, in der die Wirtschaft danieder lag, die Ernährung nicht sicher gestellt war und jederzeit Soldaten durch die eigene Gemeinde ziehen konnten, wohl kaum einer Geld für die Stiftung einer Schule zur Verfügung gestellt haben. Zum anderen gibt es ein Problem bei der Zuordnung der Kirche zum

[155]Vgl.: Ebenda, 511ff.

Kirchspiel Schwelm.

Da Schule in früherer Zeit vor allem durch die Kirche bestimmt war, ist es höchst wahrscheinlich, dass die Schule in Wichlinghausen vom Kirchspiel Schwelm eingesetzt wurde. Holthaus kann jedoch recht deutlich aufzeigen, dass in Schwelm selber vor 1640 keine deutsche Schule existierte[156]. Auf der anderen Seite sagte der etwa 70jährige Johann im Werth, als er 1561 als Zeuge vernommen wird, aus, dass er im Jahre 1501 in Schwelm zur Schule gegangen sei. Dabei wird es sich um eine Lateinschule gehandelt haben, die in Schwelm existierte, die auf den Besuch der Universität vorbereitete[157]. Mit dieser zeitlichen Einordnung ist zeitgleich auch klar, dass es in Oberbarmen bzw. Wichlinghausen um 1500 herum noch keine Schule gegeben hat. Im Laufe des 16. Jahrhundert jedoch könnte sich das geändert haben. Wesoly macht für das Herzogtum Berg deutlich, dass man für das späte Mittelalter nicht nur in den Städten, sondern auch in den Dörfern von einer breiten Schicht von lesenden und schreibenden Bauern ausgehen kann, die diese elementare Bildung auf Lateinschulen erhielten[158]. Es scheint daher im Bereich des Möglichen, dass im 16. Jahrhundert die Schwelmer Schule eine Filiale in Oberbarmen eröffnet hat und diese in Wichlinghausen stand. Der Grund für die Auswahl dieses Ortes hat vermutlich mit der im Spätmittelalter zunehmenden Verwaltung zu tun und mit dem bereits erwähnten Wichlinghauser Hofgericht. Da an diesem Gericht Schöffen saßen, die Entscheidungen trafen, Anträge verwalteten und diese Sachen niederschrieben, war Lesen und auch das Schreiben von Vorteil für die Arbeit im Hofgericht[159].

Zeitlich muss die Gründung der Schule zwischen 1591 und dem Beginn der jülisch-klevischen Erbstreitigkeiten 1609 eingeordnet

---

[156]Vgl.: Holthaus, Schwelm, 67.

[157]Vgl.: de Bruyn-Ouboter, Hans Joachim: 800 Jahre katholisch, in: Mehnert, Fritz (Hg.): Oberbarmer Gemeindegeschichte 2002, Wuppertal 2002, 35f.

[158]Vgl.: Wesoly, Kurt:Elementare Bildung bis zum Ende des 18. Jahrhunderts (insbesondere des Niederbergischen), in: ZBGV 95 1993, 1-19.

[159]Vgl.: für andere Hofgerichte: Wesoly, Bildung, 8f.

werden. Nach diesem Zeitpunkt scheint mir die Stiftung einer Schule durch die Kirchengemeinde oder gar durch einzelne Wichlinghauser Bürger eher fraglich, da die finanziellen Mittel durch den Krieg sicherlich nur noch eingeschränkt zur Verfügung standen.

Dass eine Schule in Wichlinghausen stand, ist damit mehr als wahrscheinlich. Ob die Schweden dort jedoch einen Gottesdienst abhielten, ist eine ganz andere Frage. Nach einer Legende, hatte sich die Kavalleriedivision General Baudessins 1634 in Oberbarmen niedergelassen und kam mitsamt ihrem Feldprediger jeden Sonntag hoch in die Wichlinghauser Schule, wo dieser einen lutherischen Gottesdienst abhielt. Aus diesem Umstand entwickelte sich in Wichlinghausen und dem Rest Oberbarmens der Wunsch, solche Gottesdienste in Zukunft immer vor Ort abzuhalten, so dass der Lehrer sonntags dann einen solchen hielt. Als der Lehrer starb, wurde seine Stelle mit einem Kandidaten, also einem Theologen, der auf eine Pfarrstelle wartete, besetzt[160].

Holthaus vermutet, dass der Feldprediger ein Deutscher gewesen sei[161], da die Wichlinghauser sonst kaum dem Gottesdienst hätten folgen können, und möchte so die Legende entkräften. Er übersieht dabei zum einen, dass das Schwedische dem Barmer Platt durchaus ähnlich war, so dass wohl kein tatsächliches Durchdringen der Predigt, aber doch ein gewisses Teilverständnis möglich war, und, dass auch ein schwedisches *Vater unser* keine andere Rhythmik haben dürfte als ein deutsches, so dass man dieses etwa hätte mitsprechen können. Auf diese Weise kommt man dem Wahrheitsgehalt dieser Legende nicht auf die Spur. Da Quellen fehlen, erscheint es sinnvoller, sich an die Spuren General Baudessins zu heften.

---

[160]Vgl.: Lutze, Wichlinghausen, 8; Helmich, Wichlinghausen, 56f.
[161]Vgl.: Holthaus, Schwelm, 121.

32. Das so genannte Drei-Kirchen-Bild. Ganz rechts ist die alte Schule zu sehen

Wie oben bereits erwähnt, waren die Soldaten des General Baudessin im Winter 1632 bis Beyenburg vorgedrungen. Die Frage ist daher, ob sie auch weiter nach Norden kamen und bis 1634 blieben. Wolfgang Motte führt in seinem Aufsatz über den 30jährigen Krieg in Radevormwald aus, dass Baudessin am 26. Dezember 1632 das Amtshaus in Beyenburg eingenommen habe und die Besatzer nach Verhandlungen bereits im Januar 1633 wieder abzogen[162]. Im Laufe des Jahres 1633 nahm Baudessin als schwedischer Kommandant zudem seinen Abschied und stand ab 1635 auf die Seite der Sachsen[163].

General Baudessin hatte demnach weder in Oberbarmen Station

[162]Vgl.: Motte, Wolfgang: Kriegsereignisse und Ortsgeschichte. Radevormwald im Dreißigjährigen Krieg, in: Ehrenpreis, Dreißigjähriger Krieg, 248ff.

[163]Vgl.: Michels, Franz: Baudessin, Wolf Heinrich v., in: Neue Deutsche Biographie Bd. 1, Berlin 1953, 632.

gemacht – sondern in Radevormwald, von wo aus er seine Unternehmungen vornahm – noch stand er 1634 weiterhin im Dienst der Schweden, so dass das Jahr 1634 für die Behauptung, er hätte etwas mit dem Gottesdienst zu tun, nicht haltbar ist. Tatsächlich aber standen die Schweden noch immer im Feld, auch wenn Baudessin mittlerweile für sie nicht mehr zuständig war. Nach Sonderland bezogen im Winter 1634 diese schwedischen Truppen in Barmen Quartier. Um die Last dieser Einquartierung einigermaßen gerecht auf ganz Barmen zu verteilen, verfügte der damalige Richter Johannes Eßgen, dass Barmen in so genannte Rotten aufgeteilt werden sollte[164]. Bei dieser Einteilung entstanden drei für Wichlinghausen wichtige Einheiten: die Wichlinghauser Rotte, die Westkotter Rotte und die Leimbacher Rotte. Abgesehen von Sonderlands Text finden sich jedoch für diesen Umstand keinerlei Belege. Wenn daher Heinrich Haake anmerkt, dass „die Gesichtspunkte, die für die Abgrenzung der einzelnen Rotten maßgebend waren“[165], nicht mehr feststellbar sind, dann ist ihm zuzustimmen. Es gibt daher keinen Beleg dafür, dass schwedische Soldaten für den ersten Gottesdienst in Wichlinghausen verantwortlich sind.

Hat Sonderland aber Recht, dann ist es vorstellbar, dass die schwedischen Soldaten, die in Wichlinghausen und am Westkotten einquartiert waren, sich sonntags auf den Weg machten, um den Gottesdienst zu feiern. Dass diese wenig Vergnügen daran fanden, gemeinsam mit den Oberbarmern nach Schwelm zu gehen, liegt auf der Hand. Daher werden sie dann auch den Schulraum für einen Gottesdienst genutzt haben, was wiederum die Wichlinghauser dazu veranlasste, den Weg nach Schwelm nicht auf sich zu nehmen und stattdessen dem Gottesdienst in ihrer Schule beizuwohnen.

Auf der anderen Seite bedarf es für die Überlegung, in einer

---

[164]Vgl.: Sonderland, Barmen, 43f.

[165]Haacke, Heinrich: Die Entwicklung der Besiedlung Barmens bis zum Beginn des 19. Jahrhunderts, in ZBGV 52, Elberfeld 1921, 99.

Schule Gottesdienst abzuhalten, nicht unbedingt Einflüssen von außen. Die Einrichtung einer Schule, ein fähiger und theologisch gebildeter Lehrer reichten anderswo schon aus, um die Schule zu einem Gotteshaus zu machen[166]. Gerade für ältere Gläubige war der Weg in die entfernten Kirchen oftmals nicht mehr gangbar. Daher wurde für Kranke und Alte der Gottesdienst in der nahe gelegenen Schule von der Kirchengemeinde unterstützt oder zumindest gebilligt.

Festzuhalten bleibt aber wohl, dass während des 30jährigen Krieges in Wichlinghausen der Gottesdienst in der Schule abgehalten wurde. Der Grund dafür kann sicherlich mit dem Krieg selber zu tun haben. Der Weg nach Schwelm, wo in den 1620er Jahren schon die Spanier gewütet hatten, war in dieser Zeit nicht nur lang, er war auch gefährlich. Soldaten und auch Räuber, wie z. B. die Buschknebler, die 1624 die Gemarker Schule in Brand gesteckt hatten[167], machten den Kirchgang zu einem unberechenbaren Vorgang. Es ist daher nachvollziehbar, diesen Weg zu verkürzen und den Gottesdienst in der eigenen Schule abzuhalten.

Ob die Initialzündung nun durch schwedische Soldaten oder aus der Angst heraus entstand, beim Kirchgang überfallen zu werden, ist dabei weniger interessant. Wichtig ist vor allem, dass durch das Ereignis des 30jährigen Krieges die Wichlinghauser ihre Unabhängigkeit verstärkten. Ein erster Schritt dahin wurde durch die eigene Schule und das Hofgericht gelegt, ein weiterer durch das Abhalten eigener Gottesdienste. Diese Unabhängigkeit hatte jedoch ihren Preis in Verlusten und Umwälzungen, die der Krieg mit sich brachte.

Weiter oben hatte ich schon darauf hingewiesen, dass während des 30jährigen Krieges zahlreiche Höfe von ihren Besitzern verlassen wurden. Einige flohen vor den Soldaten, andere traten in den Militärdienst ein und verließen Frau und Familie. Letzteres ist

---

[166]Vgl.: Helbeck, Nächstebreck, 239.
[167]Vgl.: Dabringhausen, Heckinghausen, 79.

sowohl für den Hof Alberts Cleff in Heckinghausen, der von seinem Besitzer Johann Dalman für den Kriegsdienst zur See verlassen wurde[168], als auch für Wichlinghausen belegt. Am nördlichsten Ende lag 1641 das Gut Dickten wüst, stand also leer, weil der Besitzer in Diensten des Herzogs als „Ihr Dhlt. Soldat“ diente. Auch das angrenzende Hatzfeld stand leer[169].

Darüber hinaus ist recht klar ersichtlich, dass auch in Wichlinghausen die Nebenerscheinungen des Krieges Spuren hinterlassen haben. Mit den umherziehenden Soldaten und den schlechten Lebensbedingungen verbreiteten sich auch Krankheiten in Barmen. Vor allem nach dem Weggang der schwedischen Soldaten wütete von 1634 bis 1637 die Pest in Barmen, gefolgt von der Roten Ruhr, die bis 1638 Spuren hinterließ. Diesen Krankheiten sind zahlreiche Menschen zum Opfer gefallen[170].

In dem Solgutsverzeichnis von 1641, aus dem hervorgeht, welche Höfe in Barmen für welchen Zeitraum Dienste verrichten müssen, zeigen sich auch Besitzerwechsel von Höfen. Unklar ist, ob jeder dieser Wechsel kriegsbedingt war oder einfach auf einen langen Zeitraum fehlender Verwaltung zurückging. Das zeigt sich etwa am Beispiel Conrad Klingholzes, der zwar schon seit dem späten 16. Jahrhunderts auf dem langen Gut Kemna saß, aber in dem Verzeichnis so behandelt wird, als ob er dort erst seit kurzer Zeit säße, denn der Name des Gutes im Verzeichnis ist klar mit *Lange Kemna* gekennzeichnet[171].

Für Wichlinghausen jedenfalls kann man in der Liste einige Veränderungen feststellen. In der Leimbach und auf Riescheid etwa gibt es mit Rotger vom Scheidt (Leimbach), Johann Wortman und Melchior (Riescheid) drei neue Hofbesitzer. Ein bisher nicht bekanntes Gut Schwanke eines Alckens, das in Wichlinghausen gele-

[168]Vgl.: Crecelius, Wilhelm: Barmen im Jahre 1641, in: ZBGV 2 1895, 325.
[169]Vgl.: Ebenda, 327.
[170]Vgl.: Dabringhausen, Heckinghausen, 80.
[171]Vgl.: Crecelius, Barmen 1641, 327.

gen hat, wechselte auch den Besitzer, der 1641 Melchior im Beiershauß hieß. Es handelt sich hierbei wohl um den Ort, auf dem heute das Sparkassen-Gebäude am Markt steht und das bis zum Bau dieses Gebäudes als *der Beias* bekannt war. Auch das Westkotten hatte den Besitzer gewechselt. Dieser war Peter Beckman. Auch das Klingelholl wechselte die Besitzer.

Wenn aus den Quellen nicht eindeutig hervorgeht, dass der Krieg für die Besitzerwechsel verantwortlich ist, so kann man im Großen und Ganzen wohl doch davon ausgehen. Zumindest das im Norden von Wichlinghausen leerstehenden Gut Hatzfeld wird kriegsbedingt leergestanden haben. Dieses Gut lag an der Straße, die über den Einerner Hochrücken verlief. An dieser Straße lagen auch die Güter Mollenkotten, Ellinghausen, Stahlsberg, sowie der Nächstebrecker Busch und die Güter des Hofes Einern. Diese Höfe lagen in den 1640er Jahren wüst. Helbeck vermutet, dass die Straße von Soldaten genutzt wurde, die die Höfe plünderten[172]. Das Hatzfeld gehörte zu diesen Höfen. Eventuell besteht auch die Möglichkeit, dass das 1641 leerstehende Hofeshaus am Dickten von den Soldaten aufgesucht wurde, was den Besitzer dazu brachte, Soldat zu werden.

[172]Vgl.: Helbeck, Nächstebreck, 94f.

33. Das Bleicherhaus an der Wiesche

Bei den hier behandelten Höfen handelt es sich ausschließlich um die Höfe, die zum bergischen Einzugsbereich Wichlinghausens gehörten. Die märkischen Höfe sind nicht verzeichnet. Auch scheint es kein Protokoll oder ähnliches zu geben, das deren Existenz oder Zustand in den 1640er Jahren kenntlich macht. Die Protokolle des Hofgerichts setzen erst in den 1660er Jahren ein. Dennoch waren sie vorhanden und gehörten auch zu den Opfern des Krieges. Weiter oben hatte ich bereits erklärt, dass die im Nordosten von Wichlinghausen liegenden Straßen, die das Wort *Burg* enthalten, in meinen Augen ein Hinweis auf kleine Verteidigungsanlagen sind, die während des 30jährigen Krieges gebraucht wurden. Darüber hinaus existieren in den ältesten Protokollen des Hofgerichts noch weitere Güter, die sicherlich vom Krieg betroffen waren. Das Gut an der Wiesche im Osten Wichlinghausens wechselte durch Verkauf 1665 den Besitzer[173]. Die Verkäufer waren jedoch

[173]Vgl.: Hendricks, Märkische Höfe, 9.

die Eheleute Kohl, die das Gut, das in der Liste der Garnmeister von 1606 noch einem Hänsgen, also einem Johann, gehört hatte, dessen Nachnamen mit dem Gut identisch war, wohl im Krieg oder kurz danach gekauft hatten. Zwanzig Jahre danach verkaufen die Eheleute Kohl dieses Gut wieder an einem Mann mit Namen Engel im Kampe.

Ähnliches gilt für das heute nicht mehr identifizierbare Stephans Gut. Auch dieses im Bereich Wichlinghausen befindliche Gut muss nach dem Krieg den Besitzer gewechselt haben. Gehörte es vorher einen Stephan oder Steffen, ist es 1666 ein Röttger Siebel, der mit dem Gut belehnt wird[174]. Auch hier ist also eine kriegsbedingte Übernahme eines bis zum Zeitpunkt der Belehnung leerstehendes Gutes möglich.

Auch beim Gut in der Tütersburg lässt sich ein solcher Besitzerwechsel vermuten. Das Gebäude wurde wohl 1597 von dem Namensgeber Peter Tüter bewohnt[175], ist aber 1671 im Besitz eines Anton Langerfeld, der das Gut übernommen hatte[176].

Auffällig ist, dass zahlreiche Namen aus dem nahegelegenden märkischen Gebiet als neue Besitzer in Wichlinghausen auffallen. Neben Arndt vom Schee, der den Hof Klingelholl bewohnt, und Anton Langerfeld, der die erwähnte Tütersburg seinen Besitz nennt, kann wohl auch Engel im Kampe, der an der Wische einen Hof besitzt, als aus dem Märkischen stammend angenommen werden.

Für die Verwaltungsstrukturen und die Mentalität der Barmer war die während des 30jährigen Krieges eingeführte Rotteneinteilung von enormer Bedeutung. Die Einteilung blieb bis in das 19. Jahrhundert bestehen, wenn auch ein paar Rotten im Laufe der Zeit sich in kleinere Einheiten aufteilten. Diese Rotten waren dabei nicht nur willkürlich gezogene Grenzen durch das Barmer Gebiet,

---

[174]Vgl.: Ebenda, 15.
[175]Vgl.: Diekhaus, Wichlinghausen, 5.
[176]Vgl.: Hendricks, Märkische Höfe, 19.

sondern kleine Verwaltungseinheiten, denen ein eigener Rottenmeister vorstand, der von den Bewohner der Rotte gewählt wurde. Die Bedeutung dieser Rottenmeister darf man dabei nicht überschätzen, von ihnen sind nur wenige Namen oder gar Amtshandlungen überliefert. Die Einführung dieser Ämter mag zu Beginn nützlich gewesen sein, sie blieben am Ende aber doch nur Ämter ohne besondere Funktion[177]. Die Rotten erleichterten die Einteilung für Abgaben, Steuern und andere Dienste, so dass sie erhalten blieben.

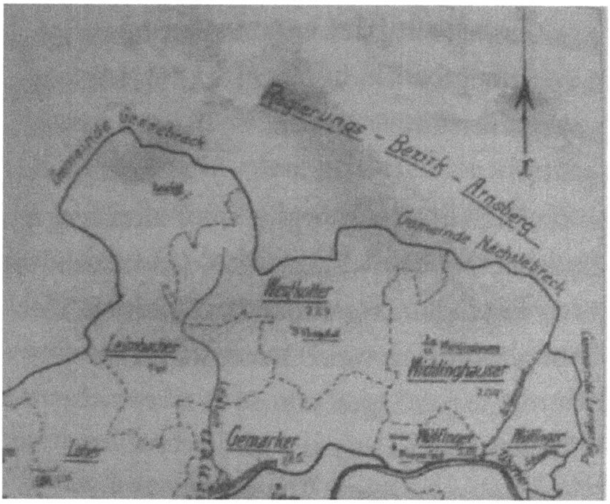

34. Die Rotten von Wichlinghausen

Die Bedeutung der Rotteneinteilung kann man teilweise noch heute daran sehen, dass bestimmte Bezirksgrenzen mit den alten Rottengrenzen übereinstimmen. Dabringhausen macht das am Beispiel von Heckinghausen deutlich[178]. Aber auch für Wichlinghausen zeigt es sich. Zwar sind die Grenzen nicht mehr identisch, aber die immer wieder zu findende Behauptung, Wichlinghausen höre an der Westkotter Straße bzw. der Märkischen Straße auf, geht auf die Rotteneinteilung zurück, genauso wie die Überlegung, Wichlinghausen ende im Süden an der Nordbahntrasse, deren Verlauf an der Südgrenze der Wichlinghauser Rotte vorbei läuft[179].

Aufgrund der in dieser Arbeit gewählten Einteilung sind für

[177]Vgl.: Dabringhausen, Heckinghausen, 80.
[178]Vgl.: Ebenda.
[179]Vgl.: Haacke, Heinrich: Barmens Bevölkerung im XVII. und XVIII. Jahrhundert, Barmen 1911, Karte im Anhang,

Wichlinghausen drei Rotten entscheidend. Neben der Wichlinghauser Rotte sind das die Westkotter und die Leimbacher Rotte. Die Größe der Rotten ist dabei sowohl flächenmäßig als auch von der Anzahl der Personen her unterschiedlich. Aber auch traditionelle Grenzen waren für ihre Einteilung nicht ausschlaggebend, was man etwa an der Leimbacher Rotte sehen kann, die großzügig die alte Landwehr übergeht[180]. Die Fläche der drei Rotten betrug zusammen genommen 539 Morgen, wobei die Leimbacher mit 216 Morgen die größte und die Wichlinghauser mit 153 Morgen die kleinste Rotte darstellte. Die Westkotter Rotte war mit 170 Morgen nur unwesentlich größer als die Wichlinghauser Rotte[181].

In der Barmer Steuerrolle von 1655 sind die Höfe und die Höhe ihrer Abgaben festgehalten, die dem Herzog von Berg zustanden. Für die Leimbacher Rotte sind darin 19 Güter aufgeführt, für die Westkotter Rotte 34 Güter und für die Wichlinghauser Rotte 24 Güter[182].

Nr.	**Leimbacher Rotte**	**Westkotter Rotte**	**Wichlinghauser Rotte**
1	Vogts Gut zu Carnap Wilhelm	Rutger von Horadt i. d. Leimbach	Peter vom Cleve Gut
2	Henrich Glaßmachers Teil	Klauten Leimbach	Matthias Broking
3	Peter Grevens Teil	Melchior zu Rischeidts Gut	Hillebrandt Rittershauß
4	Caspar Huppe zu Carnap	Peter zu Rischeidts Gut	Herbert Schmits Gut
5	Engels Gut in der Leimbach	Johan Wortmanns Gut	Engel Braselman
6	Peter Rawkamps Witwe	Henrich Wortmanns Pächter	Johann Cronenbergs Hofgen
7	Jaspar Leimbachs Gut	Peter im Klingelholls Gut	Notzen Gut zu Wichl.
8	Johann Beckmans Gut	Peters Gut zu Westkotten	Johans Gut i. d. Wischen

[180]Vgl.: Haacke, Entwicklung, 101.
[181]Vgl.: Ebenda, 102.
[182]Vgl.: Muthmann, Ernst: Barmer Steuerrolle von 1655, in ZBGV 44 1911, 86-89.

9	Peter Keppelmans Gut	Arndts Gut im Klingelholl	Wilhelms Gut daselbst
10	Peter Kleymans Gut	Johannes Gut daselbst	Caspar Kaufens Witwe
11	Rutgers Gut vom Scheit	Henrich Bungeler	Wennemar Schmits Gut
12	Peter Ullendahl im Kampe	Hermann Bergmans Gut	Melchior Biers Gut
13	Wetzels Schwiegersohn aufm Hatzfeld	Peter Klutzers Gut	Peter auf Melchiors Gut
14	Johan Paetzel Hatzfeld	Jaspar Noltze	Peter Selhoff jun. zum Deich
15	Witwe Kempgen Ullendahl	Johan Huppe	Roninx werths Gut zum Deiche
16	Grietgens Gut im Dickten	Hans Winckelmans Gutgen	Engel Kupers Gut
17	Henrichs gut im Dickten	Der Schmied am bilten	Rutger Horadt zu Wichl.
18	Peters gut zum Dickten	Joh. Rademacher am Bilten	Anton Kupers Gut
19	Peter Caspers Sohn in der Leimbach	Wennemar Keulens Gutgen	Henrich Hebbeckers Gut
20		Schneiders Gutgen am Bilten	Henrich Grae
21		Hanß an der Muggenborg	Daniel Rittershaus Gut
22		Peter Kupers Gut	Peter Hukenbecker
23		Peter Bungeler	Johan Braselman
24		Caspar Ecksteins Lo Nickhorn	
25		Kuper von Einern	
26		Henrich Irlekotter	
27		Cort aufm Dahls Gut	
28		Jaspars auf aufm Dahl	
29		Thonnis an der Tutersborg	
30		Die Krautburg	
31		Johann von Horhausen	
32		Dietrich Wilh. v. d. Stocken	
33		Peter Pelser	
34		Johann Kampermann	

Insgesamt gab es in den drei Wichlinghauser Rotten 76 Güter. Zieht man die Güter im Bereich Carnap ab, bleiben noch immer 72 Güter. Wenn man etwa davon ausgeht, dass zu diesem Zeitpunkt durchschnittlich vier Personen in einem Haushalt lebten, dann kann man von etwa 290 Menschen in diesen drei Rotten ausgehen, die Mitte des 17. Jahrhunderts im größeren Bereich von Wichlinghausen lebten.

Nach einer Volkszählung des Jahres 1698 lebten in den nunmehr insgesamt 125 Häusern dieser drei Rotten nirgendwo mehr als zehn Menschen und nicht weniger als zwei[183]. In der Wichlinghauser Rotte zählte man 209 Menschen in 47 Häusern, in der Westkotter waren es 224 in 48 Häusern[184] und in der Leimbacher immerhin noch 104 in 30 Häusern. Insgesamt kommt man so auf 537 Menschen. Damit ist es innerhalb von 50 Jahren zu einer knappen Verdopplung der Einwohnerzahl in Wichlinghausen gekommen. Im Bereich Leimbach jedoch stagnieren die Zahlen (etwa 80 1655, 108 1698). Bedenkt man, dass im Jahre 1606 Wichlinghausen für die Garnbleicherei recht uninteressant war, die Leimbach hingegen durchaus geeignet, kann der Zuzug (um diesen wird es sich handeln, nicht um eine Erhöhung der Geburtenrate) keine Ursache in der Bleicherei haben. Worin diese Ursache bestand, soll im folgenden Kapitel geklärt werden.

3. Das Leben im vormodernen Wichlinghausen

Bei aller Entwicklung, die das Leben der Menschen in der Vormoderne, also der Zeit vor dem Beginn der Industrialisierung, erlebte, änderte sich doch seine Lebensumwelt kaum. Der Boden, auf dem er wohnte, war die Grundlage seiner Existenz. Warf der Boden nichts mehr ab, schwenkte er eben auf andere Früchte um

---

[183]Vgl.: Haacke, Bevölkerung, 14f., 19-21.

[184]Hendricks, Rainer: Der Wichlinghauser Markt und Umgebung zur Zeit der Gemeindegründung 1744, in: Helmich, Wichlinghausen, 47.

oder suchte sich eine andere Beschäftigung. Die Veränderungen im Verhalten des Menschen traten langsam ein, oftmals war er eher von den Ereignissen getrieben, als dass er selbst groß gestaltete.

Das Wechselspiel zwischen Umwelt und Mensch entschied die Umwelt zwar in weiten Teilen immer noch für sich, aber dennoch trugen die Eingriffe des Menschen in seine Umwelt dazu bei, seine eigene Lebenswelt mehr und mehr zu verändern. Diese Veränderung begann mit der Kultivierung der Natur und endete noch lange nicht bei der Erschaffung einer Verwaltung, die das immer komplizierter werdende Miteinander auf Grundlage alter und neuer, sich teilweise widersprechender Regelungen adäquat managen sollte.

Das früheste Dokument, das Auskunft erteilt über das, was in Wichlinghausen angebaut wurde, ist erneut die Beyenburger Amtsrechung von 1467. Aus ihr geht hervor, dass in Wichlinghausen vor allem Hafer an den Amtmann abgegeben werden musste. Die Abgaben, die aus dem Großraum Wichlinghausen jährlich nach Beyenburg abgeführt wurden, betrugen insgesamt 14,5 Malter und 25 Scheffel Hafer. Im Vergleich mit den drei Höfen im Clausen, die bei 20 Malter und 3 Scheffel lagen, oder mit Heckinghausen, wo 36,5 Malter und 1 Scheffel Hafer von 13 Höfen abgegeben werden[185], produzierten die sechs Wichlinghauser Höfe wesentlich weniger.

Zusätzlich gehörte zu den Abgaben auch noch Roggen. Nur wenige Höfe gehören zu denjenigen, die auch diese Abgabe zahlen mussten. Unter den genannten zwölf Höfen sind drei Wichlinghauser Höfe. Neben dem offensichtlichen Goebel Rogge fielen noch der Wyneke Hof und der Goebel Hof unter diese Zahler. Die ersten beiden zahlten drei Becher Roggen, der letzte ein Viertel[186]. Ein Becher bildet dabei eine sehr kleine Maßeinheit, der dann erst der Scheffel folgt. Das Viertel stellt die Bezeichnung für ein Viertel eines Scheffels dar. Auch hier wirken die Abgaben aus Wichling-

[185]Vgl.: Dietz, Barmen, 113f.

[186]Vgl.: Ebenda, 116f. Aus unbekannten Gründen liest Dietz die Zahlen 13 als B.

hausen im Vergleich mit Clausen gering. Dort kam man immerhin auf 3, 75 Scheffel Roggen[187].

Mit dieser Abgabenverteilung entsprach Wichlinghausen dem restlichen Bergischen Land. Überall in diesem Herrschaftsbereich wurde wesentlich mehr Hafer produziert als etwa Roggen. Was in Barmen und Wichlinghausen komplett fehlt, aber im restlichen Bergischen durchaus vorhanden war, ist die Gerste, die auf Platz 2 der angebauten Getreidepflanzen noch vor dem Roggen stand[188].

Im Verlauf des Mittelalters verringerten sich die Erträge, die sich aus der Differenz zwischen Aussaat und Einfuhr ergaben. Während man für das frühe Mittelalter von einer Differenz von 1:4 ausgehen kann, war für das Spätmittelalter, also die Zeit, in der die Amtsrechnung erstellt wurde, eine Differenz von 1:6, eventuell sogar 1:7 gegeben[189].

Die Gründe für den Anbau von Hafer liegen zum einen darin, dass er recht einfach anzubauen ist. Er hat keine besonderen Ansprüche an den Boden und ist eine Pflanze, die kaum Schädlinge anlockt. Gemäßigtes Klima und ausreichend hoher Niederschlag waren in Barmen gegeben, so dass der Hafer hier angebaut werden konnte. Zum anderen erfüllte er den doppelten Zweck, sowohl Menschen als auch Tiere ernähren zu können[190]. Die Tatsache, dass in Wichlinghausen dennoch recht wenig Hafer angebaut wurde, lässt darauf schließen, dass selbst für diese recht anspruchslose Pflanze der Boden in Wichlinghausen immer weniger geeignet war.

Anders als der Hafer ist der Roggen wesentlich schwerer anzubauen, hat aber den Vorteil, dass er als Winterroggen im Herbst ausgesät werden kann, also nachdem ab August der Hafer vom Feld geholt wurde. Auch er ist gegen Schädlinge weitgehend im-

---

[187]Vgl.: Ebenda, 117.
[188]Vgl.: Lux, Agrargeschichte, 383-386.
[189]Vgl.: Ebenda.
[190]Vgl.: Ebenda.

mun, hat aber das Problem, dass er für den Reifeprozess Licht benötigt, so dass er nicht tief in die Erde gelangen darf. Starker Niederschlag und auch Vögel können daher das Saatgut vom Feld entfernen. Das erklärt, warum in Barmen die Zahl der Roggenabgaben generell recht niedrig ist.

Die Beyenburger Amtsrechung zeigt schließlich noch eine dritte ausschließlich aus Wichlinghausen stammende Abgabe, die so speziell ist, dass sie unter der Liste der Schweineabgaben zu finden ist, zu der kein Wichlinghauser etwas beitragen musste. Vom Goebel Roggen Hof bekam der Amtmann in Beyenburg ein Pfund Pfeffer[191]. Ich halte es für ausgeschlossen, dass es sich hierbei tatsächlich um Pfeffer handelt, der ausschließlich aus Indien nach Europa importiert wurde, aber in Deutschland nicht gewachsen ist. Der Begriff *Pfeffer* in all seinen vorherigen Erscheinungsformen bezeichnet bis in die Antike hinein immer das mit ihm verbundene Gewürz, hat seinen Ursprung aber wohl im altindischen Wort für *Beere*[192]. Es ist dennoch auszuschließen, dass hier eine Beere gemeint sein soll. Vielmehr wird sich dahinter eine mittelhochdeutsche Ableitung des Wortes *phëfferunge* verbergen, was einfach *Würze* bedeutet[193]. Die Tatsache, dass diese Abgabe bei dem Schuldgeld für Schweine beigegeben ist, ist eventuell ein Hinweis darauf, dass aus Wichlinghausen eine besondere Würze kam, um dieses Fleisch schmackhafter zu machen. Was genau sich hinter dieser Abgabe verbirgt, ist aber nicht mehr zu klären.

Neben den Abgaben aus der Beyenburger Amtsrechung gibt es zudem noch Hinweise auf andere angebaute Pflanzen in Wichlinghausen. Der nördlich von Wichlinghausen gelegene Hof Einern war dem Kloster Werden um 1150 herum zu einer Abgabe von 40 Bündeln reinsten Flachses verpflichtet, so dass auch dieser in dieser Region angebaut wurde. Für Wichlinghausen hat sich das je-

[191]Vgl.: Dietz, Barmen, 112.
[192]Vgl.: Kluge, Etymologie, 697.
[193]Vgl.: Lexer, Matthias: Mittelhochdeutsches Handwörterbuch, Bd. II/1, 234.

doch, sollte der ein oder andere probiert haben, Flachs anzubauen, nicht durchgesetzt. Auf der anderen Seite weist die Bockmühle bei Heckinghausen auf die Produktion von Leinsamen hin, aus denen in der Mühle Leinöl hergestellt wurde[194]. Eventuell ist also durchaus von einem geringen Anbau dieses Materials in Oberbarmen auszugehen. Für den Ursprung der Garnnahrung scheint es mir auch sinnvoll, wenn zunächst eigene angebaute Pflanzen gebleicht und verarbeitet worden wären, bis man dazu überging, aus weiter entfernten Regionen das Rohmaterial zu holen, um es dann zu bearbeiten.

Lux stellt darüber hinaus fest, dass im gesamten Bergischen Land der Obstanbau betrieben wurde[195]. Für den Raum Nächstebreck ist jedoch klar durch Helbeck belegt worden, dass zumindest der Anbau von Gartengewächsen, vor allem von Erbsen, sehr gering ausfiel[196]. Wenn es in Wichlinghausen eine Kultivierung von Obst und Gemüse gegeben hat, dann sind die Früchte dieser Arbeit nirgendwo verzeichnet.

Es ist davon auszugehen, dass sich die Höhe der Abgaben in der gesamten Zeit bis zum 19. Jahrhundert nicht oder nur kaum verändert hat. Sollten also im Laufe der Zeit höhere Erträge erwirtschaftet worden sein, zahlte der Bauer brutto weniger Steuern. So verführerisch das auch klingen mag, ist eine andere Entwicklung für Wichlinghausen wesentlich wahrscheinlicher. Durch die Erbteilung wurden zahlreiche Höfe geteilt und wurden immer kleiner. Dieses Vorgehen ist im so genannten Weistum, einer Anweisung, wie die Vererbung vonstattengehen soll, von Wichlinghausen sogar schriftlich fixiert worden, denn

> „will jemand sein Gut verpfänden oder verkaufen, soll derjenige zunächst seinen direkten Erben fragen. Wenn dieser aber nicht will, sollen als nächstes die Ho-

---

[194]Vgl.: Dietz, Garnnahrung, 9f.
[195]Vgl.: Lux, Agrargeschichte, 389.
[196]Vgl.: Helbeck, Nächstebreck, 39.

fesleute gefragt werden, ob sie Käufer sein wollen. Der Besitzer kann das Gut Stück für Stück versetzen und verkaufen, aber der Abspliss soll wiederum als Teil des Stammhofs gelten, so dass sich Hofesleute und Käufer einigen, damit sich der Landesherr mit seinem Anspruch an den Hof wenden kann und seine Rechte erhalten bleiben"[197].

Das Problem bestand nun darin, was passierte, wenn eine solche Einigung zwischen den Besitzern der Höfe nicht zustande kam. In solchen Fällen kam es nämlich vor, dass der ursprüngliche Hof die gesamte Last der Abgaben tragen musste, obwohl die Parzelle, die er nun noch bewirtschaftete, dafür nicht mehr ausreichte[198]. Unter solchen Umständen ist es schwer den Boden ertragreich zu bewirtschaften – vor allem dann, wenn das Land nicht besonders zum Ackerbau einlädt. Es kann daher nicht verwundern, wenn die Wichlinghauser probierten, andere Mittel als den Ackerbau zu finden, um das eigene Überleben zu sichern.

Die klassische Einteilung der Landwirtschaft sieht neben dem Ackerbau auch immer die Nutztierhaltung als ein weiteres Element an. Für Wichlinghausen trifft diese Einteilung aber nur bedingt zu. Schaut man sich die Amtsrechnung von 1467 erneut an, dann wird schnell klar, dass es in Bezug auf Nutztiere nur zwei Kategorien gibt, die Erwähnung finden. Zum einen waren es die bereits erwähnten Schweine, zum anderen eine beträchtliche Anzahl von Hühnern, die nach Beyenburg abgegeben werden sollen. Für Wichlinghausen spielten Schweine als Abgabe in der Mitte des 15. Jahrhunderts keine Rolle. Diese sind ausschließlich in Unterbarmen (Loh, Clausen, Schönebeck und Karnap) belegt[199]. Hühner hingegen fanden sich im Großraum Wichlinghausen in recht hoher Zahl. Von der Leimbach und dem Hatzfeld über Riescheid bis an

[197]Steinbach, Vererbung, 366, ins Neuhochdeutsche übertragen von HS.
[198]Vgl.: Ebenda, 366f.
[199]Vgl.: Dietz, Barmen, 112.

den Markt mussten die Wichlinghauser insgesamt 22 Hühner abgeben. Vier davon kamen direkt vom Wichlinghauser Markt, namentlich vom Wyneke, Goebel und Göckel Hof. Das Klingelholl und das Dahl gaben jeweils zwei Hühner ab, im nördlichen Wichlinghausen vom Hatzfeld und Dickten die Leimbach (2 Höfe) hinunter sind jeweils 2 Hühner fällig, am Bereich der mittleren Leimbach und auf Riescheid jeweils eines.

Aber nur, weil die Amtsrechung keine anderen Tiere verzeichnet, muss nicht davon ausgegangen werden, dass es in Barmen bzw. Wichlinghausen keine anderen Tiere gab. Im Jahre 1640 wurde etwa die Zahl der Pferde in Barmen festgestellt. Anders als Diekhaus behauptet, besaß der Inhaber des Radtmecher Hofes in Wichlinghausen, Peter im Backhaus, nicht drei Pferde[200], sondern lediglich eines. Auch der Sohn Johann Beckmans in der Leimbach besaß ein solches[201]. Damit gehören von den 17 Pferden, die in Barmen verzeichnet sind, immerhin zwei zum Bereich Wichlinghausens. Vorstellbar ist, dass Peter im Backhaus, tatsächlich ein Radmacher war, und nicht nur dessen Hof übernommen hatte. Der Hof wird eine passende Werkstatt besessen haben, die eine Übernahme durch einen Kollegen möglich machte. Dass dann auch ein Pferd im Stall stand, hatte Sinn. Wer Räder machte, baute wahrscheinlich auch Wagen und Karren, die ein Pferd ziehen konnte.

Neben Hühnern und Pferden finden sich auch Spuren anderer Tiere in den Quellen. Der Hof Haarhausen im Norden Wichlinghausens etwa lieferte um 1150 Rinder und Schweine sowie Schafe und Ziegen an das Kloster Werden[202]. Generell gilt zwar für das Bergische Land eher, dass wenig Viehhaltung vorhanden war, was sich durch die oben erwähnte große Differenz im Verhältnis zwischen Aussaat und der Ernte erklärt, weil fruchtbare Weiden, die helfen konnten, dieses Verhältnis auszugleichen, nicht durch Vieh

---

[200]Vgl.: Diekhaus, Aus der Geschichte, 4.
[201]Vgl.: Crecelius, Barmen 1641, 328.
[202]Vgl.: Helbeck, Nächstebreck, 38f.

verschwendet werden durften[203]. Doch diese Situation hatte sich in Wichlinghausen bis zur Mitte des 18. Jahrhunderts wohl gebessert. Während des 7jährigen Krieges brach eine Viehseuche in Wichlinghausen aus, die nicht nur sehr lange andauerte, sondern auch nur wenige Kühe übrig ließ. Die Seuche griff auf Clausen, Carnap und Uellendahl über[204], so dass davon auszugehen ist, dass diese Seuche vor allem nördlich des Marktes in den Bereichen Bilten, Müggeburg, Markland und damit auch Westkotten und Hohrath ausbrach und sich von dort weiter nach Westen verbreitete. Zumindest in diesen Bereichen, die sich in unmittelbarer Nähe von Haarhausen befinden, werden zahlreiche Kühe gehalten worden sein.

Das Gebiet Wichlinghausen war zudem ein sehr waldreiches Gebiet. Im Norden und Westen standen Erlen im Erlacker Busch. Daran schloss sich der Dickter Busch und auch der Bram an. Am Riescheider Berg wuchsen Hochbuchen, am Klingelholl müssen dem Namen nach recht hohe Bäume gestanden haben, da man hier von Langenbuschen sprach. Zwischen Klingelholl und Leimbach stand das Semelter Büschchen[205].

Teilweise gehörten diese Wälder auch zu den Grundstücken der Hofbesitzer, wie im Falle des Klingelholls, dem 11 Morgen Busch zugehörig waren. Für die Leimbach, Riescheid und auch das Westkotten gilt ähnliches[206]. Auch Wälder am Sonnabend und am Fatloh sind belegt[207]. Hier könnten sogar Kastanien gestanden haben.

Unter solchen Bedingungen wäre es wirtschaftlich grob fahrlässig, wenn man den Wald nicht für seine Zwecke genutzt hätte. Diese Nutzung konnte auf zweierlei Art geschehen. Zum einen konnte man die Waldgebiete roden, so dass man nicht nur Holz, sondern

---

[203] Vgl.: Lux, Agrargeschichte, 388.

[204] Vgl.: Spannagel, Carl: Barmen im siebenjährigen Kriege. Eine Beckmannsche Chronik, in: ZBGV 26, 211.

[205] Vgl.: Sundermann, Bauernbusch, 3f.

[206] Vgl.: Ebenda, 4

[207] Vgl.: Diekhaus, Aus der Geschichte, 4.

auch zusätzliche Fläche für die Landwirtschaft zur Verfügung hatte, zum anderen konnte man den Wald selber als landwirtschaftliche Fläche nutzen. Beide Fälle sind bekannt. Während des 14. und 15. Jahrhunderts kam es im Bergischen zu zahlreichen Rodungen der Wälder[208]. Zur gleichen Zeit wurden die Wälder neu bepflanzt. Die zunächst nur vereinzelt auftretenden Eichen kamen im Verlauf des Mittelalters hinzu, als besseres Holz benötigt wurde, als es die Buchen brachten.

Die Nutzung des Waldes als landwirtschaftliche Fläche bedeutet, dass man in den Wäldern Schweine hielt. Diese konnten sich von Bucheckern und später auch den Eicheln ernähren[209]. Die im Mittelalter genutzten Schweine darf man sich jedoch nicht so wie die heutigen Tiere vorstellen. Die Hausschweine des Mittelalters waren relativ hochbeinig und flink, unter Umständen kaum von ihren wilden Verwandten zu unterscheiden[210].

Auch wenn die Beyenburger Amtsrechung zur Schweinemast in Wichlinghausen nichts zu sagen hat, sind die natürlichen und durch den Menschen geschaffenen Bedingungen für die Schweinehaltung in Wichlinghausen ideal gewesen, so dass die Wupperfelder Ende des 18. Jahrhunderts das Dorf wohl nicht zu Unrecht als *Ferkelsdorf* bezeichneten[211].

---

[208]Vgl.: Steinbach, 363.
[209]Vgl.: Lux, Agrargeschichte, 388f.
[210]Vgl.: Ebenda, 391f.; Helbeck, Nächstebreck, 38f.; Sundermann, Bauernbusch, 8.
[211]Vgl.: Diekhaus, Aus der Geschichte, 7.

35. Solche Schweinehaltung gab es auch in den Wäldern rund um Wichlinghausen

Die Verwaltung aller Abgaben, die die Höfe zu zahlen hatten, oblag den Ämtern und deren Gerichten. Zumindest für die märkischen Höfe in Wichlinghausen war das Hofgericht Wichlinghausen zuständig, für die bergischen Höfe das Barmer Gericht am Dörner Hof. Dieses kann nicht mehr verwundern, wenn man sich die unübersichtliche Grenzsituation in Wichlinghausen ansieht, die von den beiden Landesherren bis in das 18. Jahrhundert hinein nicht behandelt und auch nur sehr unbefriedigend gelöst wurde[212]. Wie aber kam es dazu, dass es in Wichlinghausen ein solches Gericht gab.

Auch wenn die ältesten Quellen des Protokolls erst aus dem Jahr 1660 stammen, ist davon auszugehen, dass das Hofgericht wesentlich älter ist. In Anbetracht der weiter oben dargestellten historischen Entwicklung von Wichlinghausen als Teil der Grafschaft Mark kann man davon ausgehen, dass die Gründung des Hofgerichts Wichlinghausen zusammenfällt mit der Errichtung des Amtes Wetter im 14. Jahrhundert. Es ist damit eine Institution aus einer Zeit, in der weder juristisch noch praktisch die Grenzziehung zwischen den beiden Territorien Berg und Mark abgeschlossen war.

Selbst als das Vereingte Herzogtum ab 1614 de facto getrennt wurde, blieb das Hofgericht Wichlinghausen bestehen. Zu diesem Zeitpunkt musste seine Existenz jedoch für Probleme mit den Barmer Richtern sorgen. So ist es nicht verwunderlich, dass gerade in der Zeit der Rotteneinteilung Barmens in den 1630er Jahren das Hofgericht in Wichlinghausen zum Streitfall zwischen Barmen und Wetter wird und diese Dokumente die ersten fassbare Hinweise auf die Existenz des Gerichts sind[213]. Wie und ob der Streit, der sich in den Dokumenten von 1639 bis 1642 finden lässt, ausgegangen ist, ist nicht bekannt. Die Tatsache aber, dass das Gericht bis 1808 nahezu jedes Jahr ohne Probleme tagen konnte, zeigt, dass die

---

[212] Vgl.: Frisch, Mark, 46f.

[213] Vgl.: Dietz, Hofgericht, 22ff.

märkische Seite durchaus die Existenz des Gerichts rechtfertigen konnte. Was aber wurde in diesem Gericht eigentlich genau besprochen?

Den Vorsitz über das Gericht hatte kein Wichlinghauser. Als Hofgericht unterstand es dem Gogericht Schwelm, so dass somit der Gograf von Schwelm der Vorsitzende war. Darin ist wohl auch die Problematik der Quellenüberlieferung zu sehen. Der Gograf kam mit den Unterlagen immer von Schwelm. Diese Unterlagen blieben im Besitz der Familie des Gografen. Wenn dieser verstarb, bekam der neu eingesetzte Gograf außer den laufenden Akten keine Dokumente von der Familie des alten übergeben[214].

Zuständig war der Vorsitzende des Gerichts für den Hof Wichlinghausen und seine Absplisse. Durch die Erbteilung und das oben zitierte Recht, die Anteile zu verkaufen, benötigte der Amtmann von Wetter eine bürokratische Instanz vor Ort, die klar verzeichnete, wem welcher Anteil des ursprünglichen Hofes gehörte und wie die zu bezahlenden Abgaben untereinander verteilt werden mussten[215]. Diese Instanz war das einmal im Jahr tagende Hofgericht, das sich wohl in dem Haus traf, indem man den Ursprungshof vermutete. Dieser Ort ist heute noch zu finden und steht, wie bereits erwähnt, an der Ecke Westkotter Straße und Wichlinghauser Straße[216].

Es versteht sich von alleine, dass die besondere Situation des Hofgerichts, eine märkische Verwaltungsenklave im bergischen Gebiet zu sein, nicht nur bei den Barmer Richtern für Unmut sorgte, sondern auch im praktischen Miteinander der jeweiligen Besitzer der Grundstücke Verwirrung stiftete. Es war den bergischen Untertanen schwer zu erklären, warum sie durch den Erwerb eines bestimmten Grundstückes nun vor den Schwelmer Gografen treten mussten und einen Eid auf den brandenburgischen Kurfürsten leis-

---

[214]Vgl.: Ebenda, 31.
[215]Vgl.: Ebenda, 57f.
[216]Vgl.: Ebenda 40f.

ten sollten[217]. Die meisten Besitzer legten diesen Eid ohne Probleme ab, aber dennoch gab es Käufer, die sich diesem Eid verweigerten. So wurde Johannes Kattenbroch, der das Gut Kücksbelte 1684 gekauft hatte, wiederholt aufgefordert den Eid zu leisten, aber erst sein gleichnamiger Sohn kam der Aufforderung 1693 nach[218]. Im Jahre 1701 erwarb Johannes Beckmann das Brögeler Gut und leistete daraufhin den Eid. 1745 war Beckmann schon einige Jahre tot, was dem Gericht aber nicht bekannt gewesen war, so dass die Erben, die sich dort wohl nicht meldeten, zu Strafzahlungen verurteilt wurden[219]. Zu Beginn des 19. Jahrhunderts, im Jahre 1803, sollte Baron von Schmackert den Hofeseid ablegen. Bis in das Jahr 1807 kam er dieser Aufforderung jedoch nicht nach.

Wer den Eid ablegte, wurde zum Teil des Gerichts. Anders als in Barmen, in der es eine ausgesuchte Gruppe von Menschen gab, die als Schöffen einen gewissen sozialen Einfluss ausübten, wurde man am Wichlinghauser Hofgericht zum Teil der Hofesleute, ein so genannter Hofmann. Dieser hatte nun die Pflicht darauf zu achten, dass die anderen Hofesleute sich an vereinbarte Regeln und Absprachen hielten[220]. Dadurch entstand im gewissen Sinne eine Art sozialer Kontrolle, die dafür sorgte, dass die Wichlinghauser sich vor allem auf ihre eigene Umgebung konzentrierten. Wem diese Art der Kontrolle nicht passte, hatte die Möglichkeit, das Gut wieder zu verlassen. Wer blieb, war Teil einer Gemeinschaft, die durch das Gericht entstanden war.

Auch wenn im Prinzip alle Hofesleute gleich waren, stach doch der Hofesbote aus ihnen hervor. Er hatte die Aufgabe, das Gericht zusammen zu rufen und die Abgaben einzuziehen, die dem Grafen von der Mark bzw. seinen Amtmännern zustanden, falls diese nicht

---

[217]Mögliche Formen des Eides sind bei Dietz abgedruckt, vgl.: Ebenda, 50f.
[218]Vgl.: Hendricks, Höfe, 6.
[219]Vgl.: Ebenda, 16.
[220]Vgl.: Dietz, Hofgericht, 42.

am Gerichtstag bezahlt worden waren. Das Amt war mit einem Gut verbunden, so dass jeder Besitzer des Gutes automatisch dieses Amt innehatte. Wenn der Besitzer aus Altersgründen nicht in der Lage war, das Amt auszuführen, so konnte er es auf einen anderen übertragen, der dafür von ihm einen Obulus erhalten sollte, der aber nicht immer bezahlt wurde[221].

Das Hofgericht wurde durch den Einfluss Napoleons 1808 geschlossen, hatte sich aber bis dahin wohl mehr als 400 Jahre gehalten, über 150 davon im Bewusstsein, dass es rein rechtlich eine Funktion erfüllte, die praktisch durch die Anerkennung der Herrschaft des bergischen Herzogtums überflüssig geworden war. Dietz vermutet, dass es sich bei diesem jährlichen Treffen und seinen Ritualen, die wohl in einem Restaurant stattfanden, so dass die verhängten Strafen mit Bier bezahlt werden konnten, um ein Gemeinschaft stiftendes Element handelte. Daher hätte es so lange existiert[222]. Diese Auffassung ist sicherlich nicht von der Hand zu weisen, sollte aber noch um zwei weitere Punkte ergänzt werden. Zum einen durch die eben erwähnte soziale Kontrolle, die durch die Pflicht der Hofesleute gegeneinander bestand, zum anderen durch das Vorhandensein eines eigenen Gerichtes selber, das Wichlinghausen vom Rest Barmens unterschied. Durch die offizielle Funktion bot sich ein jährlich wiederkehrendes Ritual, das die Wichlinghauser von den restlichen Stadtteilen in ihrem eigenen Bewusstsein auf der sozialen Leiter erhöhte. Diese sozialsymbolische Funktion des Gerichts sorgte wohl dafür, dass bei vielen Wichlinghausern das Gefühl entstand, ein eigenes Gemeinwesen zu besitzen, dass nur teilweise etwas mit Barmen zu tun hatte. Mit der Auflösung des Hofgerichts fehlte dieses zentrale Element Wichlinghauser Identität und musste im 19. Jahrhundert irgendwie kompensiert werden.

Das Gericht bildete dabei jedoch nicht die einzige Grundlage für

---

[221]Vgl.: Ebenda, 38ff.
[222]Vgl.: Ebenda, 41.

das Gefühl der Wichlinghauser, ein eigenes Gemeinwesen zu sein. Die Auswertung der Garnmengen aus dem frühen 17. Jahrhundert hat gezeigt, dass im Norden und Westen von Wichlinghausen das Bleicherhandwerk im großen Umfang betrieben wurde, während am Markt selber nur wenig gebleicht wurde. Auf der anderen Seite zeigt die Abgabenliste aus dem 15. Jahrhundert, dass auch die traditionelle Landwirtschaft in Wichlinghausen kaum Erträge einbrachte. Beide Faktoren werfen die Frage auf, wie in Wichlinghausen ausreichend Geld verdient wurde, um Abgaben für das Hofgericht, das Schwelmer Kirchspiel, das Amt Beyenburg, den Lehrer der Schule und nicht zuletzt für eine Beteiligung an der eigenen Kapelle der Oberbarmer an die Schwelmer Kirche zu leisten. Auch die doppelte Beteiligung einzelner Wichlinghauser an der aufgezwungenen Mitgliedschaft am Schwelmer Kirchspiel und dem freiwilligen Engagement im reformierten Elberfeld wird Geld gekostet haben, das verdient werden musste.

Der Umgang der Garnmeister von 1606 zeigt aber auch, dass zahlreiche Wichlinghauser bzw. deren Nachfahren als Händler und Investoren auftraten und als solche Bleicher beschäftigten. Anton Grah sowie Johann und Anton Wichelhaus gehörten zu diesen Händlern, die über 30 Zentner Garn im Wuppertal verteilt hatten, aber nicht selber bleichten. Nimmt man diese Beobachtung und verbindet sie mit der recht offenen Grenze zur Grafschaft Mark, in der das Bleichen günstiger war und die Rohstoffe für das Bleichen ebenfalls preiswerter zu bekommen waren, ergibt sich in meinen Augen das schlüssige Bild einer Gruppe von Kaufleuten, die sich in Wichlinghausen niedergelassen hatten und von hier aus ihre zum Teil internationalen Geschäfte koordinierten.

Zunächst mag der Zentrum des Handels vor allem in Schwelm gelegen haben. Die Zugehörigkeit zum dortigen Kirchspiel und die Tatsache, dass Schwelm ab 1496 die Stadtrechte verliehen bekommen hatte[223], machte es für die Wichlinghauser zum idealen Handelsplatz, bevor und nachdem das Garnnahrungsprivileg erlassen worden war. Hier traf man auf potenzielle Kunden, Kollegen, Konkurrenten, Zulieferer und Lohnarbeiter, mit denen man verhandeln oder neueste Informationen über die Marktlage austauschen konnte. Wie sehr der Markt in Schwelm frequentiert wurde, ergibt sich aus Beschwerden des Pfarrers, dass während der Messe, Handel getrieben wurde oder dass von Seiten des Landesherren Zeiten, Orte und Dauer der Zusammenkünfte oftmals neu geregelt wurden, um das Treiben am dortigen Markt zu regulieren – mit zweifelhaftem Erfolg[224].

Spätestens mit Errichtung der Schule in Wichlinghausen und dem Umstand, dort einen Gottesdienst abzuhalten, verlor Schwelm als Handelsort an Attraktivität. Die Oberbarmer, die bisher nach Schwelm gegangen waren, konnten nun auch nach Wichlinghausen gehen. Das galt sowohl für die Wichlinghauser selber als auch für die Heckinghauser, Rittershauser und auch Teile des Bereiches um Gemarke. Auch Menschen aus den Gebieten, die östlich oder nördlichen an Wichlinghausen angrenzten, gingen wohl nach Wichlinghausen, um hier Handel zu betreiben. Bestärkt wurde die Abkehr von Schwelm sicherlich auch durch die Einschränkung auf drei Jahrmärkte, die 1579 in Schwelm eingeführt wurde. Erst 1681 wurde diese Beschränkung wieder aufgelöst, die Märkte durch Wochenmärkte ersetzt[225].

Bei den Wichlinghauser Markttagen ging es nicht um das ganz große Geschäft, sondern lediglich um kleinere Anschaffungen und Verkäufe. Was aber wurde nun in Wichlinghausen produziert und verkauft? Einzelne Hinweise ergeben sich aus dem Privileg der Garnnahrung bzw. dem Verstoß dagegen. Der Text der Urkunde ist nämlich an zwei Stellen äußerst widersprüchlich. Direkt nach der

---

[223]Vgl.: Helbeck, Nächstebreck78f.
[224]Vgl.: Ebenda, 79.
[225]Vgl.: Ebenda.

Präambel erfolgt der Zweck des Privilegs, der nach Dietz ist, dass „nämlich das Bleichen und Zwirnen, nirgends in unserem Lande geschehen, als in unseren beiden vorgenannten Flecken [Barmen und Elberfeld]“. Nur ein paar Paragraphen weiter aber wird klar bestimmt, dass dort „niemand ein Zwirnrad haben“ solle[226]. Diesen Widerspruch erklärt Dietz damit, indem er das Verbot der Zwirnräder auf eine verbesserte Version dieser Räder, die in Köln bereits 1373 bekannt war, bezieht[227]. Im Streit zwischen den Schwelmern und den Wuppertalern von 1596 werfen die Schwelmer den Wuppertalern vor, gegen ihr eigenes Privileg zu verstoßen, weil mehr als 100 Räder innerhalb des Wuppertals in Gebrauch seien[228]. Es ist wohl davon auszugehen, dass diejenigen, die nicht am Bleichprozess beteiligt waren, sich auf das Zwirnen spezialisierten, was über kurz oder lang dazu führte, dass auch neue Technologien bzw. verbesserte Zwirnräder Verwendung fanden. Da im Zentrum von Wichlinghausen der Mangel an Bleichern hervorsticht, kann man wohl davon ausgehen, dass hier Zwirn hergestellt wurde, der in seiner verarbeiteten Form von den Wichlinghauser Händlern weiterverbreitet wurde. Im Laufe der Frühen Neuzeit entwickelten sich wohl aus diesen Zwirnmachern die Bandwirker. Die Osterroder Straße hieß bis 1935 Wirkerstraße[229], was ein Hinweis auf diesen Berufsstand ist. Sie erstellten dort in Hausarbeit Bänder, die sie einem Kaufmann überließen, der sie für ihre Arbeit bezahlte[230]. In den Häusern der Eylauer Straße sind die Nischen und Anbauten für die Bandstühle noch vorhanden. Verkauft wurden diese Bänder spätestens seit dem 18. Jahrhundert nach Frankreich. Dort waren die Bänder aus dem Bergischen so beliebt, dass sie ab 1720 sogar einen Zollrabatt erhielten[231].

---

[226]Vgl.: Dietz, Garnnahrung, 23f.
[227]Vgl.: Ebenda, 34.
[228]Vgl.: Böhmer, Garnnahrung, 26.
[229]Vgl.: Stock, Straßennamen, 291.
[230]Vgl.: Diekhaus, Aus der Geschichte, 5.
[231]Vgl.: Schmitt, Charles: Das Großherzogtum Berg 1806 – 1813, hrsg. von

Zur Verbreitung solcher Waren benötigt man jedoch eine gewisse Logistik. Dazu gehörten neben Transporttieren auch Wagen. Der Name des Wichlinghauser Hofes *Rademacher Gut* weist bereits darauf hin, dass in Wichlinghausen ein Radmacher gesessen hat, der seine Werkstatt wohl an potenzielle Nachfolger weitergab. Ein Radmacher kann aber nur dann von seiner Arbeit leben, wenn er entweder genug Kunden hat, die Räder brauchen und reparieren lassen oder nicht nur Räder herstellt, sondern gleich die Wagen und den logistischen Service dazu. Es ist daher davon auszugehen, dass es in Wichlinghausen schon recht früh, spätestens seit dem 16. Jahrhundert Fuhrunternehmer gegeben hat, was auch durch die Feststellung aus dem Jahr 1641 gestützt wird, der Radmacher habe (wohl bedingt durch den Krieg nur) ein Pferd.

Weitere Berufsfelder kamen hinzu. Von der Tütersburg geht ein kleiner Verbindungsweg in die Osterroder Straße ab, der parallel zur Eylauerstraße verläuft und einige Meter weiter nördlich beginnt. Diese kleine Gasse hatte in früherer Zeit den Namen *Fellöhr*. *Öhr* bezieht sich dabei auf die Enge der Gasse, die wie ein Nadelöhr wirkt, *Fell* hingegen ist ein Hinweis auf einen Gerber, der hier gesessen haben muss und seinem stinkenden Handwerk direkt neben der Quelle des Wichlinghauser Bachs nachging.

Schließlich fanden sich in Wichlinghausen auch mehrere Goldwaagenmacher, wie etwa Johannes Eckersberg, die Waagen herstellten, die dafür sorgten, falsche Münzen am Gewicht zu erkennen. Auch das mag ein Hinweis darauf sein, dass der Handel in Wichlinghausen ein florierender Gewerbezweig war. Die Wichlinghauser Händler verkauften ihre Waren und prüften mit einer Waage, die sie von einem ihnen bekannten Waagenmacher erhalten hatten, ob sie nicht betrogen wurden[232].

Burkhard Dietz und Jörg Engelbrecht, Neustadt/Aisch 1999, 241.

[232]Vgl.: Diekhaus, Aus der Geschichte, 5.

36. Die Eylauer Straße

Neben Ackerbau, Verwaltung und Handel geben vor allem die familiären Verhältnisse Auskunft über das Zusammenleben im vormodernen Wichlinghausen. Die Ehe bildet dabei einen besonderen Aspekt, der Probleme bereiten konnte. Als vor dem Jahr 1471 etwa die bergische Frau des Besitzers des märkischen Hofes Bockmühlen starb, war die Zugehörigkeit des Hofes strittig[233]. Solche Probleme mussten natürlich dort entstehen, wo eine Ehe zwischen Bergischen und Märkischen geschlossen wurde. Ein Blick in die Traubücher der Kirchengemeinde Schwelm aus der zweiten Hälfte des 17. Jahrhunderts zeigt, dass es solche Verhältnisse tatsächlich gab. Knapp dreißig Mal finden sich Verbindungen, die über die Grenze hinweg gehen. Da aber in dieser Zeit etwa 150 Ehen von Wichlinghausern eingegangen wurden, ist diese Zahl nur eine unter vielen. Auffällig ist viel eher die Zahl an Ehen, die innerhalb der Nachbarschaft geschlossen wurden. Zahlreiche Menschen aus der Schellenbeck heirateten nach Haarhausen, zur Beule, zur Wiesche oder zum Beckacker. Menschen aus Hohrath orientierten sich an die Leimbach, zum Dickten oder auch nach Flanhard. Menschen aus dem zentralen Wichlinghausen konzentrierten sich vor allem auf die Gegenden Rittershausen und Wülfing, Klingelhöller und Westkotter standen nicht nur geographisch, sondern auch auf dem Heiratsmarkt zwischen dem Wichlinghauser Markt und der Westgrenze Wichlinghausens[234].

Die Abwanderungen zahlreicher Märker nach Wichlinghausen hatten demnach nur bedingt mit familiären Beziehungen oder einer Hochzeit zu tun. Vielmehr muss davon ausgegangen werden, dass es wirtschaftliche Bedingungen waren, die den Zuzug der Märkischen befeuerte. Trotz der Garnnahrung waren Barmen und Elberfeld im Gegensatz zur Mark recht frei im wirtschaftlichen Um-

---

[233]Vgl.: Dietz, Hofgericht, 82f.

[234]Diese Verbindungen und Zahlen sind entnommen: Böhmer, ältestes Traubuch, 6-24; ders.: Traubuch der Lutherischen Gemeinde Schwelm 1672 – 1700, Schwelm 1941, 8-40.

gang, während sich die Märker durch die preußische staatliche Bevormundung gegängelt sahen[235]. Pfarrer Müller aus Schwelm sprach Ende des 18. Jahrhunderts von der Pracht Barmens im Vergleich zu Schwelm[236]. Neben den gutem Ruf, den Barmen und das Bergische Land in der Grafschaft Mark besaßen, dürfte als Grund für die märkische Migration noch die Tatsache hinzugekommen sein, dass man in der Mark weniger Geld verdienen konnte als im Bergischen[237]. Dass daher zahlreiche Menschen aus der Mark den Schritt über die nach wie vor undefinierte Grenze wagten, ist nachvollziehbar. Aber nicht alle blieben. Es scheint einen regelrechten Pendelverkehr zwischen Barmen und Schwelm gegeben zu haben, der sich besonders deutlich an der Grenze zwischen Wichlinghausen, Nächstebreck und Langerfeld abzeichnete[238].

Zahlreiche märkische Arbeiter blieben jedoch, wie sich an den folgenden Zahlen zeigen lässt. Im Jahre 1698 wohnten am Wichlinghauser Markt und am Westkotten 433 Personen in 95 Haushalten. Mitte des 18. Jahrhunderts waren es insgesamt 613 Menschen in diesem Bereich. Diese Entwicklung kann man als normal betrachten. Mit dem Jahr 1809 jedoch finden sich andere Zahlen. Wichlinghausen hatte durch Zuzug im 18. Jahrhundert 1855 Einwohner, was einer Verdreifachung der Bevölkerung in rund fünfzig Jahren entspricht. Dieser Zuwachs ist vor allem durch Zuwanderung zu erklären[239].

235 Vgl.: Reininghaus, Wilfried: Über die Wupper gehen … Aspekte einer vergleichenden Geschichte der benachbarten Territorien Berg und Mark vor 1806, in ZBGV 99 2003, 22.

236 Vgl.: Ebenda, 23.

237 Vgl.: Ebenda, 17.

238 Vgl.: Ebenda, 19.

239 Vgl.: Hendricks, Wichlinghauser Markt,47f.

37. Der Wichlinghauser Markt vor dem Umbau

Schon während des 30jährigen Krieges übernahmen sie leerstehende Güter in Wichlinghausen, wie etwas das Gut Klingelholl, das von Arndt vom Schee bewirtschaftet wurde. Am Wichlinghauser Markt selber etwa ging *der Beiers* im 17. Jahrhundert an einen Mann namens Peter. Peters Sohn, Rutger, heiratete in die Familie Westkott ein, die einen Teil des Klingelholls besaß, während ein weiterer Sohn Johannes den Hof übernahm[240].

Zwei weitere für die Wichlinghauser Geschichte nicht unerhebliche Familien kamen aus der Mark herüber und blieben: Zum einen die Famlie Le(c)kebusch, zum anderen die Familie Mittelsten Scheid[241]. Letztere Familie hatte ihren Ursprung in Gennebreck, war dann nach Langerfeld und Mitte des 18. Jahrhunderts schließlich nach Wichlinghausen gezogen, wo sie zur Miete im Haus Am Diek 58 wohnten, das noch heute steht. Es gehörte ursprünglich Hildebrandt Wuppermann und wurde 1737 erbaut. Die Familie

---

[240]Vgl.: Böhmer, ältestes Traubuch, 12, Haacke, Bevölkerung, 14.
[241]Vgl.: Hendrichs, Halstenbach, 18.

Mittelsten Scheid blieb auch später dem Diek treu und errichtete ihr Stammhaus Am Diek 46, das heute noch zur Firma Vorwerk gehört[242].

Die Familie Le(c)kebusch lässt sich nach Sprockhövel zurückverfolgen, wo sie einen Hof bei Quellenburg besaß, also in unmittelbarer Nähe zu den Bewohnern des Schees. Den Sohn Johann Engelbert Leckebusch verschlug es zum Sternenberg, wo er ein Kotten bewirtschaftete. Sein Sohn Johann Caspar zog an den Diek, wo er als Bleicher arbeitete. Durch die Ehe mit Margaretha Braus gelangte er in den Besitz eines Stück Landes Am Diek 34. Einer der Söhne vermählte sich schließlich mit Anna Catharina Mittelsten Scheid[243]. Die restlichen sieben Geschwister blieben Wichlinghausen und seiner Umgebung erhalten und finden sich in zahlreichen Quellen zur Wichlinghauser Geschichte als einflussreiche Bürger.

Der Zuzug nach Wichlinghausen bedeutete jedoch nicht nur familiäre Erfolgsgeschichten wie die beschriebenen. Der Zuzug führte auch zu Problemen. Zum einen war dort der Platzmangel. Aus der Zeit am Ende des 18. Jahrhunderts ist ein Fall bekannt, wo der Platzmangel zum Nachbarschaftsstreit führte. Neben einem Hausbesitzer namens Hegemann waren vor allem der Fuhrunternehmer Heinrich Dahlmann und ein Hausbesitzer mit Namen Peter Johann Berger beteiligt. Hegemann ließ regelmäßig sein Abwasser über Bergers Gut ablaufen, während Berger selber einen Baum so hatte ausarten lassen, dass der Fuhrmann seinem Geschäft nicht weiter nachkommen konnte, ohne die Lasten zu tragen, oder den Weg über Bergers Grundstück zu nehmen. Mit dem Barmer Richter Ahlhaus kam es zu einer Entscheidung in diesem Fall. Hegemann ließ fortan sein Abwasser in den Bach laufen und Berger sollte den Baum fällen. Dem aber kam er nicht nach und Dahlmann nutzte so weiterhin unberechtigt den Weg über Bergers

---

[242]Vgl.: Ebenda, 19.
[243]Vgl.: Ebenda, 25ff.

Grundstück, bis dieser eines Tages mit seiner Tochter zum Angriff mit Beilen auf den Fuhrmann losging. Dahlmann kam mit dem Schrecken davon und prozessierte. 1790 gewann er und Berger musste nun endlich unter Aufsicht den Baum fällen lassen, der den Weg versperrte[244].

38. Das Gottesbrünnlein aus dem späten 18. Jh.

Neben solchen Anekdoten finden sich jedoch handfeste Probleme. Während der Wichlinghauser Bach im Prinzip für die Eigenversorgung einzelner Höfe ausreichend war, änderte sich dies mit der Zahl der steigenden Bevölkerung, so dass es um die Wasserversorgung schlecht bestellt war. Die Suche nach neuen Quellen war daher in Wichlinghausen von großer Bedeutung. Mit dem Gottesbrünnlein in der Tütersburg wurde 1785 eine kleine Möglichkeit

---

[244]Vgl.: Diekhaus, Aus der Geschichte, 7.

geschaffen, die Wasserversorgung aufrecht zu erhalten[245].

Die sozialen Umwälzungen durch Zuzug, zunehmenden Reichtum der Bevölkerung und aufblühende Industrie hatte in Wichlinghausen nicht nur wirtschaftliche Folgen. Tatsächlich führten die immer stärker hervortretenden Unterschiede zwischen Mark und Berg auf Seiten der Wichlinghauser zu einer hohen Selbsteinschätzung ihrer selbst und einem damit einhergehenden Selbstbewusstsein, das sich in dem Wunsch nach Eigenständigkeit manifestierte und Auswirkungen auf das Hofgericht und die Kirchengeschichte hatte.

4. 11. Juni 1744: Gründung der Gemeinde Wichlinghausen

Die Gründung der Gemeinde Wichlinghausen war ein wichtiger Schritt für den Stadtteil hin zu einer eigenen Identität. Da Wichlinghausen nicht als Dorf gegründet wurde, sondern aus Höfen bestand, blieb ihm eine politische Struktur im Großen und Ganzen bis in das 18. Jahrhundert hinein verwehrt. Die Grenzsituation, die die Wichlinghauser für mehrere Jahrhunderte zu Dienern zweier Herren machte, verstärkte diese Situation noch. Zwar hatte das Hofgericht Einfluss auf das Zusammenleben der Menschen, war aber als Institution nur zeitweise, nämlich jährlich, und durch das Fehlen eines prestigeträchtigen Gebäudes örtlich gar nicht präsent. Die Gründung der Schule schaffte in Wichlinghausen einen Mittelpunkt, von dem aus weitere Bestrebungen ausgingen, zu einer eigenen Ortsgemeinde zu werden. Traditionell gehörte dazu ein eigener Kirchbau in der Mitte des Ortes und ein Friedhof in unmittelbarer Nähe zur Kirche. Dieses bekam man aber nur, wenn man zeitgleich eine eigene Kirchengemeinde gründete.

Dass Schwelm zu weit weg war, ist die oft gehörte Meinung, wenn man überlegt, warum Wichlinghausen und Schwelm getrennte Wege gingen. Tatsächlich aber ist dieser Grund irritierend,

---

[245]Vgl.: Ebenda, 5f.

denn immerhin gingen die Wichlinghauser seit dem Bestehen des Kirchspiels Schwelm dort zur Kirche, spätestens jedoch seit 1085, als erstmals eine Kirche in Schwelm erwähnt wird[246]. Wenn man bedenkt, dass der technische Fortschritt die Fortbewegung immer schon beeinflusste, und im 18. Jahrhundert schon einige Fuhrunternehmer in Wichlinghausen saßen, so muss der Weg zum damaligen Zeitpunkt schneller als früher zu bewältigen gewesen sein. Kann die Distanz demnach tatsächlich eine solch große Rolle gespielt haben?

Ein erster Schritt in Richtung Trennung war sicherlich die Gründung der Schule in Wichlinghausen, in der – ob nun mit schwedischer Hilfe oder nicht – der Gottesdienst abgehalten wurde. Zunächst beauftragten die Wichlinghauser den Lehrer damit, einen solchen Gottesdienst abzuhalten, dann wurde der Lehrer durch einen Kandidaten der Theologie ersetzt, der auch unterrichten sollte[247].

Der erste namentlich bekannte Prediger in Wichlinghausen war ein gewisser Tönnies, erst bei dem zweiten Prediger Anton Friederici findet sich ein vollständige Name. In seine Amtszeit, die von 1680 bis 1700[248] ging, fiel die Anschaffung einer Schulglocke, mit der sicherlich am Sonntag auch zum Gottesdienst geläutet wurde[249]. Zu Beginn des 18. Jahrhunderts bekam Wichlinghausen mit Petrus Berger nicht nur einen neuen Prediger, auch ganz Oberbarmen wurde kirchlich gesehen von einem Paukenschlag aufgeweckt. Mit der reformierten Gemeinde Gemarke hatte sich 1702 in Barmen die erste eigenständige Kirchengemeinde gegründet und

[246]Vgl.: Helbeck, Quellen, 7.

[247]Vgl.: Lutze, Gemeinde, 8.

[248]Vgl.: Hendricks, Rainer: Wichlinghauser Kirche, in: Lekebusch,Sigrid/Speer, Florian: Kirchen und Gottesdienststätten in Barmen, Wuppertal 2008, 125. Ich halte die von Hendricks angegebene Zeit ab 1680 für realistischer als das Jahr 1660, das Helmich, Wichlinghausen, 57 angibt.

[249]Vgl.: Lutze, Gemeinde, 8.

sich von Schwelm getrennt[250]. Die lutherischen Gemeinden in Oberbarmen waren von da an bestrebt, den Reformierten zu folgen. Schon 1710 probierten die Lutheraner in Wichlinghausen, auf den Kurfürsten von Hannover einzuwirken, ihnen zu helfen[251]. Mir scheint, dass die Wichlinghauser hierin dem Beispiel der Reformierten folgten. Diese hatten sich an die reformierte Königin Anna von Großbritannien gewandt, die eine Kollekte in England beginnen ließ, um die Barmer zu unterstützen[252]. Da im *Act of Settlement* von 1702 festgelegt worden war, dass nach Annas Tod Sophie von der Pfalz ihre Nachfolgerin werden sollte[253], scheint es mir logisch, dass sich die Lutheraner an den lutherischen Sohn Sophies, eben jenen Georg von Hannover wandten, der seine Mutter, die 1710 bereits 80 Jahre alt war, in der britischen Erbfolge beerben würde. Er signalisierte auch sein Wohlwollen, blieb aber ohne Erfolg[254]. 1716 erbaten sich die Wichlinghauser eine Trennung von Schwelm, aber dieser Bitte wurde nicht entsprochen[255].

Als man in Schwelm vernahm, dass der Wichlinghauser Prediger Berger 1734 damit begonnen hatte, in der Schule Kinder zu taufen, obwohl er lediglich den Auftrag hatte, zu unterrichten und zu predigen, reagierte man verständlicher Weise verärgert und schrieb den Wichlinghausern, dass man „diesen Unfug nicht länger mit ansehen" könne. Die Stimmung war also gereizt und erreichte mit dem Jahr 1736 einen neuen Höhepunkt. In Schwelm wurde eine neue Kirche gebaut, die die Oberbarmer mit finanzieren sollten und notgedrungen auch taten, obwohl ihnen der Gang nach Schwelm missfiel. Durch die unterschiedlichen wirtschaftlichen Bedingungen in Oberbarmen im Vergleich zu Schwelm, waren die Oberbarmer besonders beteiligt, denn sie bezahlten einen Großteil

---

[250]Vgl.: Werth, Gemarke, 77ff.
[251]Vgl.: Helmich, 57f.
[252]Vgl.: Werth, Gemarke, 92ff.
[253]Vgl.: Haan, Heiner/Niedhart, Gottfried: Geschichte Englands vom 16. bis zum 18. Jahrhundert, München ²2002, 202.
[254]Vgl.: Helmich, Wichlinghausen, 58.
[255]Vgl.: Ebenda.

des Baus[256].

Wülfinger, Heckinghauser und die Lutheraner aus Gemarke sowie Wichlinghauser merkten daher, dass nur gemeinsam die Loslösung von Schwelm erfolgen konnte und das man einen juristischen oder politischen Weg verfolgen musste. Man wählte daher Delegierte, die beim Kurfürsten vorsprechen sollten, um eine solche Trennung auf den Weg zu bringen. Die Frage war jedoch, was diese Delegierten dem Kurfürsten erzählen sollten. Zunächst war da der Ort des Kirchbaus. Die Gemarker beriefen sich darauf, dass bei ihnen die katholische Kirche St. Antonius und die reformierte Kirche standen, so dass eine dritte lutherische Kirche ein klares Signal setzen würde. Die Wupperfelder, Heckinghauser und Rittershauser meinten, dass ihrem beginnenden und in Zukunft noch weiter florierenden Gemeinwesen eine eigene Kirche gut zu Gesicht stehen würde. Die Wichlinghauser zogen mit der Tradition ins Feld. Da bei ihnen seit dem 30jährigen Krieg Gottesdienst gefeiert würde, stehe ihnen am ehesten zu, eine Kirche in ihrer Mitte zu haben. Über solche Streitfragen platzte die aus der Not geborene Koalition der Oberbarmer wieder auseinander. Dennoch blieb der Wunsch nach Eigenständigkeit erhalten[257].

Die Haltung Schwelms gegenüber Wichlinghausen und dem restlichen Oberbarmen bedarf der Erklärung. Der Bau der Kirche 1736 gibt ein erstes Indiz, welche Motive die Schwelmer leiteten, die Oberbarmer zu halten. Dieser Teil des Kirchspiels war zweifelsohne der wohlhabendste, so dass man ihn nicht missen wollte. So verwundert es auch nicht, dass die Schwelmer Johannes Karthaus und Peter Moll sich in Kleve, also ihrer Regierung, darüber beschwerten, was die Oberbarmer, angespornt durch den Barmer Richter Ahlhaus, trieben. Sie argumentieren damit, dass es zu schweren wirtschaftlichen Schädigungen Schwelms kommen werde, sollten sich die Oberbarmer trennen[258].

---

[256]Vgl.: Ebenda.
[257]Vgl.: Ebenda, 58f.
[258]Vgl.: Ebenda, 59.

Das hat wohl auch immer noch mit der Marktsituation zu tun. Auch wenn in Wichlinghausen ein eigenständiger Markt existierte, so war der Wochenmarkt in Schwelm doch vom Geld der Wichlinghauser abhängig. Diese hatten auf ihren Gütern kaum noch ausreichend Möglichkeit, Ackerbau so zu betreiben, dass sie sich davon ernähren konnten, und kauften vornehmlich beim Kirchgang in Schwelm Lebensmittel ein. Von diesen regelmäßigen Markttagen profitierte die gesamte Schwelmer Wirtschaft. In Schwelm befürchtete man daher ein Einbrechen dieses Profits, sollten sich die Oberbarmer trennen.

39. Pfr. Johann Peter Wülfing

Im Jahre 1738 starb der Prediger Berger und die Wichlinghauser machten sich auf die Suche nach einem geeigneten Nachfolger, der in der Lage war, den von Berger eingeschlagenen Pfad fortzusetzen. Mit dem 1707 in Wichlinghausen geborenen Johann Peter Wülfing fanden sie einen Prediger, der mit der Situation bestes vertraut war und als Student in Halle mit den pietistischen Ideen eines August Hermann Francke in Kontakt gekommen war. Wülfing sollte es schließlich werden, der die Gemeindegründung vorantrieb[259].

Die Einstellung als Prediger in Wichlinghausen erfolgte für Wül-

[259]Vgl.: Ebenda, 59ff.

fing unter für ihn äußerst unwahrscheinlichen Bedingungen. Das von den Wichlinghausern bestimmte Gremium, das aus praktischen Gründen gewählt worden war, um die mittlerweile zahlreiche Arbeit an Stelle der gesamten Gemeinde zu organisieren, die bis dahin die Entscheidungen getroffen hatte, stellten ihn ein und versprachen ihm, dass er ohne Wahl Pastor werden würde, sollte man eine eigene Gemeinde gründen können. Er nahm an und blieb auch, als man ihm 1742 in Hagen eine feste, gut bezahlte Stelle anbot. Er heftete an sein Bleiben jedoch eine Bedingung. Das Schulhaus schien ihm als Kirche mittlerweile zu alt und unbrauchbar, so dass er darauf bestand, dass die Wichlinghauser eine eigene neue Kirche bauen sollten. Diese Bedingung kam den Wichlinghausern gerade recht und sie willigten ein, obwohl ihnen sechs Jahre, nachdem sie den Kirchenbau in Schwelm finanziert hatten, nur geringe eigene Mittel zur Verfügung standen. Wülfing selber machte sich daher auf, um Kollekten zu sammeln. Während er zunächst nach Düsseldorf schrieb und so recht einfach die ersten Zusagen kamen, musste er das Jahr 1743 für zwei Kollektenreisen nutzen, die ihn in den Süden Deutschlands führten, wo Wülfing sogar zeitweise inhaftiert wurde. Dennoch begann man, obwohl weder der zukünftige Pfarrer vor Ort, noch die Summe bekannt war, die benötigt wurde, bereits 1743 mit dem Bau der Kirche, in der bereits während des Baus erste Predigten gehalten wurden[260].

Es versteht sich, dass das Wichlinghauser Treiben sowohl von der Schwelmer Muttergemeinde als auch von den restlichen lutherischen Gemeinden in Oberbarmen kritisch begleitet wurde. Während man in Heckinghausen lautstark über den Standort schimpfte, probierten die Wupperfelder und Gemarker mit Hilfe von außen, den Kirchbau in Wichlinghausen zu verhindern und im Tal eine Kirche bauen zu lassen. Denn eine Sache lag klar auf der Hand. Sollte es Wichlinghausen schaffen, eine eigene Gemeinde zu wer-

[260]Vgl.: Ebenda.

den, würden die restlichen Oberbarmer an Wichlinghausen gebunden sein.

Da kam von außen eine Hilfe, die man sowohl in Schwelm, als auch im restlichen Oberbarmen für ein Geschenk des Himmels halten musste. Diese auswärtige Hilfe war der aus Speyer stammende Pfarrer Sigmund Richard Pollmann, der erst in Burg, später in Lennep und gegen Ende seines Lebens auch in London als Pfarrer arbeitete. Welcher Antrieb den damaligen Lenneper Pfarrer Pollmann genau getrieben hat, ist umstritten. Helmich geht davon aus, dass er „aus Geltungsbedürfnis sich in fremden Gemeinden engagierte“[261].

Zunächst war Pollmann im Prinzip mit der Wichlinghauser Sache einverstanden. Die Loslösung von Schwelm war für ihn eine gute Idee, die er unter allen Umständen unterstützen wollte. Daher wandte er sich zunächst an die Wichlinghauser und bot seine Hilfe an. Den Wichlinghausern scheint der Pfarrer aus Lennep aber nicht ganz geheuer gewesen zu sein, denn sie verzichteten auf seine Hilfe. Pollmann machte sich darauf hin auf nach Wupperfeld und Gemarke und bot dort an, dafür zu sorgen, dass die Kirche ins Tal käme, worauf sich beide Gemeinden gerne einließen. Pollmanns nächster Schritt bestand nun darin, unter Bezug auf die lutherische Synode bei der Regierung ein Predigtverbot für Wülfing zu erlassen, worin er sehr erfolgreich war. Ohne Prediger war ein Wichlinghauser Kirchbau aber überflüssig, so dass die Wichlinghauser Pläne nahezu durchkreuzt worden wären. Wülfing selber war zu diesem Zeitpunkt gar nicht im Lande, sondern auf der dritten Kollektenreise. In seiner Abwesenheit probierte Hildebrand Wuppermann, der Kaufmann und Besitzer der Villa Am Diek 58, Protest bei der Düsseldorfer Regierung einzulegen, was aber ohne Folgen blieb. Als Wülfing nach Wichlinghausen zurückkehrte, wurde er von dem öffentlich ausgehängtem Predigtverbot zwar überrascht,

[261]Ebenda, 61.

ließ sich aber nicht beirren und predigte in Wichlinghausen. Dieser Moment der Auflehnung war es dann wohl auch, der dafür sorgte, dass die Wichlinghauser nun alles erdenklich Mögliche probierten, um die Trennung von Schwelm zu erreichen. Dazu gehörte auch ein Schreiben Wülfings an die Regierung in Kleve vom 20. März 1744. Er scheint sich daran erinnert zu haben, dass man in Wichlinghausen zu diesem Zeitpunkt ja noch ein märkisches Hofgericht besaß, dessen Verpflichtung gegenüber Kleve bestand. Dort empfahl man ihm jedoch, sich gleich an Berlin zu wenden[262].

Diese Empfehlung hatte ihren Ursprung in der Verwaltungsteilung des Vereinigten Herzogtums von 1614, in der geregelt worden war, dass die Protestanten innerhalb des katholischen Bezirks Jülich-Berg unter dem Schutz der brandenburgischen-preußischen Kurfürsten standen, während gleichzeitig die Katholiken im Bereich Kleve-Mark vom Kurfürsten von der Pfalz beschützt wurden. Diese Vereinbarung hatte auch noch im 18. Jahrhundert Bestand, auch wenn der brandenburgische Kurfürst längst zum König in Preußen geworden war[263].

Wülfing reiste nach Berlin bzw. Potsdam, wo zu diesem Zeitpunkt der seit vier Jahren regierende Friedrich II. herrschte. Dieser ließ schließlich dem katholischen Kurfürsten ausrichten, dass eine Gemeindegründung in Wichlinghausen in seinen Augen durchaus gewünscht würde. Nach der freundlichen Empfehlung aus Potsdam vom Mittwoch, dem 13. Mai 1744 ließ auch Karl Theodor von der Pfalz kaum Zeit verstreichen und teilte am 11. Juni mit, dass Wichlinghausen eine eigenständige Gemeinde sei. Das Schreiben ging am 16. Juni beim Barmer Richter ein. Für den 2. Juli war die Ordination Wülfings geplant[264].

So freudig das Ereignis in Wichlinghausen auch herbeigesehnt wurde, agierte im Hintergrund noch immer Pfarrer Pollmann, der

---

[262]Vgl.: Ebenda.
[263]Vgl.: Müller, Herzogtum, 512ff.
[264]Vgl.: Helmich, Wichlinghausen, 61f.

unter Biegen und Brechen diese Gemeinde oder doch zumindest die Ordination verhindern wollte. Auf seine Veranlassung hin wurde in Mannheim Einspruch gegen das ganze Vorhaben durch Synode und die Gemarker Lutheraner eingelegt und erhielt trotz Privileg des Kurfürsten Recht, so dass eine Kommission in Gemarke einen Platz für die Kirche suchen sollte. Nach bekannt werden dieser Vorgänge kam es zu öffentlichen Tumulten in Wichlinghausen. Dennoch begann man damit, zu taufen, zu beerdigen und das Abendmahl auszuteilen. Gleichzeitig zeigte sich der Schwelmer Pfarrer Korthaus in Oberbarmen und hielt Predigten, sprach mit den Gemeindegliedern und probierte, die Oberbarmer von einem Bleiben in Schwelm zu überzeugen. Es versteht sich von selbst, dass in diesen unklaren Wochen die Ordination Wülfings durch Inspektor Emminghaus nicht vollzogen wurde. Zu diffus wirkten die Aussagen aus Mannheim. Erst im August kam dann die entscheidende Nachricht, die die Selbstständigkeit der Gemeinde bestätigte. Die Ordination Wülfings wurde am 10. September 1744 durch den Stellvertreter Emminghaus' durchgeführt. Die Streitigkeiten waren damit jedoch keineswegs vorbei. Schwelm, Wupperfeld und Gemarke probierten weiterhin gegen die Wichlinghauser vorzugehen, eigene Gemeinden zu gründen und ähnliches. Erst der Siebenjährige Krieg beendete dieses Durcheinander innerhalb Oberbarmens und danach kehrte für den Moment Ruhe in Wichlinghausen ein[265].

Nachdem die Gemeinde offiziell gegründet und Wülfing ordiniert worden war, konzentrierten sich die Gemeindeglieder auf die Fertigstellung der eigenen Kirche[266]. Als Bauggrund hatte man sich bereits 1743 auf ein Grundstück am Wichlinghauser Markt geeinigt, das vorher der reformierten Kaufmannsfamilie Braus gehört

[265]Vgl.: Ebenda, 62f.

[266]Für die gesamte Beschreibung wurde auf Hendricks, Rainer: Alte lutherische Kirche Wichlinghausen, in: Lekebusch/Speer, Kirchen, 116-119 zurückgegriffen. Wo dies nicht zutrifft, findet sich eine gesonderte Fußnote.

hatte. Es stand direkt am Markt in unmittelbarer Nähe zur alten Schule. Darauf errichtete man eine Fachwerkkirche mit Turm, die 1745 eingeweiht wurde. Von außen sah man zwei Eingänge, von denen einer an der Ostseite zum Turm führte und keine Verbindung zum Kirchenschiff hatte. Dieses wurde von der Südseite her betreten. Der Eingang lag somit direkt an der Weststraße, der heutigen Westkotter Straße. Das Kirchgebäude stand genau dort, wo heute die Wichlinghauser Schulstraße in die Westkotter Straße mündet. Altar und Kanzel standen an der Westseite des Gebäudes. Ihr Standort deckt sich ziemlich genau mit dem heutigen dort stehenden Toilettenhäuschen.

Vom Inneren des Gebäudes sind keine Aufnahmen bekannt, doch erlaubt eine sehr einfach gehaltene Skizze in den Unterlagen der Provincial-Versicherung im Stadtarchiv Wuppertal eine kurze Beschreibung[267]. Im Jahre 1836 besaß die Kirche im Erdgeschoß demnach in der Mitte zwölf Kirchenbänke, die 1749 gebaut worden waren. Rechts und links davon standen quer dazu vier Einheiten mit jeweils vier Bänken. Ganz in der Nähe des Altars befanden sich noch einmal zwei Einheiten mit jeweils zwei Bänken, auf denen wohl die Presbyter saßen. Im hinteren Bereich rechts und links neben dem Turm befanden sich noch einmal zwei Bänke.

Die Kirche besaß darüber hinaus zwei Emporen, deren Abstand nach oben hin immer geringer wurde. Die Höhe des Raums betrug etwa acht Meter, bis zur ersten Empore 3,75 m, bis zur zweiten etwa 2,20 m, und bis zur Decke etwa 1,95 m. Insgesamt gab es in der Kirche für 792 Menschen Platz. Geht man davon aus, dass auf den Kirchenbänken im unteren Bereich etwa im Durchschnitt acht bis zehn Menschen Platz fanden, dann saßen im Erdgeschoß etwa 300 Menschen, so dass sich knapp 500 Menschen auf die beiden Emporen verteilen mussten.

---

[267]Vgl.: Stadtarchiv Wuppertal, Signatur: G VIII 87: Feuerversicherungsurkunden der Provinzial-Feuerversicherung mit Gebäudebeschreibung von 1836, Haus-Nr. 1787 in der Section F.

Der Innenraum war durch Bibelsprüche verziert. Neben originalen Sprüchen wie 1. Moses 28, 17 („Wie heilig ist diese Stätte! Hier ist nichts anderes als Gottes Haus, und hier ist die Pforte des Himmels“) und Habakuk 2, 1 („Hier stehe ich auf meiner Hut und trete auf meine Feste und schaue und sehe zu, was mir gesagt werde, und was meine Antwort sein sollte auf mein Rechten“), findet sich auch ein extra für Wichlinghausen abgeänderter Spruch aus dem Hebräerbrief 13, 8, in dem es heißt „Jesus Christus gestern und heute und derselbe auch in Ewigkeit“. Zum Gemeindejubiläum 1844 wurde dieser Spruch um die jeweiligen Jahreszahlen erweitert („gestern 1744“ und „heute 1844“).

Die Orgel der Kirche war zunächst aus der Schule übernommen worden, erwies sich jedoch bald als zu schwach für die Kirche, so dass 1751 eine neue Orgel gekauft werden musste. In den 1750er Jahre änderte sich zudem einiges am Aussehen des Kirchinnenraums. Die erwähnten Bänke in der Mitte des Raumes waren erst 1749 angefertigt worden und wurden erst später durch die restlichen Bänke ergänzt. 1750 bekam der Nächstebrecker Baumeister Johann Peter im Bracken, der als zuständiger Architekt den gesamten Bau konzipiert hatte, den Auftrag Altar, Kanzel und Orgelbühne aus einem Stück zu zimmern. Sein Sohn baute 1753/54 schließlich die Emporen ein. Einen Großteil der Bezahlung übernahm dabei der Wichlinghauser Kaufmann Hildebrand Wuppermann.

Dass die Aufgabe zum Kirchbau in Wichlinghausen übrigens durch einen Nächstebrecker, der zum Kirchspiel Schwelm gehörte, durchgeführt wurde, zeugt meiner Meinung nach davon, dass die Befürchtungen der Schwelmer Gemeinde, durch den Wegfall Oberbarmens könne es zu großen finanziellen Einbußen kommen, unbegründet waren. Auch nach der Trennung bestanden wirtschaftliche Verbindungen in die Grafschaft Mark, von denen lediglich die Stadt Schwelm nicht mehr direkt profitieren konnte, die Gemeinde selber aber durchaus.

Das Gebäude war mit Ausnahme der Ostseite komplett verschiefert. Auf dieser Seite ragte der Turm etwa ein Viertel aus dem Bau der Kirche heraus. Hierbei handelte es sich um einen quadratischen Bau, der etwa auf jeder Seite etwas mehr als drei Meter maß. Während die untere Hälfte das Fachwerk zeigte, war der Turm oberhalb mit Schiefer bedeckt. Darin befanden sich drei Glocken, die erst zwei Jahre nach der Einweihung geliefert wurden. Gekrönt wurde der Turm durch ein etwas gedrungenes Zwiebeldach, auf dem sich neben einer Kugel auch ein Hahn befand.

Das Gebäude wurde spätestens ab der Mitte des 19. Jahrhunderts als zu klein empfunden, was innerhalb der Gemeinde zu dem Wunsch führte eine neue Kirche zu bauen, deren Grundsteinlegung 1864 erfolgte. Die alte Kirche verblieb zunächst in der Hand der Gemeinde und wurde auf Kosten von Theodor Mittelsten Scheid zu einem Gemeindezentrum umgebaut, in dem Unterricht und Vereinstreffen stattfinden konnten. Seit 1868 benutzte der CVJM das Gebäude als Unterkunft, bis er in der Bartholomäusstraße eine neue Heimat fand[268]. Das ehemalige Kirchengebäude war der Stadt jedoch im Weg, da es Pläne gab, Weststraße und Wichlinghauser Schulstraße miteinander zu verbinden. 1904 wurde daraufhin das Gebäude an die Stadt Barmen zum Preis von 20.000 Reichsmark verkauft. Die Stadt konnte ihr Vorhaben jedoch nicht sofort umsetzen und durch den Ersten Weltkrieg, politische Umstrukturierung und Wirtschaftskrisen blieb das Gebäude bis in die 1920er Jahre bestehen.

Am 2. Mai 1927 heißt es während einer Sitzung des Presbyteriums: „Hier wurde die Sitzung für eine Zeit unterbrochen, weil starke Rauchentwicklung draußen den Ausbruch eines Brandes anzeigte. Es stellt sich heraus, daß unsere alte Kirche ein Raub der Flammen geworden ist“[269]. Der Grund für diesen Brand ist nicht bekannt. Worauf die Vermutung einer Brandstiftung beruht, die sich immer wieder in der Literatur findet, ist nicht überliefert.

---

[268] Vgl.: Helmich, Wichlinghausen 133.
[269] Ebenda, 166.

40. Die alte Kirche nach dem Brand

Am 5. Juli 1744 wurde der Friedhof in Wichlinghausen eingeweiht. Für die mentale Entwicklung Wichlinghausens scheint mir dieser Umstand ein wichtiger Punkt zu sein. Als gerade neu angelegte lutherische Gemeinde hätte man davon ausgehen dürfen, dass die Gemeinde den Friedhof an der Grenze der Gemeinde anlegte, wie es der lutherischen Tradition entsprochen hätte[270]. Stattdessen wurde der Friedhof in unmittelbare Nähe der Kirche verlegt, nämlich an die Weststraße 34[271], also das Gelände, auf dem heute die große Wiese vor der Wichlinghauser Kirche liegt. Warum wählte man in Wichlinghausen diesen Standort?

Mittelalterlicher Tradition gemäß hätte der Kirchhof der neuen Kirche tatsächlich um die Kirche herum angesiedelt werden müssen. Diese Sitte aber war durch die lutherische Vorstellung eigentlich unmöglich, wenn auch Luther durchaus liberal war, wenn es um Fragen der Bestattung und den mit ihr zusammenhängenden Bräuchen ging. Neu anzulegende Friedhöfe jedoch sollten außerhalb der Gemeinde bzw. an deren Rand angelegt werden[272].

Selbst wenn die Wichlinghauser einen solchen Kirchhof gewollt hätten, wäre kein Platz für ihn gegeben gewesen. Der Markt war bebaut und die Schule stand in unmittelbarer Nähe der Kirche. Gleiches galt für das Pfarrhaus. Bei solchen Platzverhältnissen konnte ein anzulegender Kirchhof gar nicht am Markt errichtet werden[273].

Der mittelalterliche Dorfkirchhof war oftmals ein höher gelegener Ort, auf dessen Spitze die Kirche thronte[274]. Dieses Detail scheint mir bei der Untersuchung des Kirchhofs in Wichlinghausen wichtig zu sein. Die unmittelbare Umgebung des Friedhofs bestä-

---

[270]Vgl.:Derwein, Herbert: Geschichte des Friedhofs, Frankfurt/Main 1931, 101.
[271]Vgl.: Helmich, Wichlinghausen, 71.
[272]Vgl.: Derwein, 82f.
[273]Vgl.: Helmich, 94. Dargestellt ist eine Karte vom Anfang des 19. Jahrhunderts. Es darf hier noch davon ausgegangen werden, dass sich am Markt in den 60 Jahren davor keine großen Veränderungen ergeben haben.
[274]Vgl.: Lomkert, 926.

tigt nämlich einen solchen höher gelegenen Ort.

Es wäre zu vermuten, dass man den Kirchhof von der Verkehrsstraße abgegrenzt anlegte, also eine Mauer hochzog, einen Eingang errichtete und dann von der ebenen Fläche an die Gräber dem ansteigenden Berg folgend anlegte. Dem ist aber nicht so gewesen. Auf einem Plan des Friedhofs von 1783 weist der Eingang bereits Treppen auf. Da der Freudenberg, wie beschrieben, kein Plateau ist, sondern von der Weststraße her ansteigt, muss bei der Anlage des Kirchhofs eine Aufschüttung vorgenommen worden sein. Man baute demnach eine Mauer, um den Kirchhof abzugrenzen, und füllte diese Mauer mit Erdreich auf, so dass er gute zwei Meter über der Straße lag. Die Mauer wurde im Jahre 1886 ersetzt[275]. Der Friedhofsplan von 1783 zeigt jedoch eine Mauer, so dass von einer Vorgängermauer gesprochen werden kann. Auch zeigt heute ein Vergleich zwischen der Mauer zur Westkotter Straße und der Mauer neben dem ehemaligen Pfarrhaus an der Ostzufahrt zur Kirche andere Steine und einen klaren Bruch im Mauerbau. Warum wurde diese Erde aufgeschüttet?

Ich gehe von pietistischen, nicht etwa praktischen Motiven aus. Die pietistischen Gemeinden Württembergs etwa haben besondere Friedhöfe angelegt, die sich von den Friedhöfen lutherischer Tradition unterscheiden. War der Tod für Luther der Abschluss des Lebens für den Verstorbenen und damit sein Ende erreicht, so sahen die Pietisten eine Beerdigung durchaus als die Grundlage für etwas Neues, den menschlichen Leichnam wie einen Samen in der Erde, aus dem Neues hervorgehen sollte. Auch der Friedhof der Pietisten in Herrnhut ist als ein Ort angelegt, an dem die Verstorbenen als *obere Gemeinde* auf die leibliche Auferstehung warten[276].

---

[275]Vgl.: Hendricks: Wichlinghauser Kirche, 120.

[276]Vgl.:Frauer, Hans-Dieter : Das schwäbische Paradies. Geschichten zur Geschichte – Pietismus in Württemberg, Marburg an der Lahn ²2011, 187f. Genauere Forschungen zur Friedhofstheologie der Pietisten sind bisher nicht erfolgt. Auf Nachfrage beim Archivar der Herrnhuter Gemeinde, Dr. Rüdiger Kröger, dem Leiter des Kasseler Sepulkralmuseums, Prof. Dr.

In einem solchen Verständnis waren die Verstorbenen ein Symbol der herbeigesehnten Nähe zu Gott und damit hätte ein Kirchhof, der anstieg und dessen unterste Gräber durch die hohe Mauer verdeckt gewesen wären, die Sicht auf eben dieses Symbol verhindert. Durch das Anheben des Grundes waren die Gräber nun für die lebenden Gläubigen zu sehen.

Kirche und Kirchhof stellten für die restlichen Oberbarmer ein Ärgernis da, denn die Spannungen[277] zwischen Wupperfeld, Heckinghausen, lutherisch Gemarke auf der einen und Wichlinghausen auf der anderen Seite setzten sich auch nach der erfolgreichen Trennung von Schwelm fort. Schon 1747 war die Erfüllung des Wunsches zur eigenen Gemeinde in relative Nähe gerückt. Kurfürst Karl Theodor kam nach Barmen und wurde von den Gemarkern und Wupperfeldern umgarnt. Ihrem Wunsch zur eigenen Gemeinde schien er nicht abgeneigt und stellte tatsächlich eine eigene Kirche in Aussicht. Sein Wohlwollen knüpfte der katholische Herzog jedoch an eine Bedingung, denn wenn er sich bereit erklärte, eine lutherische Gemeinde zu etablieren, sollten die Wupperfelder sich beim preußischen König dafür einsetzen, dass dieser eine katholische Kirche bauen ließ. Ob die Wupperfelder diesem Wunsch entsprochen hätten, ist freilich nicht gesagt, da aber wiederum Wichlinghausen eine Gegendarstellung schrieb und zudem ein Loblied auf den Kurfürsten verfasste, zerstreute sich der Vorschlag wieder in alle Winde. Der 7jährige Krieg tat sein übriges, um die Gemüter auf andere Dinge zu lenken. Mit Pfarrer Theodor Arnold Müller, der Wülfing nach dessen Tod nachfolgte, kam 1757 zudem

---

Reiner Sörries, oder der Leiterin des Zentrums für Pietismusforschung in Halle, Prof. Dr. Pia Schmid, wurde mir mitgeteilt, dass Forschungen zu diesem Gebiet bisher nur rudimentär, etwa im Rahmen einer Masterarbeit, erfolgten. Allgemein gingen die Experten jedoch davon aus, dass meine Vermutungen richtig seien.

[277] Für den gesamten Abschnitt zur Trennung wurde auf die Beschreibung von Helmich, Wichlinghausen, 90-96 zurückgegriffen. Wo dies nicht zutrifft, findet sich eine gesonderte Fußnote.

ein Pfarrer nach Wichlinghausen, dessen Amtsverständnis klar im Brückenbauen zu suchen war und es so schaffte, die Wogen zu glätten, beruhigen konnte er sie indes nicht.

Noch während Müller im Amt war, kamen die Gemarker auf die Idee des Kurfürsten zurück und boten ihm an, eine katholische Gemeinde in der Grafschaft Mark aufbauen zu lassen. Konkret ging es um eine katholische Gemeinde in Hattingen, die eine Kirche bekommen sollte, die auf Kosten der Gemarker gebaut werden sollte. Dieses Ersuchen hatte Erfolg und bereits im Juli 1772 erlaubte der König in Preußen[278] den Bau der Kirche in Hattingen. Eine eingesetzte Kommission, die im Auftrag des Pfälzers einen Ort für die Kirche finden sollte, entschied sich jedoch gegen die Gemarker, sondern für Wupperfeld als Ort des Baus.

Dieses nun greifbare Ereignis wurde von den Wichlinghausern ungern gesehen. Die Wupperfelder veröffentlichten zudem ein Dokument, aus dem hervorging, dass es Wichlinghausen wirtschaftlich überlegen sei. Sonderland gibt Ausschnitte aus dieser ersten Streitschrift wieder, der die Situation Wupperfelds vor Augen führt, denn:

> „Der Kirchgang nach Wichlinghausen ist zu weit und zu unbequem, denn dieser Ort liegt nicht im Mittelpunkte, sondern am äußeren Ende von Oberbarmen auf einer Anhöhe zwischen Gebüschen und Felsen, wo es oft an Wasser fehlt und deswegen zur Anlegung von Fabriken nicht geeignet ist. Die Bleichen aber erfordern im Sommer eine fortwährende Aufsicht, welche durch den Kirchgang nach Wichlinghausen gefährdet ist“[279].

Die Wichlinghauser konnten dieses Schreiben nicht unbeantwortet lassen und schrieben ihrerseits eine Streitschrift, in der sie an-

---

[278]Die Teilung Polens, nach der Friedrich II. sich König von Preußen nennen konnte, erfolgte erst im August 1772.

[279]Sonderland, Barmen, 134f.

hand von Dokumenten die erste Behauptung der Wupperfelder widerlegten und dann schließlich den Wupperfeldern vorwarfen, mit ihrem Reichtum zu protzen, was aber unwürdig sei.

Erneut schrieben die Wupperfelder. Da ihre juristische Argumention entkräftet war, warf man den Wichlinghausern nun vor, ihre Privilegien auf unlauterem Weg bekommen zu haben. Auf den Vorwurf des Protzens gingen die Wupperfelder überhaupt nicht ein und stellten stattdessen noch einmal heraus, dass sie den Wichlinghausern wirtschaftlich überlegen seien.

Auch die lutherischen Gemarker veröffentlichten ein Schreiben. Der Ton darin war jedoch ein gänzlich anderer. Während die Wupperfelder sich kämpferisch gaben, zeigten sich die Gemarker geschlagen und in der Defensive. Ihnen war das Ziel ihres Strebens genommen worden und die Wichlinghauser, in deren Streitschrift, genüsslich noch einmal darauf aufmerksam gemacht worden war („daß der Dörniger Hof als unschicklich für den Kirchplatz von der Regierung erkannt worden ist“[280]), traten die am Boden liegenden noch einmal mit Füßen.

Ein weiterer Grund für den Wunsch zur Trennung könnte von städtebaulicher Natur sein. Etwa zeitgleich mit dem Antrag der Gemarker zur Errichtung einer katholischen Kirche in Hattingen von 1767 plante die Stadt Barmen den Ausbau eines Weges, der von Wülfing aus durch Wichlinghausen bis in die Grafschaft Mark gehen sollte. Mit diesem Ausbau wäre das Argument der Wupperfelder, der Weg nach Wichlinghausen sei müßig, im Prinzip überflüssig geworden. Zur Bezahlung dieses Weges jedoch wurde eine Mautstation errichtet, die in der Nähe des Wichlinghauser Marktes stand[281]. Wer demnach nach Wichlinghausen wollte, musste an dieser Schranke vorbei und zahlen, wer wieder zurück nach Wupperfeld wollte, auch. Für den Gang zur Kirche hätte das bedeutet, dass man zweimal sonntags hätte zahlen müssen, was in die Über-

---

[280]Ebenda, 135.
[281]Vgl.: Stadtarchiv Wuppertal, Altakten, G II 81.

legungen der Wupperfelder sicherlich auch mit hineinspielte.

41. Die alte Wupperfelder Kirche war ein Symbol des Aufstiegs für Wupperfeld

Schlussendlich waren es wohl doch die wirtschaftlichen Argumente, die den Kurfürsten dazu trieben, den Wupperfeldern eine eigene Gemeinde zuzugestehen, diese hatten nämlich ganz unverblümt damit gedroht, notfalls auszuwandern und ihre blühende Industrie mit in die Mark zu nehmen[282]. Noch ehe ein Kirchenvorstand oder gar ein Pfarrer gewählt worden war, ließen die Wupperfelder auf dem für die spätere Kirche vorgesehenen Ort eine Zeltkirche errichten[283], in der sie, obwohl noch nicht offiziell Gemeinde, einen Gottesdienst mit einem Pfarrer aus Essen abhielten[284]. Erst gute acht Monate später wurde Wupperfeld tatsächlich zu einer eigenen Gemeinde erklärt und erst damit war es ihnen möglich, auch einen Pfarrer wählen zu dürfen. Die Entscheidung fiel auf Johann Burchard Bartels, der zwar als Pfarrer in Blankenstein arbeitete, aber als Hilfsprediger in Wichlinghausen bei Pfarrer Müller gelernt hatte und daher mit den Spannungen zwischen Wichlinghausern und Wupperfeldern bestens vertraut war. Daher ließ er es sich vor Amtsantritt auch schriftlich geben, mit diesen Auseinandersetzungen nichts zu tun haben zu wollen. Erst danach kam er nach Wupperfeld.

---

[282]Vgl.: Hübner, Johannes: Geschichte der Evangelisch-lutherischen Gemeinde Barmen-Wupperfeld von 1777 – 1952, Wuppertal 1953, 20.

[283]Vgl.: Schließke, Werner: Alte Kirche Wupperfeld, in: Lekebusch/Speer, Kirchen, 45.

[284]Vgl.: Ebenda, 21.

Während die Wupperfelder also einen besonnen Pfarrer wählten, wirkte seit 1776 mit Pfarrer Seyd eine ganz andere Figur in Wichlinghausen, die sich mit den Zielen seines Vorgängers Müllers gar nicht identifizieren wollte. Seyd hielt sich vielfach nicht an Absprachen und handelte sich so Beschwerden ein. Als er 1780 im Dörner Hof eine Taufe durchführte, was ihm nicht erlaubt war, da dieser zu Wupperfeld gehörte, gab es eine solche, allerdings durch das Presbyterium der lutherischen Gemeinde in Elberfeld[285]. Mit einem solchen Pfarrer zogen sich die Streitigkeiten noch lange hin, ebbten aber auch innerhalb der 54 Jahre seines Dienstes in Wichlinghausen wieder ab. Mit dem Alter und der Erfahrung, so darf man vielleicht vermuten, kam auch bei Seyd die Einsicht, dass er gegen diese Gründung nichts mehr tun konnte.

5. Samuel Collenbusch und der Wichlinghauser Pietismus

Wie so viele Bezeichnungen für Bewegungen, Gruppen oder Institutionen ist der Begriff Pietismus zunächst eine negative Zuschreibung für eine Gruppe von Menschen gewesen, die diese dann für sich als passend empfunden haben und fortan zur Selbstbeschreibung nutzten[286]. Zurückgeht er auf Gemeindekreise, in denen die Bibel ausgelegt wurde, um ein innigeres Verhältnis zu Gott aufzubauen. Diese wurden von Philipp Jacob Spener als *collegia pietatis* bezeichnet, also als *fromme Gemeinschaft*. Von diesem Wort leitet sich der Begriff der *Pietisten* und später der des *Pietismus* ab[287]. Die einfachste Definition dieser Bewegung erstellte der Rhetorikprofessor Joachim Feller 1689, als er schrieb, dass ein Pietist jemand sei, der „Gottes Wort studiert und nach demselben auch ein heilgs Leben führt“[288].

---

[285]Vgl.: Stadtarchiv Wuppertal, Altakten, M IV 34.

[286]Vgl.: Wallmann, Johannes: Pietismus, in: Religion in Geschichte und Gegenwart Bd. 6, Tübingen ^{4}2003, 1342.

[287]Vgl.: Ruhbach, Gerhard: Pietismus, in: Evangelisches Lexikon für Theologie und Gemeinde Bd. 3, Wuppertal/Zürich 1994, 1572.

[288]Zitiert nach: Wallmann, Pietismus, 1342.

42. August Hermann Francke, der Lehrer Wülfings und Müllers

Der Grund für die Entstehung dieser Bewegung war, dass einfache Gläubige sowie auch zahlreiche Theologen in der protestantischen Tradition der intellektuellen Beschäftigung mit Bibel und Glauben die Idee der Frömmigkeit und eine Verwirklichung christlichen Lebens, wie es sie im Katholizismus etwa mit der Mystik gegeben hatte, vermissten. Die Bewegung Speners füllte diese Lücke auf.

Der wichtigste Schüler Speners war August Hermann Francke, dessen Wirkungsort zunächst Leipzig war. Er selber war als Lehrer des Hebräischen ausgebildet und zugleich lutherischer Theologe, der sich sehr für das Auslegen von Bibeltexten interessierte, was damals stark vernachlässigt wurde. Francke geriet durch diese Arbeit in eine Glaubenskrise, fand aber in dem Kontakt zu Spener Bekehrung und lehnte seitdem die bisherige Ausbildung der Theologen ab. Das führte in seiner Leipziger Wirkungsstätte zu den so genannten Leipziger Pietistischen Unruhen, denn sein neu gewonnenes Verständnis stieß auf große Ablehnung bei den lutherischen Geistlichen. Francke wechselte nach Halle, wo er in der recht neuen Universität ein Zentrum des Pietismus aufbaute[289].

Auf der einen Seite zeichnete sich die pietistischen Gedankenwelt dadurch aus, dass die Theologen probierten, eine Verbindung von christlicher Gemeinschaft und dem Gefühl der eigenständigen Individualität herzustellen. Auf der anderen Seite standen die Bemühungen um das Priestertum aller Gläubigen, das sich konkret in der Gemeindearbeit zeigen sollte. Unabhängig vom Pfarrer sollten die Gläubigen in die Lage versetzt werden, die Bibel zu lesen, auszulegen und eigene Schlüsse zu ziehen und umzusetzen. Dabei war die Gemeinschaft der anderen Gläubigen genauso wichtig, wie die individuelle Erkenntnis[290].

Neben der praktisch-theologischen Arbeit ist vor allem das Element der Bildung ein entscheidender Faktor für die pietistische Bewegung. Aus pädagogischer Sicht gehört der Pietismus zu den

[289]Vgl.: Wallmann, Pietismus, 1342.
[290]Vgl.: Ebenda, 1350.

fortschrittlichsten Einflüssen auf die Bildungsinstitutionen. Seine Arbeit am eigenständigen Individuum forderte innerhalb der Pädagogik ein am Schüler orientiertes Vorgehen, das etwa auch Mädchen mit einbezog. Auf der einen Seite wurde die Katechisation, also das Abfragen von Glaubensinhalten, zu einem Ziel besonderer Bedeutung, auf der anderen Seite, bedingt durch den Alltags- und Realitätsbezug der Bewegung, sollte Alltag und Lebensumwelt verstärkt unterrichtet werden. Das bedeutete eine Abkehr vom humanistischen Bildungskanon und eine Hinwendung zu Tugenden, die in der Arbeitswelt gebraucht wurden: Fleiß, Ordnung, wirtschaftliches Denken[291], oder kurz: Im Pietismus „waren Frömmigkeit und Berufstüchtigkeit die pädagogischen Ziele“[292].

Es versteht sich von selbst, dass eine solche Bewegung mit den Ideen der Aufklärung kollidieren musste. Das zeigt sich nicht nur in der erzwungenen Flucht des Aufklärers Christian Wolff aus Halle[293], sondern auch innerhalb des Pietismus selbst. Denn so sehr er auch die Auslegung der Bibel befürwortete, so sehr stand er einer wissenschaftlich-kritischen Textanalyse der heiligen Schrift entgegen. Da die Bibel als Offenbarung von Gottes Wort galt, war eine textkritische Vorgehensweise mit ihrer Arbeit faktisch unmöglich, da diese den göttlichen Charakter des Textes negiert hätte. Da die Bibel faktisch Grundlage für die Lösung aller Probleme des Alltags war, hätte die Zerstörung dieser Grundlage automatisch dazu geführt, das eigene Leben, den eigenen Alltag in Frage zustellen. Neben der Arbeit mit der Bibel war vor allem das persönliche Erfahren Gottes ein wichtiger religiöser Bezugspunkt, der der reinen Textexegese gleichgestellt war. Aus diesen Faktoren ergab sich zudem ein an der Bibel orientiertes Moralverständnis, das mit

---

[291]Vgl.: Sträter, Udo: Pietismus III. Pädagogische und religionspädagogische Bedeutung, in: Religion in Geschichte und Gegenwart Bd. 6, Tübingen [4]2003, 1351.

[292]Wallmann, Pietismus, 1346.

[293]Vgl.: Wallmann, Pietismus, 1345.

einer gewissen Sittenstrenge einherging[294].

All diese Aspekte prägten die lutherische Wichlinghauser Gemeinde und somit alle Wichlinghauser, die in die Schule am Wichlinghauser Markt gingen. Die das persönliche Gespräch suchenden Pfarrer, die sich ganz offen zur Bibelstunde treffenden Gemeindeglieder, die auf Alltag und Wirtschaft ausgerichtete Schule und die offen gezeigte, auf der Bibel und den eigenen spirituellen Erfahrungen beruhende Moral wirkten in den Köpfen der Wichlinghauser. Einer tat sich dabei als prägend für die Gemeinde und die Gemeinschaft hervor: Dr. med. Samuel Collenbusch.

Samuel Collenbusch stammte aus aus einer märkischen Familie. Der erste direkte nachweisbare Vorfahr von Samuel war Stefan Collenbusch, sein Großvater. Dessen Sohn Johann Wilhelm heiratete nach Wichlinghausen ein, als er Anna Elisabeth Braus in der Schellenbeck zur Frau nahm. Eine Familie Braus findet sich bereits auf der Garnmeisterliste von 1606 mit vielen Mitgliedern, die allesamt aus Elberfeld stammten[295]. Ein Zweig der Familie hatte sich im späten 17. Jahrhundert in Wichlinghausen niedergelassen und ein Gut gekauft, das später als das Brausen Gut bekannt sein sollte[296]. Auf einem Teil davon wurde später die Fachwerkkirche am Markt errichtet[297]. Die Familie Braus waren reformierte Wichlinghauser, die aber mit den lutherischen Wichlinghausern Ehen eingingen, wie die zwischen Johann Wilhelm und Anna Elisabeth von 1713, aus der drei Kinder hervorgingen[298].

[294]Vgl.: Peters, Pietismus, 292.
[295]Vgl.: Dietz, Garnnahrung, 96.
[296]Vgl.: Hendricks, Höfe, 18.
[297]Vgl.: Hendricks, lutherische Kirche, 116.
[298]Vgl.: http://www.heidermanns.net/gen-pers.php?ID=47018 (24. 07. 2015)

43. Der Pietist Samuel Collenbusch

Durch die Verbindung mit der Familie Braus hatten die Collenbuschs Anteil an deren Vermögen und Handlungsnetz, so dass auch Johann Wilhelm Collenbusch Kaufmann und Fabrikant wurde. Zu der Familie Hildebrandt Wuppermanns bestanden zumindest freundschaftliche Beziehungen, wie nicht nur eine spätere Hochzeit zwischen einer Enkelin Collenbuschs und einem Enkel Hildebrandts belegt[299], sondern auch die Protokolle des Hofgerichts, aus denen hervorgeht, dass auch Immobiliengeschäfte miteinander betrieben wurden[300]. Die Collenbuschs gehörten demnach zu einer der vornehmsten Familien in Wichlinghausen, waren wirtschaftlich erfolgreich, kirchlich engagiert und bestens vernetzt.

In diese Familie wurde Samuel am 1. September 1724 hinein geboren. Er war ein kränkliches Kind, das mit acht Jahren an den Pocken erkrankte. Diese Krankheit hinterließ nicht nur zahlreiche Narben auf seiner Haut, sondern griff zudem seine Augen an. Er war daher seit seiner Kindheit ein guter Zuhörer und hörte vor allem, wie sein Vater ihm schon recht früh aus der Bibel vorlas. Lernen fiel ihm schwer, so dass er erst mit neun Jahren lesen konnte[301]. Collenbuschs Jugend war für ihn nach seiner eigenen Aussage eine Zeit des Zweifels und der Furcht vor Gott gewesen, die er durch die Arbeit mit dem Wichlinghauser Pfarrer Johann Peter Wülfing abwenden konnte[302].

Collenbusch wollte entweder Arzt oder Pfarrer werden. Da der zweite Sohn später als Fabrikant und Kaufmann den Familienbe-

---

[299]Vgl.: http://www.heidermanns.net/gen-pers.php?ID=47099 (24. 07.2015)..
[300]Vgl.: Hendricks, Höfe, 17.
[301]Vgl.: Cremer, Hermann: Einleitung, in: Collenbusch, Samuel: Aufsätze, Briefe und Tagebücher, hrsg, von Hermann Cremer, Stuttgart 1902, 4.
[302]Vgl.: Ebenda, 81; Cremer, Einleitung, 4.

trieb übernahm, war der Weg Samuels frei, diesen Wünschen nachzukommen. In Duisburg, wohin auch bald seine Familie zog, studierte er Medizin. Hier erhielt Collenbusch Kontakt zu Gerhard Tersteegen, dem wohl bedeutendsten Pietisten des Rheinlands. Später wechselte Collenbusch zum Studium nach Straßburg, ließ sich aber nach erfolgtem Abschluss wieder in Duisburg nieder, wo er wenig erfolgreich einen eigenen Schmelzofen betrieb und später genauso erfolglos als Arzt praktizierte, da er seine Leistungen umsonst anbot. Seine Familie empfahl ihm 1784, wieder nach Barmen zu ziehen und am Sauerbrunnen in Schwelm zu praktizieren. Erst in dieser Zeit ließ er sich mit einer Arbeit über die heilende Wirkung des Wassers eben dieses Brunnens in Duisburg promovieren[303], obwohl er schon vorher als Doktor in den Protokollen des Hofgerichts geführt wird[304].

In Wichlinghausen begann Collenbuschs theologische Arbeit. Sie zeichnet sich dadurch aus, dass er sich zunächst sowohl von lutherischen als auch reformierten Lehrsätzen löste. Erbsünde, Prädestination, also die Vorherbestimmung des Lebens, die Satisfaktionslehre, womit der Sühnetod Jesu am Kreuz gemeint ist, und auch der Zorn Jesu waren ihm Auffassungen, die er strikt ablehnte[305]. Alle seine Überzeugungen gewann er durch die Lektüre der Bibel, andere Werke nutzte er nicht. Die Erbsünde wurde von ihm dadurch als nicht vorhanden beschrieben, indem er mit Verweis auf Matthäus 6, 23 und Lukas 11, 35 erkannte, dass „was vom Fleisch geboren ist, noch ein Licht in sich [hat]“[306]. Gott selber besaß für ihn, verkörpert durch Jesus, eine untadelige Demut[307], die jede Art von Zorn und Stolz ausschloss.

Als Pietist, der sich vor allem mit „Gefühlsleben und Herzensbil-

[303]Vgl.: Cremer, Einleitung, 4-8.
[304]Vgl.: Hendricks, Höfe, 17.
[305]Vgl.: Bernet, Pietismus, 667.
[306]Collenbusch, Samuel: Vom selbstverschuldeten Verderben des Menschen, in: ders: Aufsätze, 63.
[307]Vgl.: Collenbusch, Samuel: Von der Demut Gottes, in: ders: Aufsätze, 53.

dung“[308] beschäftigte, war ihm der Ansatz der Aufklärung, der ausschließlich auf Vernunft setzte, ein willkommener Widerpart. Die berühmtesten Schriften Collenbuschs sind daher auch die Briefe an Immanuel Kant, die der Philosoph aber nicht beantwortete[309]. Interessant daran ist, dass Kant die Vorlesungen des Francke-Schülers Franz Albert Schultz in Königsberg hörte[310]. Vielleicht war Collenbusch diese Verbindung über den gemeinsamen Lehrmeister ihrer beider Lehrer bekannt, als er Kant anschrieb. Seine Briefe an Kant begann Collenbusch alle mit der Anrede „Mein lieber Herr Professor“[311]. So persönlich seine Briefe auch beginnen, so teilweise böse werden seine Texte. So ließ er am 2. Weihnachtsfeiertag 1794 an Kant schreiben, da Collenbusch seit 1791 vollkommen blind war[312]:

> „Herrn Kants Moral ist eine von aller Liebe ganz reine Moral. Nun entsteht die Frage: In welchen Stücken unterscheidet sich der Glaube der Teüfel von dem Glauben des Herrn Kants? - und in welchen Stücken unterscheidet sich die Moral der Teüfel und die Moral des Herrn P. Kants?“[313]

Kant war zum damaligen Zeitpunkt bereits eine anerkannte Autorität innerhalb der Philosophie. Collenbuschs Wortwahl zeigt klar, dass er nicht davor zurückschreckte, sich mit einer solchen auseinanderzusetzen. Neben der zitierten Einlassung Collenbuschs, probierte er jedoch nicht nur polemisch, sondern auch mit Argumenten an den Königsberger Professor zu appellieren, so schrieb er dem Autor der *Kritik der reinen Vernunft* auch: „Unsere unend-

---

[308]Vgl.: Bernet, Pietismus, 667.
[309]Vgl.: Helmich, Wichlinghausen, 83.
[310]Vgl.: Wallmann, Pietismus, 1346.
[311]Vgl.: Augé, Friedrich: Samuel Collenbusch und sein Freundeskreis, 2. Bd., Neukirchen o.J, 92.
[312]Vgl.: Helmich, Wichlinghausen, 80.
[313]http://korpora.zim.uni-duisburg-essen.de/kant/briefe/647.html (24. 07. 2015).

lich kleine Vernunft kommt ganz unwissend aus Mutterleibe - Sie aber sprechen von der Vernunft als ob dieselbe eine Vielwissenheit mitbrächte aus Mutterleibe“[314].

Dass Kant Collenbusch nicht antwortete, mag damit zu tun haben, dass es dem Philosophen unmöglich war, mit dem Pietisten zu diskutieren. Eine der Grundvoraussetzungen des Pietismus ist, dass jede Art von Zweifel am Glauben als Unglauben bezeichnet wird, der wiederum nicht geduldet werden kann[315]. Wenn Collenbusch daher in einem Aufsatz schreibt, dass der Glaube an Gottes Verheißung Gottesverehrung sei, der Unglaube aber Gottesverachtung[316], dann denkt er genau in diesem Schema. Zudem findet sich in seinen Schriften auch eine kritische Betrachtung der aufblühenden Wissenschaften, durch die man „keine Vergebung der Sünden“, „keine übernatürlichen Kräfte zum göttlichen Leben und Wandel“ und „kein eigentümliches, unvergängliches, unbeflecktes und unverwelkliches Erbgut im Himmel“ erlangen könne[317]. Kant und Collenbusch gehen von unterschiedlichen Ausgangspunkten aus, die eine fruchtbare Diskussion gänzlich unmöglich machten, was Collenbusch freilich nicht daran hinderte, weitere sechs Briefe, insgesamt also acht, an Kant zu schreiben[318].

Als Collenbusch am 1. September 1803 starb, war er im gesamten Wuppertal verehrt. Sein Einfluss auf die Kirchengemeinde Wichlinghausen war so groß, dass man noch 1822 bei der Neubesetzung der Pfarrstelle, einen Pfarrer suchte, der der Theologie Collenbuschs entsprach. Dabei ging man so weit, dass man im lutherischen Wichlinghausen einen Bremer reformierten Pastor aussuchte, der Collenbuschianer war. Der Pastor nahm dann die Stelle zwar nicht an, doch allein die Möglichkeit zeigt, welchen

[314] http://korpora.zim.uni-duisburg-essen.de/kant/briefe/657.html (24. 07. 2015).
[315] Vgl.: Peters, Pietismus, 292.
[316] Vgl.: Collenbusch, Samuel: Etwas über die Göttlichkeit der heiligen Schrift, in ders: Aufsätze, 34.
[317] Ebenda, 35.
[318] Vgl.: Augé, Collenbusch, 93.

Einfluss Collenbusch auf die Gemeinde ausübte[319].

44. Pfr. Theodor Arnold Müller

Ebenfalls von pietischter Prägung war der zweite Pfarrer Wichlinghausens. Als 1757 Pfarrer Wülfing im Sterben lag, machte er Kirchmeister Wuppermann und andere Mitglieder des Presbyteriums auf einen jungen Kandidaten aufmerksam, der sich zu diesem Zeitpunkt in Essen aufhielt: Theodor Arnold Müller[320]. Dieser war zu diesem Zeitpunkt zwar erst 25 Jahre alt, hatte sich jedoch in Pietistenkreisen einen Namen gemacht. Er hatte ab 1750 in Jena und ab 1751 in Halle studiert und war von den Ideen des Pietismus angetan. Aus Müllers Besitz ist sein Stammbuch erhalten, aus dem hervorgeht, dass er regen Besuch von bekannten und berühmten Pietisten hatte. In seiner Zeit in Berlin besuchte ihn sogar der Schriftsteller Gotthold Ephraim Lessing[321]. Dieser hinterließ bleibende Spuren. Als Lessing an seiner nicht in Druck gegangenen Schrift „Das Christentum der Vernunft“ arbeitete, lies er Auszüge daraus innerhalb seines Freundeskreises zirkulieren. Einer dieser Freunde, Christian Nicolaus Neumann, teilte dieses Fragment mit Müller, als dieser 1753 wieder in Essen weilte[322].

Wie war es möglich, dass ein junger Theologe mit Anfang zwanzig bereits solche Verbindungen knüpfen konnte? Die Antwort liegt in seiner Familie. Seine Mutter legte mit ihrem Glaubensver-

[319]Vgl.: Helmich, Wichlinghausen, 106f.
[320]Vgl.: Helmich, Wichlinghausen, 75.
[321]Vgl.: Ebenda u. 249f.
[322]Vgl.: Altmann, Alexander: Moses Mendelsohns Frühschriften zur Metaphysik, Tübingen 1969, 202.

ständnis und ihrer Bekanntschaft zu Tersteegen in Mühlheim sicherlich eine besondere Grundlage für ihren Sohn[323]. Sicherlich spielte jedoch auch eine Rolle, dass Theodora Maria Müller eine geborene Krupp war, jener Essener Familie, die seit dem 16. Jahrhundert in Essen beheimatet war und sich bis ins 18. Jahrhundert hinein bereits einen Namen als Kaufleute gemacht hatte.

Müllers Vater, Johann Dietrich Müller, war zwar selber Jurist und Hofrat in Essen, entstammte aber einer langen Reihe von westfälischen lutherischen Pfarrern, die es von Lippstadt nach Soest gezogen hatte. Auch Theodors Onkel Franz Thomas hatte es zum Pfarrer gebracht[324]. Theodor Arnolds Schwester, Sophia, heiratete um 1752 Johann Bernhard Heinrich Spener, einen Enkel des oben erwähnten Philipp Jakob Spener[325], was darauf hinweist, dass bereits vorher Beziehungen zwischen den Familien Müller und Spener vorhanden gewesen sein müssen. Die Heirat selber sorgte sicherlich für eine Verbindung, von der ihr Bruder profitieren konnte. Theodors Bruder Johann Heinrich folgte ihm nach Barmen und heiratete in die Familie Wuppermann ein[326]. Dieses familiäre und freundschaftliche Beziehungsgeflecht zwischen Kaufmanns- und Pfarrerdynastien sicherte dem jungen Müller nicht nur ein solides Auskommen, sondern auch die richtigen Kontakte. So verwundert es nicht, dass Müller, obwohl er abgesehen von einem Katechismus, nie etwas publiziert hatte[327], als Magnet für prominente Besucher in Wichlinghausen wirkte. Im Juli des Jahres 1774 hätte es so zu einer Begegnung der besonderen Art in Wichlinghausen

---

[323]Vgl.: Ebenda.

[324]Vgl.: http://www.heidermanns.net/gen-pers.php?ID=21801;
http://www.heidermanns.net/gen-pers.php?ID=21799;
http://www.heidermanns.net/gen-pers.php?ID=21797;
http://www.heidermanns.net/gen-pers.php?ID=20074;
http://www.heidermanns.net/gen-pers.php?ID=20071 (25. 07. 2015).

[325]Vgl.: http://www.heidermanns.net/gen-pers.php?ID=42887 (25. 07. 2015).

[326]Vgl.: http://www.heidermanns.net/gen-pers.php?ID=47250 (25.07.2015)

[327]Dieser ist jedoch nicht auffindbar, vgl: Helmich, Wichlinghausen, 77.

kommen sollen. Begonnen hatte diese Episode in Elberfeld. Der junge Arzt Johann Heinrich Jung, der in Straßburg studiert hatte, bekam Besuch eines Studienkollegen, der ihm vor Verspottung in der Universitätsstadt geholfen hatte[328]. Dieser Studienkollege hatte 1773 ein Drama veröffentlicht, was ihn zum Geheimtipp der deutschen Literaturszene machte. Im Februar 1774 hatte dieser innerhalb kürzester Zeit einen Roman geschrieben, der ab Herbst 1774 den Namen des jungen Mannes berühmt machen sollte: Johann Wolfgang Goethe.

Dieser aufstrebende junge Schriftsteller und ein paar Reisegefährten trafen sich in Elberfeld nun mit Jung, der zwar als Arzt praktizierte, aber seinerseits sich auch als Dichter versuchte[329]. Beide aßen zusammen zu Mittag, danach wollte sich Goethe wieder auf den Weg machen, denn er war mit seinem Reisegefährten Johann Caspar Lavater in Mühlheim verabredet. Kaum war Goethe auf dem Pferd um die Ecke gebogen, erschien jedoch Lavater in Begleitung von Johann Gerhard Hasenkamp und Collenbusch bei Jung. Letzteren hatten Lavater und Hasenkamp aus Wichlinghausen mitgenommen, wo sie gemeinsam bei Pfarrer Müller an der Katechese teilnahmen[330].

Als Jung die drei ankommen sah, ritt er seinem Freund nach, holte ihn ein und beide kehrten zusammen um. In der Zwischenzeit waren noch einige andere Menschen dazugekommen und so saßen in dem Haus eines Kaufmanns, das genug Platz bot, Vertreter des Sturm und Drang neben strengen Pietisten. Goethe selber lief umher, lebhaft wurde diskutiert und gestritten. Nach einer halben Stunde beschloss man gemeinsam nach Wichlinghausen aufzubrechen, um Pfarrer Müller zu besuchen. Sein Urteil galt allen

---

[328]Vgl:Schwinge, Gerhard: Johann Heinrich Jung, genannt Jung-Stilling (1740 – 1817), in Gorißen, Bergische Geschichte, 683.

[329]Die folgende Anekdote folgt im Wesentlichen der Erzählung Jung-Stillings, vgl: Johann Heinrich Jung's, genannt Stilling, sämmtliche Schriften. Erster Band. Stilling's Leben. Stuttgart 1835, 321 – 326.

[330]Vgl.: Helmich, Wichlinghausen, 76.

scheinbar als akzeptabel. Vielleicht hatte Goethe von Müller über die Verbindung mit Lessing gehört. Zu Fuß spazierte die Gesellschaft nach Wichlinghausen. Wahrscheinlich aber hatte man sich in der Zeit geirrt oder die Strecke schlicht falsch eingeschätzt, denn „vor dem Dorfe in welchem Müller wohnte, kehrte Stilling mit seinen Freunden wieder um“[331]. Beinahe also wäre Goethe bei Pfarrer Müller in dessen Pfarrhaus eingekehrt, doch die Reiseplanung ließ dieses nicht zu. Aus dieser Anekdote jedoch zeigt sich klar, wie gut das Netzwerk des Wichlinghauser Pfarrers war.

45. Der Freund Goethes - Lavater

[331]Jung Stilling, Leben, 326.

Auch andere Hinweise auf dieses Netzwerk finden sich. Im Archiv der Francke-Stiftung in Halle sind sieben Briefe erhalten, die Müller als Pfarrer in Wichlinghausen in der Zeit von 1765 bis 1774 nach Halle geschickt hat[332]. Allen diesen Briefen sind Spenden für die Mission der Stiftung beigelegt. Damit ist nicht nur aufgezeigt, dass Müller im Zentrum des Pietistmus bekannt und geschätzt war, diese Briefe zeigen auch, dass der Pietismus in Wichlinghausen ein eigenes Zentrum hatte, in dem regelmäßig und durch unterschiedliche Gruppen Geld für die pietistische Sache gesammelt wurde.

Das Netzwerk Müller funktionierte jedoch nur, weil er von den Ideen des Pietismus überzeugt war. Durch seine Predigt, seinen Unterricht und die von ihm ausgeübte Kirchenzucht schaffte es Müller in Wichlinghausen diese Ideen zu verbreiten bzw. zu vertiefen. Dabei schreckte er auch nicht davor zurück als Pfarrer auf die sonntags geöffnete Kegelbahn zu gehen, sich zwischen die Spieler und Trinker zu setzen und alleine durch seine Anwesenheit ohne ein böses Wort die Versammlung aufzulösen, so dass am Sonntag Trinken und Kegeln nicht mehr veranstaltet wurde[333].

Wichtiger als die innerkirchliche Bedeutung des Pietsimus erscheinen mir für Wichlinghausen die äußeren Begebenheiten, die durch den Pietismus beeinflusst waren. Die Konzentration auf religiöses und kaufmännisches Wissen, die geforderte Alltagstauglichkeit von Glauben, Bildung und Kultur sind Aspekte, die zum Teil erklären, warum in Wichlinghausen Fabriken entstanden, sich Kaufleute niederließen und bis in das 20. Jahrhundert hinein die Wirtschaft florierte, während kulturell und künstlerisch wenig bis nichts in Angriff genommen wurde. Die Wichlinghauser konzentrierten sich auf soziale und kirchliche Angelegenheiten, weil der

---

[332]Vgl.: http://192.124.243.55/cgi-bin/gkdb.pl?x=u&t_show=x&wertreg=PER&wert=mueller%2C+theodor+arnold++[Verfasser]&reccheck=,8459,9715,33376,54578,55858,67710,99618 (25.07.2015).

[333]Vgl.: Helmich, Wichlinghausen, 250f.

Pietismus für Kunst und Kultur nichts übrig hatte[334].

Theodor Arnold Müller starb am 28. März 1775 im Alter von knapp 43 Jahren in Wichlinghausen. Seine Arbeit und sein hervorragendes Netzwerk hatten ihn über die Grenzen Wichlinghausens hinweg berühmt gemacht. Der frühe Tod des Pfarrers führte zur Wahl eines Freundes des Verstorbenen, Johann Gustav Burgmann, der aber ablehnte. Erst 1776 bekam die Gemeinde mit dem bereits erwähnten Christian Ludwig Seyd einen neuen Pfarrer, in dessen Amtszeit die Trennung der Wupperfelder fiel[335].

[334]Vgl.: Sauder, Gerhard: Pietismus III. Sprache und Literatur, in: Lexikon für Theologie und Kirche Bd. 8, Freiburg et al. 1999, 293.

[335]Vgl.: Helmich, Wichlinghausen, 75 u. 96.

Teil III: Vom Bau der Fachwerkhäuser bis zum Begegnungszentrum Wichlinghauser Kirche

1. Bauboom nach dem 7jährigen Krieg

Der 7jährige Krieg hatte 1756 begonnen, war aber de facto ein Nachfolgekrieg der Schlesischen Kriege zwischen Preußen und Österreich in den 1740er Jahren gewesen. Die Position der Herzogtums Berg ist dabei besonders interessant. War es in den Schlesischen Kriegen, in denen Preußen Schlesien gewann, durch eine Abmachung gezwungen, mit Preußen zu halten und dafür den französischen Soldaten, die mit Preußen verbündet waren, Unterschlupf und Versorgung zu gewährleisten, so hatte im Vorfeld des 7jährigen Krieges Österreich erfolgreich versucht, Frankreich auf seine Seite zu ziehen. Das Herzogtum Berg schloss mit Frankreich einen Vertrag, der es den Franzosen erlaubte, im bergischen Gebiet Station zu machen. England stand auf Seiten der Preußen, griff aber selber nur indirekt durch Hannover und auf finanzielle Weise ein[336].

Dieser Vertrag mit Frankreich bedeutete für das Amt Barmen, dass nicht nur französische Truppen durch das Gebiet zogen, sondern auch durch die Bevölkerung einquartiert und versorgt werden mussten, was diese aus wirtschaftlichen Erwägungen ungern tat. Von Rittershausen und Heckinghausen bis Gemarke und Clef wurden zahlreiche Franzosen einquartiert und mussten versorgt werden. Sie blieben oftmals nur für wenige Tage und benahmen sich in den meisten Fällen für die Bewohner erträglich. Nur in einzelnen Fällen wurden auch die höher gelegenen Orte zur Einquartierung genutzt. So begann der Krieg in Wichlinghausen erst am 4. Juli 1757, als eine wohl 55 Mann starke Kompanie eines französischen Husarenregiments in der Westkotter Rotte bewirtet werden

---

[336]Vgl.: Vierhaus, Rudolf: Deutschland im Zeitalter des Absolutismus (1648-1763), in: Moeller, Bernd et al: Deutsche Geschichte Bd. 2. Frühe Neuzeit, Göttingen 1985. 506 – 509; Müller, Herzogtum, 557.

musste[337]. Etwa drei Wochen später, am 23. Juli, wurde in Wichlinghausen eine diesmal 65 Mann umfassende Kompanie Regimentsmiliz untergebracht[338].

Danach war für fast anderthalb Jahre Ruhe in Wichlinghausen. Erst im Januar 1759 wurde Wichlinghausen für die Soldaten erneut interessant. Seine exponierte Lage am Rand der Stadt und außerhalb der Durchmarschrouten sorgte dafür, dass eine Gruppe von eigentlich bereits desertierten Kavalleristen ihre Chance erneut nutzte und von Heckinghausen aus nach Wichlinghausen floh, um sich hier von ihrer Kriegspflicht unerlaubt selbst zu entbinden. Das hatte zur Folge, dass der nicht desertierte Teil der Reiterabteilung ebenfalls nach Wichlinghausen kam, um zwei bis drei Tage die Deserteure zu suchen[339].

Über ein Jahr später, im Juni 1760, kam eine Kompanie in die Talachse, die vor allem durch schlechtes Benehmen in Erinnerung blieb. Von ihren Wirten forderten sie Bier, Fusel oder Branntwein, sie aßen den Heckinghausern das gute Essen weg und zwangen sie zu Botengängen, wenn sie in Wichlinghausen und am Hatzfeld Wache hielten[340]. Man darf vermuten, dass sich das Verhalten der Soldaten beim Gang durch Wichlinghausen, Westkotten oder entlang der Leimbach auf ihre Wachposten nur wenig von dem unterschied, das sie bei ihren Wirten an den Tag legten. Nach dem diese Truppe am 9. Juni abgezogen war, kam noch am selben Tag die nächste, die dann zum Teil in Wichlinghausen untergebracht wurde. Diese Soldaten „haben die vorigen Soldaten wieder zu braven Leuten gemacht“, waren also noch schlimmer als die Soldaten vorher[341].

---

[337]Vgl.: Spannagel, Chronik, 106.
[338]Vgl.: Ebenda, 108.
[339]Vgl.: Ebenda, 127f.
[340]Vgl.: Ebenda, 171f.
[341]Vgl.: Ebenda, 173.

46. Die Villa Wuppermann (Am Diek 58)

Das letzte Intermezzo durch den Krieg in Wichlinghausen fand im Januar 1762 statt. Zum damaligen Zeitpunkt hatten sich in Rittershausen, Heckinghausen und Gemarke zahlreiche Soldaten einquartiert, denen eine gewisse Menge an Nahrungsrationen zustand. Dort, wo diese Rationen nicht aufgebracht werden konnten, mussten vom gesamten Amt Barmen Ausgleichszahlungen geleistet werden. Diese Zahlungen hatten die Wichlinghauser für die einfachen Soldaten verweigert, boten aber stattdessen an, die Grenadiere aufzunehmen. Dieses Arrangement wurde von den französischen Offizieren auf sehr sprechende Weise angenommen. Sie schickten aus den drei Stadtteilen zusammen genommen 42 Grenadiere nach Wichlinghausen. Dabei hatten sie jedoch „die bösesten ausgesucht“, so dass sich die Menschen in Wichlinghausen und Westkotten wünschten, diese Soldaten wären fortgeblieben. Sie mussten Ihnen nämlich drei Mal täglich Essen bringen und ihre Rechungen im Wirtshaus bezahlen, was bei ein bis zwei Kannen Branntwein und sechs Kannen Bier nicht wenig gewesen sein dürfte. So wäre es den Wichlinghausern wohl doch lieber gewesen, sie hätten die Ausgleichssumme bezahlt[342].

Zum Ende des Krieges ereignete sich darüber hinaus noch eine Begebenheit, die in Wichlinghausen und weit darüber hinaus für Gesprächsstoff sorgte. Mit dem Ende des Krieges 1763 waren die Probleme mit den Soldaten keineswegs vorbei. Zahlreiche von ihnen zogen weiterhin umher und überfielen Häuser und Familien. Das Neuen Haus, heute Am Diek 58, wurde Opfer eines solchen Überfalls. Bewohnt wurde es von der Familie Wuppermann. Der Familienvorstand Hildebrand Wuppermann war ein Mann von 83 Jahren und ein wohlhabender Geschäftsmann. Eine Bande umherziehender Soldaten überfiel im November des Jahres das Haus, fesselte die Dienstleute und sperrte sie in eines der Nebengebäude. Dann drängten sie in das Hauptgebäude vor, fanden Wuppermann bewaffnet mit einer Pistole vor, aus der er auch einen Schuss abfeuerte, der aber wohl nicht traf. Daraufhin wurde Wuppermann von der Bande verprügelt, bis sie mit ihrer Beute floh und Wuppermann sterbend liegen ließ. Seine Familie fand ihn noch lebend vor, später aber erlag er seinen Verletzungen[343].

Abgesehen von diesen Problemen, zeigt sich noch eine weitere Auswirkung des Krieges. Die Quellen des Hofgerichts, die seit 1660 nahezu jedes Jahr abdecken, zeigen eine Lücke in den Jahren von 1759 bis 1764[344]. Diese Zahlen decken sich zwar nicht genau mit den tatsächlichen Daten des Krieges, passen aber zu den Wichlinghauser Verhältnissen. Da erst mit dem Jahr 1759 eine regelmäßige Einquartierung französischer Soldaten erfolgte, begann die Unterbrechung des Hofgerichts mit diesem Jahr. Obwohl der Krieg 1763 beendet wurde, zeigt das Verhalten der Soldaten in den letzten Kriegsjahren doch, dass sie anders als zu Beginn des Krieges äußerst rabiat im Umgang mit ihren Wirten vorgingen. Es ist gut

---

[342]Vgl.: Ebenda, 196f.

[343]Vgl.: Dietz, Wuppermann 1,166; Hendricks, Halstenbach, 19; Röhrig, Mittelsten Scheid, 150.

[344]Vgl.: Dietz, Hofgericht, 45.

vorstellbar, dass das auch zu materiellen Schäden führte, die erst 1755 so weit bereinigt waren, dass eine Einberufung des Gerichts wieder möglich wurde.

Nachdem der 7jährige Krieg vorbei war, kehrte in Wichlinghausen und Umgebung wieder Ruhe ein. Diese Ruhe jedoch sollte durch andere Entwicklungen, die sich in Großbritannien zugetragen hatten, erschüttert werden. Die Entwicklung neuer Spinn- und Webmaschinen und auch der Dampfmaschine hatte den Britischen Inseln einen technischen Vorsprung verschafft, der Wichlinghausen in Zugzwang brachte. Man musste probieren, mit den Produktionsverhältnissen in England gleichzuziehen, wenn man die Tradition der Textilverarbeitung im Wuppertal nicht aufgeben wollte[345].

Seit dem Beginn der Garnnahrung hatte sich die Produktionsweise in Barmen nicht verändert. Auf dem heimischen Hof wurde gebleicht, gewebt oder gezwirnt. Das Material wurde durch Kaufleute herangeschafft, die es in ihren Manufakturen lagerten. Einmal in der Woche lieferten die Textilverarbeiter die von ihnen und ihren Mitarbeitern gefertigten Materialien ab, wurden bezahlt und nahmen neues unbearbeitetes Material mit. Der Kaufmann reiste dann weiter zu den Orten, wo er die Textilprodukte verkaufen konnte. Dieses Verlagssystem innerhalb der Textilindustrie hatte sich bis zum Beginn des 19. Jahrhunderts nicht geändert und ernährte in Barmen 6000 Arbeiter und ihre Familien sowie knapp 100 Kaufleute bzw. Manufakturinhaber[346]. In Barmen selber lebten zur damaligen Zeit etwa 16.000 Menschen[347]. Geht man grob davon aus, dass auch damals das Verhältnis zwischen Mann und Frau etwa 50 Prozent betrug, so darf man jeweils mit etwa 8000 Männern und Frauen rechnen, die in Barmen lebten. Von den 8000 Männern waren über 6000 als Arbeiter oder Kaufleute in der Textilbranche beschäftigt, da in dieser Aufzählung nur wenige bis gar keine

---

[345] Vgl.: Köllmann, Barmen, 14f.
[346] Vgl.: Ebenda.
[347] Vgl.: Haacke, Besiedlung, 130.

Frauen auftauchen dürften, was einer Gesamtzahl von 75 Prozent entspricht. Nimmt man zudem an, dass Männer und Frauen nahezu alle miteinander verheiratet waren, so ergibt sich daraus die Tatsache, dass wohl 70 bis 75 Prozent der Bevölkerung Barmens von der Textilbranche lebten.

In Wichlinghausen, Westkotten und an der Leimbach lebten zu diesem Zeitpunkt etwa 2400 Menschen[348]. Das entspricht etwa 15 Prozent der Barmer Gesamtbevölkerung. Über 70 Prozent lebten hingegen in der Talsohle Barmens von Wupperfeld und Heckinghausen über Gemarke, Dörnen und Clef, zum Bruch und zur Aue[349]. In diesem Bereich war der prozentuale Anteil an Textilarbeitern sicherlich höher als in Wichlinghausen, Westkotten und an der Leimbach. Dennoch wird man davon ausgehen können, dass wohl mindestens 50 Prozent der Bevölkerung des größeren Wichlinghausens, also etwa 1200 bis 1800 Menschen, von der Arbeit im Textilgewerbe direkt abhängig waren, zahlreiche andere Berufssparten indirekt, wie Fuhrleute, Handwerker anderer Berufe und Lebensmittelhändler.

Es versteht sich von alleine, dass es unter solchen Umständen zu zwei Problemen kam. Zum einen war da die Frage des Platzes, denn die 2400 Menschen brauchten Raum, um zu wohnen. Zum zweiten war es nötig eine Anpassung an die englische Technik vorzunehmen, da es sonst zu einer großen sozialen Krise in Bezug auf Arbeit und Broterwerb gekommen wäre.

Die Lösung im Platzproblem ergab sich durch Verkauf und Aufteilung der vorhandenen Grundstücke. Ein Blick in die Protokolle des Hofgerichts Wichlinghausen zeigt, dass zahlreiche alte Güter um 1800 herum mehrere Besitzer hatten. Das Gut an der Wiesche etwa wurde im Zeitraum von 1790 bis 1807 zwischen sechs Personen aufgeteilt. Darunter finden sich mit Wuppermann, Mittelsten Scheid, Elbers und Springmann Namen von betuchten Kaufleuten

[348]Vgl.: Ebenda.
[349]Vgl.: Ebenda.

und späteren Industriellen[350]. Auch das Kickers Gut im Norden von Wichlinghausen wurde zwischen vier Besitzern aufgeteilt[351]. Das Gut an der Müggenburg zerfiel in fünf Parteien, die alle bis 1808 den Hofeseid abgelegt hatten[352]. Waren diese Gebiete recht weit vom Markt entfernt, zeigt das Bergers Gut, das mitten auf dem heutigen Markt stand, dass auch dort diese Zersplitterung der Grundstücke stattfand. Die wenigen Quadratmeter des Marktes wurden zwischen vier Parteien aufgeteilt[353]. Es versteht sich von selbst, dass auf den Grundstücken, die zum Teil neu erschlossen werden mussten, wenn es sich um Waldland handelte, neue Häuser gebaut wurden.

Aber auch zur Lösung des Problems der Technik, die man anschaffen musste, um mit England konkurrieren zu können, mussten neue Häuser geschaffen werden. Auf der Seite der Maschinen wurde zunächst behutsam modernisiert. Die Spinnmaschinen wurden größer, die Webstühle mechanisiert. Diese Neuanschaffungen bedeuteten größere Häuser. Hendricks geht davon aus, dass in Wichlinghausen vor den Fachwerkhäusern vor allem typische bergische Bauernhäuser gestanden haben, die sich durch Strohdächer, hölzerne Kamine und Fenster, die kaum größer als ein Menschenkopf waren, auszeichneten[354]. Diese Häuser waren für die Arbeit, die in Wichlinghausen verrichtet wurde, gänzlich ungeeignet. Für die neuen Maschinen und Apparate wurden Häuser benötigt, die viel Licht einließen und irgendwo einen Raum oder Anbau besaßen, indem die bis zu 1,80 m hohen Webstühle untergebracht werden konnten. Ein Großteil der Wichlinghauser Fachwerkhäuser stammt daher aus der Zeit nach dem 7jährigen Krieg. Diese Häuser sind zwischen 1763, also dem letzten Kriegsjahr, und der Zeit um

[350]Vgl.: Hendricks, Höfe, 10.
[351]Vgl.: Ebenda, 12.
[352]Vgl.: Ebenda, 24.
[353]Vgl.: Ebenda, 18.
[354]Vgl.: Hendricks, Wichlinghauser Markt, 50f.

1800 gebaut worden. Ich möchte davon ausgehen, dass man das Jahr 1808 bzw. 1809 als Ende für diese Bauphase annehmen kann, da hier die französische Verwaltungsstruktur greift und mit ihr zudem auch die heiße Phase der Kriege gegen Napoleon beginnt, so dass ich denke, größere Bauvorhaben ähnlich wie im 7jährigen Krieg ausschließen zu können[355]:

47. Die Fachwerkhäuser der Alten Straße

[355]Falls nicht anderes angegeben, stammen alle Informationen aus der Denkmalliste der Stadt Wuppertal.

Name	Bauzeitraum	Name	Bauzeitraum
Alte Straße 7	1763/1773	Eylauer Straße 20	um 1775
Alte Straße 8	18. Jh	Eylauer Straße 21	um 1800
Alte Straße 9	18. Jh.[356]	Oststraße 14	18. Jh.
Alte Straße 11	2. Hälfte d. 18. Jh.	Tütersburg 23	2. Hälfte 18. Jh.
Am Diek 28/30	1780	Tütersburg 25	um 1800
Am Diek 33	um 1800	Tütersburg 27	18. Jh.
Am Diek 35	um 1800	Tütersburg 29	Spätes 18. Jh.
Am Diek 39	um 1770	Tütersburg 31	um 1775[357]
Eylauer Straße 18	um 1800	Westkotter Straße 191	um 1800
Eylauer Straße 17	18. Jh.	Westkotter Straße 193	um 1800
		Wichlinghauser Straße 114a	18. Jh.

Das letzte Gebäude bildet den Rest des bereits erwähnten *Beias*. Die Häuser, die dort standen, stammten mehrheitlich aus der Zeit um 1800. Rechnet man diese nicht mehr vorhandenen Häuser zu denen der Denkmalliste kommt man insgesamt auf etwas mehr als dreißig Häuser, die um 1800 oder kurz davor erbaut wurden. Interessant ist dabei vor allem die Beobachtung, dass wohl bis 1775 um die 15 Häuser in Wichlinghausen gebaut wurden, denn für ganz Barmen und Elberfeld wird bis zu diesem Zeitpunkt von 130

356Auf der Seite der Denkmalliste ist kein Baujahr angegeben, lediglich der Hinweis „Das Gebäude gehört zusammen mit einigen anderen Objekten an der nördlichen Seite der Alten Straße zum ältesten Bestand in Wichlinghausen“ sagt etwas über das Alter aus.

357Die Gebäude auf der vom Markt aus gesehen linken Seiten in der Tütersburg stammen aus den letzten Jahren des 18. Jahrhunderts. Das wird durch einen Plan im Stadtarchiv belegt, der den Ausbau der damaligen Tütersburger Straße zeigt. Auf der linken Seite der Straße befanden sich im Jahre 1791 noch keine Häuser, vgl.: Stadtarchiv Wuppertal, Altakten G II 3. Dass das Gebäude an der Tütersburg laut Denkmalliste älter sein soll, wirft Fragen auf.

Neubauten ausgegangen. Zehn Prozent davon, eventuell sogar etwas mehr, standen alleine in Wichlinghausen[358].

Im 19. Jahrhundert kamen noch weitere Fachwerkbauten hinzu, die in der Zeit zwischen 1815 und 1864 erbaut worden sein müssen, also zwischen dem Ende der Napoleonischen Kriege und dem Beginn der deutschen Einigungskriege entstanden[359]:

Name	**Bauzeitraum**	**Name**	**Bauzeitraum**
Am Diek 22	1830-1836	Voswinckelstraße 21	um 1825
Am Diek 24	um 1830	Westkotter Straße 204a	Mitte 19. Jh.
Am Diek 37	Anfang 19. Jh.	Ehem. Pastorat (Westkotter Str. 200)	Anfang d. 19. Jh.
Eylauer Straße 16	1. Hälfte d. 19. Jh.	Westkotter Straße 167	1850-1861
Eylauer Straße 18	1. Hälfte d. 19. Jh.	Westkotter Straße 164	1850-1861
Eylauer Straße 22	1800-1825	Westkotter Straße 163	1850-1861
Oststraße 4a	Mitte 19. Jh.	Westkotter Straße 149	Anfang d. 19. Jh.
Oststraße 5	Mitte 19. Jh.	Westkotter Straße 148	1846-1850[360]
Oststraße 7	1850-1861	Wichlinghauser Schulstraße 5	vor 1850
Oststraße 30	1. Hälfte 19. Jh.	Wichlinghauser Str. 121a	Mitte 19. Jh.
Tütersburg 21	frühes 19. Jh.	Wichlinghauser Str. 119	1825-1849

Zu dieser Liste kommen zahlreiche andere Bauten. So existieren bis zur Neugestaltung des Wichlinghauser Marktes in den 1970er Jahren auf dem Markt selber noch zahlreiche Häuser, die sich nicht mehr genau datieren lassen. Auf einer von Hendricks gestalteten

---

358 Vgl.: Müller, Herzogtum, 579.

359 Falls nicht anderes angegeben, stammen alle Informationen aus der Denkmalliste der Stadt Wuppertal.

360 Vgl.: Vgl.: ev. Kirchenkreisarchiv, Gemeinde Wichlinghausen, Wi 74.

Karte, die den Markt 1809 zeigt, kann man zehn Gebäude ausmachen[361], die um 1800 herum als Fachwerkhäuser gebaut wurden. Bilder aus den 1920er Jahren bestätigen die Annahme, dass es sich um solche gehandelt hat[362]. Ein ähnliches Schicksal widerfuhr den Häusern, die das ehemalige Gut Westkotten an der Märkischen Straße bildeten. Durch den Neubau wurden auch in diesem Bereich einzelne Fachwerkhäuser abgerissen, von denen ein verschiefertes Doppelhaus wohl aus dem 18. Jahrhundert stammte[363].

Diese Gebäude waren damit Spätzünder, denn schon zu Beginn des 18. Jahrhunderts wurden am Markt, am Diek und auch am Hof Klingelholl zahlreiche Gebäude im Fachwerkstil errichtet oder umgebaut. Die Bauernburg am Hof Klingelholl etwa wurde, wie bereits erwähnt, Ende des 17. Jahrhunderts zum Kern eines Fachwerkhauses. In diese Zeit mag auch der Bau des Hofes Klingelholl in seiner heutigen Form fallen, der lediglich auf den Fundamenten des Gebäudes steht, das Mitte des 15. Jahrhunderts gebaut wurde[364]. Auch das heutige Gebäude des Hofes Markland in der Marklandstraße 59 und das Hofesgut Leimbach in der Winchenbachstraße 8 fallen in diese Zeit[365].

Aus dem Jahr 1737 stammt die Villa Wuppermann am Diek 58[366]. Das Gebäude ist damit wohl die älteste erhaltene Villa am Diek, da alle anderen Prachtbauten später gebaut wurden. Etwa zur gleichen Zeit wie die Villa Wuppermann entstand mit dem Gebäu-

---

[361]Vgl.: Helmich, Wichlinghausen, 94.

[362]Vgl.: Schnöring, Kurt: Wichlinghausen in Bildern von damals und heute, Horb am Neckar 1988, 20-21 u.28-29.

[363]Vgl.: Ebenda, 61.

[364]Vgl.: Sundermann, Bauernbusch, 22f.

[365]Vgl.: http://www.wuppertal.de/denkmalliste-online/Details.aspx?id=4872&strasse=Marklandstr.&hnr=59; http://www.wuppertal.de/denkmalliste-online/Details.aspx?id=6800&strasse=Winchenbachstr.&hnr=8 (08.08.2015).

[366]Vgl.: http://www.wuppertal.de/denkmalliste-online/Details.aspx?id=1623&strasse=Am%20Diek&hnr=58. (26.07.2015).

de Schimmelsburg 23 ein Gebäude mit Stallungen[367]. Noch älter als diese beiden Gebäude ist im Bereich zwischen Diek und der Schellenbeck nur noch das Bleicherhaus *An der Wiesche*, das vor 1700 errichtet worden sein muss[368].

An der Ecke Tütersburg und Osterroderstraße stand noch bis in die 1970er ein Fachwerkhaus, das über der Tür das Datum 1732 angegeben hatte und somit auch aus diesem Zeitraum stammte. Bedenkt man, dass in dieser Zeit in Schwelm und 10 Jahre später in Wichlinghausen selber eine neue Kirche im Fachwerkstil gebaut wurden, kann man für die 1730 und 1740 Jahre wohl von einer regen Baubeschäftigung ausgehen, die ich als die erste Wichlinghauser Bauphase bezeichnen möchte. Sie umfasst den Zeitraum von 1675 bis etwa 1745.

Aus dieser Zeit stammt das Haus Tütersburg 20, das sich unweit des Wichlinghauser Marktes auf einer leichten Anhöhe, einem Knapp, befindet, wie ein Vergleich der Bauart mit anderen Fachwerkhäusern in Wichlinghausen, etwa der Teichstraße[369], zeigt. Dieses Gebäude ist recht hoch und besitzt vom Keller bis zur Dachspitze sieben Etagen. Neben dem Gebäude befindet sich ein kleineres Fachwerkhaus, das jünger als das Hauptgebäude ist und aus der zweiten Bauphase stammen muss[370]. Östlich von den beiden Häusern liegt die Kleingartensiedlung Lohmannsfeld. Ihr Name ergibt sich durch einen früheren Besitzer der Häuser auf dem Knapp. Um 1800 herum bewohnte die Familie Lohmann diese Häuser[371], dahinter, auf dem Gebiet der heutigen Gartensiedlung lag der Acker des Hofes, der sich wohl bis weit an die Kreuzstraße

---

[367] Vgl.: Bergischer Geschichtsverein (Hrsg.): Fäden, Farben, Wasser Dampf. Das Industrie-Zeitalter im Wuppertal, Route 6, Wuppertal 2007, 6.3

[368] Vgl.: Ebenda, 6.4.

[369] Vgl.: http://www.wuppertal.de/denkmalliste-online/Details.aspx?id=6276&strasse=Teichstr.&hnr=16 (28.09.2015).

[370] Das Gebäude befindet sich nicht in der Auflistung der Adressen von 1809, vgl.: Hendricks, Protokolle, 53.

[371] Vgl.: Helmich, Wichlinghausen, 94.

erstreckte. Johann Caspar Lohmann arbeitete laut Kirchbuch der Gemeinde als „Fuselbrenner“. Ihm gehörten drei Häuser, inklusive des Hauses Tütersburg 20. In einem oder gar in beiden darf man die Brennerei vermuten, die er betrieben hat. Diese beiden Häuser stehen heute nicht mehr.

48. Das Haus Tütersburg 20

Das Gebäude selber steht auf einem Fundament aus Bruchstein, mit dem die Hanglage des Grundstücks ausgeglichen wurde. Es misst etwa 11,00 m (ohne Treppenhäuschen) auf der Vorderfront und 8,70 m an den Seiten, also etwas weniger als 100 qm, kann dafür aber sieben Etagen vom Keller bis unter das Dach aufweisen. Auf der linken Seite findet sich der ehemalige Eingang für die Kühe, die in dem Keller des Gebäudes einen Stall besaßen. In der Mitte befindet sich der Eingang zum Hauptgebäude, rechts liegt ein steinernes Gewölbe, in dem sich wohl ein Lagerraum befunden hat. An diesen Teil grenzt von außen ein überdachtes Treppenhäuschen, das einen Ausgang für das Gewölbe beinhaltet.

Unterhalb des Dachansatzes finden sich links und in der Mitte jeweils drei Etagen, rechts liegen zwei Etagen über dem Gewölbe. Die verwendeten Balken bestehen aus Eichenholz, das eventuell aus der näheren Umgebung stammt. Die Balken verlaufen im Bereich des Erdgeschosses und der 1. Etage gerade von oben nach unten und von rechts nach links. Beim Übergang zwischen der Mitte und dem rechten Teil des Hauses sitzen sie schräg. Die zweite Etage bietet zusätzlich noch diagonal verlaufene Balken.

Das Erdgeschoss bietet innen in der Mitte des Gebäudes einen Vorraum und eine Küche mit Hintertür, von der man aus in den Garten kommt. Eine kurze Treppe führt in das rechts liegende Gewölbe. Links befindet sich eine Tür zu einem weiteren Zimmer, der alte Herdplatz und eine Treppe zum Kuhstall. Der Vorraum enthält eine Treppe in die obere Etage. Zur linken Seite ist dort eine Tür, die zu einem zweiten Zimmer führt[372]. Die landwirtschaftliche und gewerbliche Nutzung des Gebäudes scheint in meinen Augen typisch für die Gebäude der ersten Wichlinghauser Bauphase, die sich am Gebäude Tütersburg 20 exemplarisch zeigt.

Aus der Zeit der zweiten Bauphase stammen die gegenüber der Wichlinghauser Kirche stehenden zwei Fachwerkhäuser, deren Giebel zur Straße zeigen, so dass sich auch ihre Eingangstüren an den beiden Giebelseiten befinden. Beide Häuser stellen damit eine Besonderheit unter den Wichlinghauser Fachwerkgebäuden dar, deren Eingänge meistens auf den anderen Seiten liegen. Laut Denkmalliste wurden beiden Häuser um 1800 errichtet, man darf vermuten, dass sie wohl zu den ersten gehörten, die ab den 1760er Jahren gebaut wurden. Dafür spricht etwa beim Gebäude Westkotter Straße 191 der durchaus niedrige Keller mit eigenem Brunnen und einer Höhe von 1,60 Meter oder auch die verarbeiteten Materialien, die nicht immer dem Ideal eines geraden Bodens entspre-

---

[372]Vgl. für die gesamte Beschreibung: Arensmeier, Hüser, 118 – 120.

chen. So findet sich in der ersten Etage ein regelrechter Buckel im Boden. Das Gebäude besitzt vom Keller bis zum Dachgeschoss vier Etagen und eine Höhe von etwa 8,75 Metern ab dem Gehweg. Die Fenster auf der Frontseite sind dem Dach gemäß angeordnet. Ganz oben unter dem Dach befindet sich ein Fenster, darunter zwei. Erstes Ober- und das Erdgeschoss verfügen über vier Fenstern bzw. drei Fenster und die Eingangstür. Ein langer Balken unterteilt das Haus von der Front- zur Rückseite in zwei Teile.

Die linke Seite des Gebäudes besitzt im hinteren Bereich einen Anbau, der mit 2,65 Metern wesentlich höher ist, als das Erdgeschoss, das es auf 2,25 Meter bringt. Der Anbau besitzt große Fenster und ist somit ein Beispiel für die Räume der Fachwerkgebäude, in denen die Webstühle der Besitzer untergebracht waren. Der Anbau hat mit einer nahezu quadratischen Grundfläche von 3,70 x 4 Metern Platz für einen Webstuhl geboten. Neben dem Anbau befindet sich im rechten Teil des Erdgeschosses ein Hinterausgang zum Garten, in dem sich heute ein Gebäude befindet, das zwar in den 70er Jahren des 20. Jahrhunderts nahezu neu gestaltet und erweitert wurde, aber wohl auf einem Platz steht, auf dem sich ein Vorgängerbau befand. Dieser Bau stammte aus einer Zeit nach dem Bau des eigentlichen Gebäudes und diente eventuell zur Erweiterung der Bandwirkerei. Vor dem Bau des Gebäudes muss davon ausgegangen werden, dass hier nicht nur ein Garten, sondern bis weit nach Norden reichende Felder vorhanden gewesen sein müssen. Deren Erträge waren für die Hausbesitzer und die Bewohner ausreichend und ergänzten daher wohl die Bandwirkerei. Man darf daher davon ausgehen, dass die Gebäude von zwei Familien bewohnt wurden, die sowohl von der Landwirtschaft, als auch von der Bandwirkerei lebten. Bei dem Besitzer des Gebäudes um 1800, Matthias Heinrich Kleinschmidt, lässt sich dies teilweise durch die Kirchenbücher der Kirchengemeinde Wichlinghausen nachweisen, in denen er als Wirker bezeichnet wird[373].

[373]Vgl.: Hendricks, Wichlinghausen, 94 u. Ernestus, Ursula: Die Familien der evangelisch-lutherischen Gemeinde Wichlinghausen (Wuppertal) 1744 –

49. Die beiden Fachwerkhäuser in der Westkotter Straße

Das Gebäude ist an der Süd- und Westseite verschiefert, also an der Front und an der Seite zum Gebäude Westkotter Straße 189 hin, während Rückseite und Seite zum Nachbargebäude Westkotter Straße 193 das Fachwerk zeigen. Auf der Westseite befindet sich ein einzelnes Fenster im Erdgeschoss, Ost- und Südseite zeichnen sich durch jeweils drei Fenster in diesem Geschoss aus.

Mit der Wende zum 20. Jahrhundert wurde im Eingangsbereich ein für diese Zeit typischer Kachelboden mit üblichem Muster eingelassen, ein Hinweis darauf, dass das Gebäude bis in das 20. Jahrhundert genutzt wurde. Spätestens nach dem Zweiten Weltkrieg hat sich das geändert. Das Gebäude stand, wie sein Nachbarbau, leer und wurde von der Stadt Wuppertal wegen der bevorste-

---

1809, Wuppertal 1998, 343.

henden Umbaumaßnahmen im Bereich des Wichlinghauser Marktes für den Abriss erworben.

1978 wurde es an Ernst Gerd Jentgens verkauft, der zunächst versucht hatte, es anderweitig zu nutzen. So fanden seit 1977 Treffen einer Arbeitsgruppe der VHS statt, die sich mit der Stadtbildpflege in Wichlinghausen befasste[374].

Aus der dritten Bauphase stammt das Wohnhaus Oststraße 7, das man erreicht, wenn man vom Wichlinghauser Markt in Richtung Osten geht. Die technischen Entwicklungen des frühen 19. Jahrhunderts waren für den Verkehr entscheidend. Die Kohlen- und Warentransporte, die vor der Einführung der Eisenbahn mit Pferden transportiert wurden, kamen auf schlechten Straßen ins und durch das Wuppertal. Der bereits erwähnte Ausbau der Straße von Wupperfeld in den märkischen Raum über Wichlinghauen Ende des 18. Jahrhunderts zeigt, dass hier Abhilfe geschafft werden sollte. Der Ausbau der Tütersburg und das Anlegen der Oststraße waren logische Folge eines logistischen Problems, denn die beschriebenen schlechten Straßenverhältnisse beschränkten die zu transportierende Last[375]. Diese neue Hauptverkehrsstraße vom Markt über das Industriezentrum am Diek bis ins Märkische hinein wurde auch Ort von Neubauten, wie dem Gebäude Oststraße 7 und dem sich in seinem Hinterhof befindlichen zweiten Gebäude Oststraße 7a. Das Gebäude misst vom Keller bis zum Satteldach fünf Etagen. Sowohl das Erdgeschoss als auch die beiden ersten Obergeschosse messen jeweils 2,80 m Höhe. Das Gebäude ist 9,50 m auf der Giebelseite breit und 11,50 m an der Front lang, hat also eine Quadratmeterzahl von etwa 110. In der Höhe misst es bis zur Dachspitze etwa 11 m. Das Fachwerk ist verschiefert und steht auf einem massiven Sockel. Zur Oststraße hin besitzt das Gebäude in den beiden Etagen unterhalb des Daches jeweils fünf Fenster. Nach Osten hin fehlen Fenster in diesen Etagen. Lediglich das

---

[374]Vgl.: Metschies, Schicksale, 160.
[375]Vgl.: Werth, Barmen, 40f.

Erdgeschoss weist ein solches auf. Nach Westen hat jede Etage ein Fenster.

Die Dachgeschosswohnung misst 2,20 m in der Höhe, der Dachspeicher kommt auf 2,40 m. Die Decke dazwischen mag etwa 20 cm dick sein. Sie ist wohl später eingezogen worden. In seiner ursprünglichen Form waren dritte Etage und Dachboden miteinander verbunden. Sowohl auf der West- als auch auf der Ostseite befinden sich jeweils vier große Fenster, darüber jeweils ein fünftes. Laut Gutachten der Denkmalbehörde Wuppertal aus dem Jahre 1995 deutet diese Menge an eintretendem Licht auf eine gewerbliche Nutzung des Gebäudes durch Bandwirker hin.

Die zur Oststraße stehende Fassade zeigt über den Fenstern und der Eingangstür des Erdgeschosses fünf Rosetten. Auch über den Fenstern der 1. Etage finden sich rechteckige Muster, ein so genanntes Felderfries, unmittelbar oberhalb des Fensterrahmens. Die zweite Etage besitzt solche Ornamente nicht.

Die Rückseite des Gebäudes wurde 1912 durch einen Toilettenanbau ergänzt. Reste des alten Durchgangs zum Hof sind noch erkennbar. Zwischen dem Gebäude Oststraße 7 und dem Aufgang zum Eingang von Gebäude Oststraße 7a befindet sich ein mit dem Gebäude 7 durch eine Tür verbundener Anbau, der genug Platz für einen Bandwebstuhl bietet und wohl dafür genutzt wurde. Das Gebäude 7a besitzt keine unterirdischen Kellerräume, sondern wurde mit massivem Stein auf dem Erdboden errichtet. Darüber beginnt das Wohnhaus. Auch bei diesem Gebäude handelt es sich um ein Fachwerkhaus, das aus derselben Zeit stammen dürfte wie das Haupthaus.

50. Das Fachwerkhaus Oststraße 7

Das Gebäude 7 besaß ursprünglich zwei Wohnungen pro Etage, die durch eine Fachwerkmauer innerhalb des Gebäudes voneinander getrennt waren. Diese Mauer trennte eine kleine und eine größere Wohnung im Verhältnis zwei Fünftel zu drei Fünftel. Die ursprüngliche Idee war es wohl, ein Wohn- und Arbeitsgebäude für Bandwirker zu bauen. Mit der Veränderung hin zur Fabrikarbeit wurde diese Idee aufgegeben, und die Wohnungen wurden für die höher werdende Zahl der Wichlinghauser im späten 19. Jahrhundert umgebaut. In diese Zeit fällt die Teilung der zwei Wohnungen hin zu jeweils vier, was bei einer Gesamtfläche von 90 Quadratmeter Wohnfläche pro Etage bedeutet, dass etwa pro Wohnung 20 bis 25 Quadratmeter zur Verfügung standen[376].

Folgt man den Spuren der baulichen Veränderung an diesem Haus, ergibt sich eine Geschichte, die gut zu der noch zu beschreibenden Sozialgeschichte Wichlinghausens im 19. Jahrhundert passt. Die ursprüngliche Idee der Verlagsarbeit wurde durch die Neueinziehung massiver Wände und den Umbau des Dachgeschosses zu einer weiteren Wohnung verlassen, um den neuen Verhältnissen um die Jahrhundertwende zum 20. Jahrhundert Raum zu geben.

[376]Vgl. für die gesamte Beschreibung des Gebäudes dem Bericht der Denkmalbehörde zum Gebäude mit der Nr. 3669 vom 23. Februar 1995, eigene Anschauung und Aussagen des Besitzers Friedhelm Roß, dem an dieser Stelle für seine Hilfe gedankt sein soll.

2. Das frühe 19. Jahrhundert: Franzosen, Preußen, Biedermeier

Für Barmen bedeutet die Franzosenzeit einen Einschnitt. Seit 1808 sieht es sich selber zur Stadt erhoben, auch wenn dies juristisch höchst fragwürdig ist. Tatsächlich wurde es zu einer Munizipalität ernannt, einer Rechtsform, die unabhängig von Land und Stadt war[377].

51. Der neue Herzog Murat wurde im Bergischen sehr verehrt

Nach der Schlacht von Austerlitz fiel das Herzogtum Berg an Napoleon. Dieser wollte jedoch auch noch das Herzogtum Kleve dazu haben, um den Rhein komplett unter seine Kontrolle zu bringen. Dieses Herzogtum bekam er nach zähen Verhandlungen mit den Preußen im Februar 1806. Noch im selben Jahr fasste Napoleon beide Gebiete zusammen und ernannte seinen Schwager Joachim Murat zum Großherzog des neu gebildeten Staates[378].

Der neue Herzog zog durch sein Reich und besuchte am 7. April 1806 auch Barmen, wo zwei seidene Fahnen für Murat angefertigt worden waren. Die Kaufleute und Fabrikanten hatten sich mit besonderen Degen versammelt[379]. Unter dieser *Garde d'honneur de*

---

[377]Vgl.: Junk, Heinz-K.: Verwaltung und Verwalter der Großherzogtums Berg, in: Dietz/Engelbrecht, Das Großherzogtum Berg 1806 – 1813, Neustadt Aich 1999, 1468. Abweichend vgl.: de Bruyn, Barmen, 79f.

[378]Vgl.: Schmidt, Berg, 17; Müller Berg, 601.

[379]Vgl.: Werner, Gerhart: Wuppertal in Napoleonischer Zeit, Wuppertal 1967, 11.

Barmen wird sich wohl auch ein aufstrebender junger Kaufmann wie Johann Peter Mittelsten Scheid aus Wichlinghausen befunden haben, denn die Kaufleute Barmens erhofften sich viel von dem Franzosen[380].

Bis zum Wechsel des Herzogs im August 1808, als das Amt von Murat an den vierjährigen Neffen Napoleons überging, waren bereits alle maßgeblichen Verwaltungsreformen in Barmen und Wichlinghausen erledigt. Noch unter Murat hatte Barmen die Rechtsform gewechselt und besaß seit Februar 1808 ein *Conseil municipal,* dem Mitglieder aus den Bezirken Gemarke, Wupperfeld, Rittershausen und Wichlinghausen angehörten. Unter den 20 Mitgliedern finden sich zwei Namen aus Wichlinghausen. Es handelt sich um Johann Melchior Overweg und Johann Peter vom Scheid[381].

Johann Melchior Overweg war der Sohn des Kaufmanns Heinrich Overweg, von dem nicht klar ist, wo und wann er geboren wurde. Beerdigt wurde er in Wupperfeld[382]. Sein Sohn kaufte jedoch von Samuel Collenbusch und den Gebrüdern Wuppermann ein direkt am Markt stehendes Haus, das auch als Gemeindehaus der Kirchengemeinde fungiert hatte[383]. Eine enge Verbundenheit der Familie Overweg mit Wichlinghausen ist nicht feststellbar. Weder stammt die Familie von dort, noch scheint sie Wurzel geschlagen zu haben. Die Kinder Overwegs waren allesamt vor seiner Erhebung zum Ratsmitglied verstorben. Alle Geschwister Johann Melchiors haben in der Gemeinde Wupperfeld geheiratet, lebten aber wohl in Gemarke[384]. Fast mag man meinen, weil sein Haus im Zentrum Wichlinghausens stand, wurde er zum Vertreter des Bezirks bestimmt.

[380]Vgl.: Ebenda; Röhrig, Mittelsten Scheid, 157f.
[381]Vgl.: Köllmann, Barmen, 12.
[382]Vgl.: Ernestus, Familien, 461.
[383]Vgl.: Hendricks, Höfe, 17; Helmich, Wichlinghausen, 94.
[384]Vgl.: Ernestus, Familien, 461f.

Auch das zweite Wichlinghauser Mitglied wirkt seltsam falsch gewählt. Der Familie vom Scheid gehörte der Hof Klingelholl, der fast am äußersten Rand des Bezirks Wichlinghausen lag. In den Kirchenbüchern der Gemeinde Wichlinghausen ist er nicht zu finden, wohl aber in denen der reformierten Gemeinde Gemarke. Seit dem Ende des 17. Jahrhunderts besaßen sie den Hof Klingelholl und behielten ihn auch bis zum Ende des 19. Jahrhunderts bei, so dass hier eine Wichlinghauser Tradition ausgemacht werden kann[385]. Verwunderlich ist jedoch vor allem, dass dieser Johann Peter bereits vor 1749 gestorben sein muss. Der einzige Johann Peter zu dem die Daten zeitlich passen, ist der Sohn Engelberts vom Scheid, der aber in der Bredde wohnte und somit nicht in Wichlinghausen[386]. Eine mögliche Verwechselung der Vornamen, wie sie auch bei Overweg zu finden ist, wäre möglich. Dann erscheint Johann Caspar vom Scheid geographisch als auch zeitlich als Wichlinghauser Vertreter im Rat der Stadt. Es darf bezweifelt werden, ob die Wichlinghauser Interessen mit diesen beiden Ratsmitgliedern tatsächlich gut vertreten wurden. Das zeigt sich schon auf der ersten Sitzung, auf der vom Scheid als einziger gar nicht erschien und daher auch nicht vereidigt wurde[387].

Eine der folgenschwersten Entscheidungen Murats war die Einführung der Wehrpflicht[388]. Dagegen wehrte man sich in Barmen und dem übrigen Wuppertal vehement. Am 27. Januar 1813 kam es in Ronsdorf zu einem Aufstand gegen Napoleon für den russischen Zaren Alexander. Schnell wurden es mehr als 500 Mann, so dass aus Düsseldorf ein Trupp von 50 Soldaten gegen diese so genannten Knüppelrussen anrückte[389].

Waren an diesem Aufstand auch Menschen aus Wichlinghausen

---

[385]Vgl.: Ernestus, Familien, 518; Sundermann, Bauenrbusch, 20, 22 u. 31.
[386]Vgl.: Ernestus, Familien, 518f.
[387]Vgl.: Werner, Napoleon, 17.
[388]Vgl. Ebenda, 12.
[389]Vgl.: Werner, Napoleon, 36ff.

beteiligt? Die Vermutung drängt sich auf, wenn man bedenkt, dass schon 1806 der Wuppertaler Textilwirtschaft ein entscheidender Schlag versetzt worden war, als der Kaiser die Einfuhr von Baumwollstoffen nach Frankreich verbot und auf Kurz- und Bandwaren einen hohen Einfuhrzoll erhob. Ein Jahr später wurde das Edikt von Turin erlassen, das die Einfuhr von Tüchern nach Italien verbot. Lediglich die Einfuhr von Bändern nach Italien blieb vergünstigt[390]. Von diesen Produkten aber lebten die Wichlinghauser Arbeiter. Vor allem diese wirtschaftlichen Bedingungen waren es, die zum Protest führten[391]. Daher beteiligten sich zahlreiche Wichlinghauser an der Eingabe der Gewerbetreibenden an Napoleon von 1811. Die Namen aus Wichlinghausen zeigen dabei durchaus, dass nicht nur Textilhändler unterschrieben. So findet sich in der Liste auch Pfarrer Seyd, der Wirt Johann Heinrich Schürmann oder der Brauereibesitzer Johann Peter Stock[392]. Diese Namen deuten eher auf eine gewisse Solidarität zu denjenigen hin, die ihr Geld in der Textilbranche verdienten, weniger darauf, dass diese Eingabe ausschließlich von Betroffenen unterzeichnet wurde. Einer solchen Solidarität konnten sich die Wichlinghauser, die unter den hohen Zöllen nach Frankreich zu leiden hatten und daher von dem Geforderten auch profitiert hätten, nicht verwehren.

Ein Beleg der hingegen zeigt, dass Wichlinghausen die Krise unter Napoleon recht gut überstand, scheint mir im Verhalten Johann Peter Mittelsten Scheids zu finden, der genau in der Zeit der beiden Edikte des Kaiser, 1806/07 das Gebäude bauen ließ, das heute als Villa Halstenbach bekannt ist[393]. Auch die Tatsache, dass in diesen Jahren im Hofprotokoll verschiedene Land- und Guts-

---

[390]Vgl.: Ebenda, 32.
[391]Vgl.: Ebenda, 31f.
[392]Vgl.: https://www.lwl.org/LWL/Kultur/Aufbruch/popups/ausstellung/raum3/modellstaaten/eingabe/index_ popup2_html (04.08.2015) in Verbindung mit dem Adressverzeichnis von Barmen 1828.
[393]Vgl.: Hendricks, Halstenbach, 17; Röhrig, Mittelsten Scheid, 157f.

verkäufe angezeigt werden, spiegelt wieder, dass in Wichlinghausen weiterhin mit Bändern Geld verdient werden konnte[394]. Mir scheint auch ein Hinweis aus dem kirchlichen Bereich entscheidend zu sein. Als 1806 die Armenfürsorge in Barmen zentralisiert wurde, bat die Gemeinde Wichlinghausen um eine Ausnahmeregelung, so dass sie sich nicht an diesem zentralen Armenhaus beteiligen musste, was wohl an der geringen Zahl von Armen lag, die mit 257 in Wichlinghausen sehr gering war, wenn man etwa die Zahl von Wupperfeld und Gemarke, die bei etwa 2000 Menschen lag, vergleicht[395]. Diese Situation macht eine Beteiligung der Wichlinghauser am Aufstand der Knüppelrussen eher unwahrscheinlich. In Wichlinghausen gab es noch Arbeit und die Produkte der Bandwirker konnten in Frankreich und Italien wenn auch mit Gewinneinbußen abgesetzt werden.

Die größte Veränderung, die durch Napoleon in Wichlinghausen einsetzte, war die Schließung des Hofgerichts[396], das mit den Dekreten von Madrid und Valladolid vom 12. Dezember 1808 bzw. vom 11. Januar 1809 zu Ende ging. Grund für die Auflösung des Gerichts war, dass durch die Regierung des Herzogtums das Lehns- und Untertanenverhältnis aufgelöst wurde[397]. Damit war das Gericht, das formal dem Lehnsherrn unterstand, überflüssig geworden. Das Verschwinden wurde von den Wichlinghausern ohne Protest hingenommen[398].

Auch in der Zeit der Restauration ab 1815 wurde es, anders als andere Gerichte, nicht wieder installiert. Die Gründe dafür sind nicht bekannt. Vermutlich hat es aber mit einer Verwaltungsreform zu tun. Die Güter, die bis zur Auflösung durch Napoleon formal noch zur Mark gehört hatten, gehörten seit 1808 zur Munizipalität

---

[394]Vgl.: Hendricks, Höfe, 10, 13, 24 u. 36.
[395]Vgl.: Helmich, Wichlinghausen, 24f1.
[396]Vgl.: Werner, Napoleon, 25.
[397]Vgl.: Dabringhausen, Heckinghausen, 137.
[398]Vgl.: Dietz, Hofgericht, 77.

Barmen bzw. zur Stadt Barmen. Die mittelalterlichen Verwaltungsstrukturen passten nicht mehr zur neuen von Preußen eingeführten Struktur in den Provinzen Rheinland und Westfalen.

Dass die Wichlinghauser diesen Umstand klaglos anerkannten, hatte soziale Gründe. Die Wichlinghauser hatten die Krise der Franzosenzeit relativ gut überstanden, das Geschäft mit den Bändern verlief einigermaßen. Im Gegensatz zu anderen Barmer Stadtteilen und Gemeinden war man daher auch ohne Gericht etwas Besonderes. Ein Hofgericht brauchte es dafür nicht mehr.

Das klaglose Ende des Hofgerichts hatte aber nicht nur mit der relativen Prosperität der Wichlinghauser zu tun, sondern auch mit einem allgemein in Deutschland auftretenden Rückzug ins Private, der als Biedermeier bezeichnet wird. Dieser Umstand hatte seinen Ursprung in einer Enttäuschung in die Politik. Hatten die Ideale der Französischen Revolution Mut und Hoffnung auf Mitbestimmung geweckt, so hatten Napoleon und nicht zuletzt der Wiener Kongress diese Hoffnung aufgelöst. Das bürgerliche Engagement verschwand von der großen politischen Bühne und wirkte im kleinen Kreis, der Familie, der Kirchen-, Dorf- und Stadtgemeinden. Die Menschen beschäftigten sich mit Sinnfragen und waren skeptisch gegenüber den überlieferten Werten. Während die einen sich daher von der Kirche abwandten, wandten sich andere ihr wieder zu oder begannen von der Religion zu schwärmen. Andere trafen sich in Zirkeln und sprachen über Kunst, Kultur und auch Wissenschaft. Die Geschichtsschreibung[399] und Heimatverbundenheit erfreute sich großer Beliebtheit[400].

---

[399] Die Erstauflage des Buches von Vincent Paul Sonderland zur Geschichte Barmens erschien 1821 bei Heinrich Büschler in Elberfeld.

[400] Vgl.: Schweikle, Irmgard: Biedermeier, in: dies./Schweikle, Günther (Hrsg.): Metzler Literaturlexikon. Begriffe und Definitionen, Stuttgart 1990, 51f.

Diese Geisteshaltung schlägt sich auch in Wichlinghausen nieder. Am eindringlichsten wird etwa der Rückzugs ins Private und ins Geistlich-Religiöse bei Catharina Maria Leckebusch, die durch starke Krankheit an ihr Bett in der Alte Straße 6 gefesselt war[401]. Überliefert sind ihre Schreiben an Johann Caspar Engels, die sie ihm mehrmals in der Woche zukommen ließ. Neben dem eindeutig religiösen Inhalt dieser frommen Briefe, die nie ohne ein Bibelzitat auskommen, sind sie darüber hinaus auch ein Zeugnis des Rückzugs ins private Leben der Wichlinghauser.

Catharina Maria Leckebusch war die Tochter von Reinhard Caspar Leckebusch und Maria Catharina Leckebusch. Als Reinhard Caspar 1776 starb, hinterließ er neben seiner Frau noch zwei Kinder, von denen Catharina Maria recht schnell Symptome einer schlimmen Krankheit zeigte. Ihre Mutter heiratete 1777 erneut. Wieder fiel die Wahl auf einen Leckebusch, dessen Verwandtschaft zu ihrem ersten Mann nicht nachweisbar ist. Dieser Johann Caspar Leckebusch war Bandwirker und ernährte seine neue Familie bis ins hohe Alter durch seine Arbeit am Zwirnrad[402].

Religion und ihre Krankheit sind die bestimmenden Elemente im Leben von Catharina Maria. Beides wird von ihr verbunden und zeigt Wirkung nach außen. Die Diskrepanz zwischen ihrem tiefen Glauben und ihren körperlichen Gebrechen sorgte dafür, dass sie „für eine vollkommene Heilige gehalten wurde, und diesen Ruf in der That in jeder Hinsicht zu bewahrheiten schien“, wie es Friedrich Wilhelm Krummacher beschreibt[403]. In den Briefen, die Catharina Maria an Johann Caspar Engels schrieb, finden sich dann auch zahlreiche Hinweise auf ihren und auch den Gesundheitszu-

[401]Vgl.: Helmich, Wichlinghausen, 48.

[402]Vgl.: Knierim, Michael: Kommentar, in: ders (Hrsg.): Geistliche Briefe an Johann Caspar Engels und seine Frau Louise, geb. Noot, 1798 – 1821. Zugleich ein Beitrag zum Collenbuschianismus im Wuppertal, Neustadt an der Aisch 1992, Xf.

[403]Krummacher, Friedrich Wilhelm: Immanuel Friedrich Sander. Eine Prophetengestalt aus der Gegenwart, Elberfeld 1860, 49.

stand von Engels, den sie relativ detailreich thematisiert. So beginnt sie einen Brief etwa mit dem Hinweis, dass sie nicht nur eine schwere Nacht, sondern auch „den Morgen etwas Diarrhoe" gehabt habe[404]. Gegen solche Beschwerden kannte sie jedoch auch Mittel:

> „Ich war wieder so beschwert und hatte solches Herzzittern, daß ich um ein Uhr einem Mädchen schellen mußte, das mir ein Kamillenklistier machte, welches mir so viel Erleichterung verschaffte[...]"[405].

52. Der Briefpartner Catharina Leckebuschs: Johann Caspar Engels

[404]Leckebusch, Catharina Maria: Brief Nr. 37, in: Knierim, Briefe, 83.
[405]Leckebusch, Brief 31, in: Knierim, Briefe, 69.

Die helfende Wirkung von Einläufen hatte Catharina Maria noch zu Lebzeiten von Samuel Collenbusch, den sie sehr verehrte, erfahren. Er riet ihr, dass, wenn sie Schmerzen bekäme, sie „gleich ein Klistier setzen von Tee von Salbei“[406] sollte. Diesen Rat gab sie dem kranken Engels auch, der ähnlich wie sie an Unterleibschmerzen und unter „trübe[m] Urin“[407] litt.

Bei aller Plauderei über die gegenseitigen Krankheiten und Symptome zeigte Catharina Maria doch einen gewissen Grad an Peinlichkeit. Während es ihr nichts ausmachte, über die Dysfunktionen ihres Körpers zu sprechen, war es ihr doch unangenehm, wenn ihr Dienstmädchen mitbekam, wie sie die Arztrechnungen bezahlte. Da Catharina Maria wenig Geld zur Verfügung hatte, bat sie Engels darum, diese Rechnung zu begleichen, in dem er ihr die Summe bringen ließ. Sie bittet in ihrem Schreiben: „Geben Sie sie dem Mädchen nicht mit“[408].

Neben den Krankheiten der beiden und dem Austausch über Zitate der Bibel ist das häufigste Thema die Gründung der Gemeinde Unterbarmen, an der Engels maßgeblich beteiligt war. Catharina Marias Sorge besteht darin, dass die Gemeinde den Wichlinghauser Hilfsprediger Leipoldt abberufen könnte[409], was dann auch 1822 geschah. Leipoldt war zur Unterstützung des in die Jahre gekommen Pfarrers Seyd nach Wichlinghausen gekommen, der, obwohl 1821 in den Ruhestand verabschiedet, ab 1822 noch einmal vollen Dienst tun musste[410].

---

[406]Leckebusch, Brief 36, in: Knierim, Briefe, 81.
[407]Leckebusch, Brief 43, in: Knierim, Briefe, 95.
[408]Leckebusch, Brief 35, in: Knierim, Briefe, 78.
[409]Vgl.: Leckebusch, Brief 40, in: Knierim, Briefe, 89.
[410]Vgl.: Helmich, Wichlinghausen, 99.

53. Pfr. Friedrich Sander

Leipoldts Abgang sorgte für den Beginn einer neuen Suche, die von Kirchmeister Mittelsten Scheid initiiert wurde. Fündig wurden die Wichlinghauser Kaufleute in Leipzig bei der Messe. Nach getaner Arbeit ließen sie den Tag in einem Wirtshaus ausklingen und hörten dort von einem jungen Prediger, der frisch von der Universität gekommen sei und an der dortigen Kirche abends den Gottesdienst hielt. Die Leipziger amüsierten sich über diesen Prediger, denn dieser sei „krassorthodox“ und halte „fanatische Predigten“, in denen er auf „jeden Buchstaben der Bibel als auf ein untrügliches, himmlisches Orakel“ poche[411]. Die Wichlinghauser waren begeistert und entschieden, den Prediger zu hören. Am nächsten Tag gingen sie zu ihm, um ihn darum zu bitten, nach Wichlinghausen zu kommen, wo er, das garantierten die Kaufleute, ohne Probleme gewählt würde[412].

Das geschah dann auch und Sander kam nach Wichlinghausen. Er selber muss sehr überrascht gewesen sein, als er bereits einige Meilen vor dem Ort von seinem „künftige[n] Presbyterium, das zu seiner Einholung ihm entgegen gefahren war,“ abgeholt wurde. Er musste den Wagen wechseln. Nur eine Stunde von Barmen entfernt schlossen sich dem Trupp auch andere Gemeindeglieder an,

---

[411]Krummacher, Sander, 33.
[412]Vgl.: Ebenda, 34.

die ihn schließlich zu den „reich bebänderte[n] und mit sinnigen Votivtafeln verzierte[n] Ehrenpforten zu dem in grünen Guirlanden prangenden Wichlinghausen“ führten[413]. Diese Episode verdeutlicht nicht nur die Bedeutung der Religion, sondern auch gleichzeitig die Konzentration auf das Private. Innerhalb des ihnen eigenen Gemeinwesens agieren die Wichlinghauser frei, unabhängig und selbstbewusst.

Das zeigt sich auch im Bau von Häusern. Neben den oben genannten Fachwerkhäusern aus der dritten Wichlinghauser Bauphase entstanden am Diek zahlreiche Villen im klassizistischen Stil. Das Haus Am Diek 49 wurde in der Zeit von 1837-1849 genauso erbaut wie die Villa Am Diek 62 inklusive ihres Kutscherhauses oder wie die Villa Am Diek 54[414]. Zeitgleich wurde auch am Markt wieder gebaut. Am 27. Oktober 1832 weihte man eine Elementarschule ein, die heute in der Wichlinghauser Schulstraße noch gesehen werden kann – wenn auch mit baulichen Veränderungen, die nach 1850 auftraten[415]. Die Einweihung des Schulgebäudes war ein Volksfest, die großen neuen Räume des Gebäudes konnten die schaulustigen Besucher kaum fassen und das im Anschluss an die Festreden eröffnete Mittagessen lockte zusätzlich[416].

Auch in einem anderen Bereich zeigt sich dieser Rückzug in das Private. Laut Adressenverzeichnis von 1828 gab es in Wichlinghausen drei Brauereien, sechs Wirte und zwei Brauereibesitzer mit

---

[413]Ebenda, 49.

[414]Vgl.: http://www.wuppertal.de/denkmalliste-online/Details.aspx?id=1625&strasse=Am%20Diek&hnr=62; http://www.wuppertal.de/denkmalliste-online/Details.aspx?id=1622&strasse=Am%20Diek&hnr=54; http://www.wuppertal.de/denkmalliste-online/Details.aspx?id=1615&strasse=Am%20Diek&hnr=49 (06.08.2015).

[415]Vgl.: http://www.wuppertal.de/denkmalliste-online/Details.aspx?id=6633&strasse=Wichlinghauser%20Schulstr.&hnr=1

[416]Vgl.: Barmer Wochenblatt Nr. 87, vom 30. Oktober 1832, 1f., im Archiv des Kirchenkreises Wuppertal, Archiv der ev. Gemeinde Sonnborn, A 12, 21. Mit bestem Dank an Frau Christiane Pesch und Herrn Klaus Schumann.

Wirtshaus[417]. Dass alle acht Wirte, von denen sechs im Bereich Wichlinghausen und zwei im Bereich Leimbach ihre Betriebe hatten, ohne Probleme überleben konnten, zeigt, dass in Wichlinghausen gern und wohl auch viel getrunken wurde. Diese Tatsache war für Sander ein Problem, dem er entgegentreten wollte[418].

Zu diesem Zeitpunkt setzte sich die Bevölkerung Wichlinghausens aus „mehreren angesehenen Fabrikherren und [...] unbemittelten, aber emsigen Bandwirkerweber- und kleinen Ackerbürger-Familien" zusammen[419]. Die Armutsrate lag bei weniger als zehn Prozent[420]. In Wichlinghausen hielten sich zudem neben den acht Wirten auch noch sechs Krämerläden, was in meinen Augen darauf hinweist, dass man in Wichlinghausen nicht von einer armen Gegend sprechen kann. Wirft man zudem einen Blick auf die Verhältnisse des Revolutionsjahres 1848, zeigt sich recht schnell, dass in Wichlinghausen von dieser Revolution nichts zu spüren war[421], was darauf hindeutet, dass sie in der Wichlinghauser Geschichte keine besondere Rolle spielte.

Der Grund dafür liegt in der Selbstständigkeit der Wichlinghauser, die in der Textilwirtschaft arbeiteten. Hinzu kommt die religiöse Komponete. Die Wichlinghauser Kaufleute engagierten sich innerhalb der Gemeinde und übten „unermüdliche Mildthätigkeit gegen Nothleidende und Arme"[422]. Deutlich wird dies am Bau des Armen- und Waisenhauses in der Westkotter Straße, das 1846 geplant und 1850 fertig gestellt wurde. Die Finanzierung ergab sich durch Erlöse der Jubelfeier zum hundertjährigen Bestehen der Gemeinde, durch freiwillige Spenden innerhalb der Gemeinde in Höhe von etwa 41 % der Gesamtsumme, ein privates Darlehen

[417]Vgl.: Stadtarchiv Wuppertal, Adressverzeichnis von 1828 für Barmen.
[418]Vgl.: Christlicher Männer u. Jungmänner-Verein Wuppertal Wichlinghausen (Hg.): Fest-Schrift zum 100. Jahresfest, Wuppertal 1946, 4.
[419]Vgl.: Krummacher, Sander, 40f.
[420]Vgl.: Helmich, Wichlinghausen, 242.
[421]Vgl.: Ebenda, 122.
[422]Vgl.: Krummacher, Sander, 45.

eines Gemeindegliedes, das 46 % der Summe ausmachte, und einen Vorschuss der Familie Mittelsten Scheid in Höhe von 10 %[423]. Geld war also vorhanden.

Das zeigt sich auch in zwei Episoden, in denen die Wichlinghauser eigenständig öffentliche Aufgaben selber finanzierten bzw. wahrnahmen. Zum einen finanzierten sie in den 1830er Jahren das Anlegen eines Wasserstollens, der den Wassermangel in heißen Sommern beheben sollte. Der Stollen sollte aus einer Tiefe von etwa 200 Meter Wasser nach oben leiten. Die Genehmigung wurde eingeholt, die Arbeit an dem 1500 Taler teuren Stollen begann. Den Betrieb indes nahm er wegen eines juristischen Streits nie auf[424]. Zum anderen zeigt sich dieser relative Reichtum im Bau einer befestigten Straße nach Norden, die von Wichlinghausern, Tütersburgern und Schellenbeckern zusammen errichtet wurde, um den Feuerwehrwagen einen besseren Weg in diese etwas entfernter liegenden Teile Wichlinghausens zu ermöglichen[425].

In Wichlinghausen wähnte man sich von Barmen allein gelassen, während man gleichzeitig keine politische Handhabe besaß, um sich offiziell selbst zu verwalten. In dieser Situation entstand der Wunsch von einer Loslösung von Barmen, die mit Hilfe einer Dorfordnung erreicht werden sollte. Federführend war hier Johann Peter Lekebusch, der am Diek wohnte[426] und den Schriftverkehr mit den Behörden in Barmen übernahm. Die Dorfordnung selber ist nicht überliefert, dennoch zeigt die Auseinandersetzung über diese klaren Züge von Separationsgedanken. Genehmigt wurde die Ordnung wohl deswegen nicht, weil Unterschriften einzelner

---

[423]Die Zahlen entstammen einer Recherche des Architekten Günter Wessel aus dem Jahr 1984, die im Kirchenkreisarchiv Wuppertal, Archiv der Kirchengemeinde Wichlinghausen, Nr. Wi 74 zu finden ist.

[424]Vgl.: Stadtarchiv Wuppertal, Aktennr. G IV 29, Barmer Wochenblatt vom 21. Juni 1833 und vom 28. Juni 1833.

[425]Vgl.: Stadtarchiv Wuppertal, Aktennr. G IV 29, Barmer Wochenblatt vom 28. Juni 1833.

[426]Vgl.: Ernestus, Familien, 381.

Wichlinghauser fehlten[427].

Darüber hinaus drückt sich der Wichlinghauser Biedermeier in einer aktiven, jedoch von der großen Politik abgewandten Eigenständigkeit aus, die jedoch nicht im Gegensatz zu einer konservativen Verehrung des preußischen Königshauses stand. Diese zeigt sich am eindringlichsten am Beispiel des katholischen Leutnants[428] Baron Carl von Schmacker zu Wichlinghausen, der im Jahr 1821 dem König zwei im Märkischen gefundene Steine übereignete, auf denen „durch Naturspiel deutlich die Gestalt des preußischen schwarzen Adlers in weißem Felde“[429] zu sehen war.

3. Das späte 19. Jahrhundert: Industrialisierung

Im Jahre 1848 errichtete die reformierte Kirchengemeinde Gemarke an der Bartholomäusstraße einen Friedhof, denn der Friedhof nahe ihrer Kirche musste geschlossen werden, da er in der Innenstadt lag und nach preußischem Landrecht Friedhöfe aus hygienischen Gründen außerhalb der Stadt liegen mussten[430]. Nur 27 Jahre später musste die Gemeinde einen neuen Friedhof im Bereich des Westkottens erwerben, weil der in der Bartholomäusstraße liegende nicht mehr erweitert werden konnte, was aber bei der Entwicklung der Gemeinde dringend nötig war[431]. Deutlicher lässt sich die Entwicklung, die Wichlinghausen in der zweiten Hälfte des 19. Jahrhunderts durchmachte, kaum beschreiben. Durch Zuzug mussten neue Häuser gebaut werden und ein Friedhof, der keine dreißig Jahre vorher noch außerhalb der Stadt gelegen hatte, konnte daher nicht mehr erweitert werden.

Grund für diesen Zuzug war das Vorhandensein von Arbeit in

---

[427] Vgl. Stadtarchiv Wuppertal, Aktennr. D II 1; G IV 29, Barmer Wochenblatt vom 28. Juni 1833.

[428] Vgl.: Ernestus, Familien, 527.

[429] Ledebur, Leopold von: Leitfaden für die Königliche Kunstkammer und das Ethnologische Cabinet, Berlin 1844, 86.

[430] Vgl.: Stock, Gräber, 38.

[431] Vgl.: Ebenda, 85.

Wichlinghausen. Zunächst waren zu Beginn des 19. Jahrhunderts die meisten Wichlinghauser wohl als selbstständige Bandwirker in Heimatarbeit beschäftigt. Selbstständig bedeutet dabei jedoch keinesfalls, dass sie unabhängig von den Fabriken waren oder gar eine Konkurrenz dazu darstellten. Vielmehr machten diese selbstständigen Bandwirker in Wichlinghausen Geschäfte mit den Kaufleuten und Fabrikbesitzern, die ihre Waren weiter verkauften. Damit bestand ein Abhängigkeitsverhältnis, das sich sozial kaum von dem unterschieden haben dürfte, das Fabrikarbeiter zu den Fabrikbesitzern besaßen. Tatsächlich scheinen letztere Arbeiter im Vergleich zu den Beschäftigten innerhalb der Schicht der selbstständigen Bandwirker es sogar besser gehabt zu haben, wie eine Aussage eines Arbeiters nahelegt, denn „alles besserte sich langsam, langsam als es Fabrikbetriebe gab mit Dampfbetrieb und auch mal Streik“[432]. So wandelten sich die Arbeitsprozesse.

Begonnen hatte diese Entwicklung in Wichlinghausen bei der Familie Mittelsten Scheid. Diese erbat sich von der preußischen Regierung 1821 einen Jacquard-Webstuhl, der sich als erster in Barmen in der Dieker Straße befand. Diese Entscheidung sorgte dafür, dass die Firma einen rasanten Aufstieg erlebte[433].

Die Zeit danach war bestimmt durch zahlreiche wirtschaftliche Ereignisse, die den Handel der Firma sowohl positiv wie negativ beeinflussten. Während die Gründung des Zollvereins 1834 den innerdeutschen Handel begünstigte, wurde der Handel mit Nordamerika durch eine Verzollung von 30 Prozent in den Jahren 1841 bis 1843 beschränkt. Zeitgleich verschlechterte sich der belgische Absatzmarkt für die Wichlinghauser Bänder. Dieses Chargieren zwischen Höhen und Tiefen innerhalb des Textilhandels mag dazu beigetragen haben, die Entwicklung hin zur breit aufgestellten Fabrikstruktur zunächst abzuschwächen[434].

---

[432]Köllmann, Barmen, 133.
[433]Vgl.: Röhrig, Mittelsten Scheid, 165.
[434]Vgl.: Ebenda, 175f.

Erst in der zweiten Hälfte des 19. Jahrhunderts kam es, trotz der Einführung von Samtbändern, die in Teilen Wuppertals für Produktionsstillstand sorgen, zu einer gewissen Ruhe, die sich in einer stetigen Produktionserweiterung von Bändern ausdrückte. Die Mittelsten Scheids erwarben verbesserte Riemenmühlen und profitieren von der Nachfrage nach Herrenbesatz[435].

Gleichzeitig war die Frage der Arbeiter ein großes Problem. Wer bei selbstständigen Meistern arbeitete, machte zahlreiche Überstunden, von denen einzelne schon deswegen nicht bezahlt werden konnten, weil die Meister die Uhren so verstellten, dass die Arbeiter kaum merkten, wie viel sie arbeiteten. Waren keine Aufträge zu bekommen, wurden diese Arbeiter nicht bezahlt und hungerten. Zusätzlich lagen die durchschnittlichen Arbeitszeiten in diesen Kleinbetrieben in den 1840er Jahren etwa bei 14 Stunden. Die Zeiten wurden im Verlauf der Industrialisierung vor allem für die Fabrikarbeiter auf bis zu 10, manchmal sogar bis zu 8 Stunden pro Tag verringert[436].

Zwar ist für Wichlinghausen nicht im Einzelnen zu ermitteln, wie sich diese Entwicklung abzeichnete, doch gibt es Hinweise darauf, dass die Masse der Arbeiter im Bereich von Klingelholl bis Diek tatsächlich in den Fabriken gearbeitet hat, während nur wenige in den selbstständigen Betrieben arbeiteten. Diese Fabrikarbeiter kamen in großen Strömen und brachten ihre Familien mit. Der Zuzug so vieler Menschen führte zum Bau neuer Wohnhäuser, also zum Beginn der letzten großen Bauphase in Wichlinghausen. Zu den ersten Bauten dieser Phase gehören die Arbeiterhäuser der Barmer Baugenossenschaft für Arbeiterwohnungen (BBA), die im Auftrag zahlreicher Unternehmer Häuser baute. Die Firmen Mittelsten Scheid unterstützen den Bau der Häuser in der damaligen Grenzstraße (heute Ortelsburger Straße), die Firma Vorwerk dürfte unter anderem an den Häusern der BBA auf dem Sedansberg beteiligt

[435]Vgl.: Ebenda.
[436]Vgl.: Köllmann, Barmen, 133f.

gewesen sein. Sie alle wurden überwiegend in der Zeit um 1875 errichtet, einige andere stammen aus den 1890er Jahren. Auch die Fachwerkgebäude in der Jung- bzw. Nornenstraße stammen aus diesem Zeitraum[437].

Im Jahr 1874 lebten knapp 6.000 Menschen in Wichlinghausen. Nur 20 Jahre später zählte man bereits 10.000 Menschen[438]. Neben dieser rasanten Bevölkerungsentwicklung war ein weiteres Zeichen der Beschleunigung das Anlegen der Rheinischen Eisenbahnstrecke und des Bahnhofes Wichlinghausen 1879[439]. Es war dabei nicht alleine die dampfende Eisenbahn selber, die mit ungeahnten Geschwindigkeiten durch Wichlinghausen fuhr, es war auch die Strecke, die den Menschen deutlich vor Augen führte, dass die alte Zeit vorbei war. Die Viadukte, die über die Wichlinghauser und die Bartholomäusstraße gebaut wurden, waren zwar hoch, erinnerten aber an Brücken, die man kannte. Mehr noch muss die Schaffung des Fatlohtunnels und das Verlegen der Gleise an der Beule dazu geführt haben, dass man einsah, dass etwas Neues begonnen hatte. Der Mensch war nun in der Lage, die Landschaft um sich herum in gewaltigen Dimensionen nach seinem Willen zu verändern. War das Anlegen einer festen Straße oder eines Brunnenablaufes zu Beginn des Jahrhunderts noch mit Schwierigkeiten verbunden, wurde nun ein Berg mit Leichtigkeit durchbrochen[440]. Das Grundstück der Familie Hackenberg etwa wurde durch die Bahnlinie

---

[437]Vgl.: Bergischer Geschichtsverein - Abt. Wuppertal (Hg.): Fäden, Farben, Wasser, Dampf, Wuppertal 2008, Route 6, 6.18 u. Route 13, 13.4, 13.12; hinzu kommen mündliche Informationen von Reiner Rhefus und Siegfried Sohn, denen an dieser Stelle herzlich gedankt sei.

[438]Vgl: Helmich, Wichlinghausen, 142. Es handelt sich dabei um die Gemeindegliederzahlen der lutherischen Bevölkerung. Katholische und reformierte Wichlinghauser kommen noch hinzu.

[439]Vgl.: http://www.bahnen-wuppertal.de/html/bahnhof-wichlinghausen.html (16.08.2015).

[440]Für eine Beschreibung der Rheinischen Strecke vgl.: http://www.bahnen-wuppertal.de/html/rheinische-strecke.html (16.08.2015).

getrennt und mit einer privaten Brücke darüber verbunden[441].

Viele Veränderungen in kurzer Zeit brachten es mit sich, dass in ganz Europa Menschen begannen auf die Vergangenheit zu achten. Die Epoche des Mittelalters wurde als eine Zeit des guten und einfachen Lebens verklärt, das nahe an der Natur lag. Gleichzeitig wurde diese Natur bewundert und herbeigesehnt, denn das Bauen neuer Häuser und Fabrikanlagen sorgte unweigerlich für eine Verdrängung von Natur im unmittelbaren Umfeld der Stadtbewohner.

Auch in Wichlinghausen zeigte sich diese Sehnsucht, hatte aber eine ganz eigene Prägung, die sich aus der kirchlichen Situation erklärt. Für das Jahr 1888 führte die Kreissynode eine Zählung der Abendmahlbesucher durch. 21 Prozent der Wichlinghauser Gemeindeglieder besuchten regelmäßig die Abendmahlfeier. In Wupperfeld waren es 17, in Gemarke 16 Prozent[442]. Wichlinghausen lag damit recht weit vor allen anderen Wuppertaler Gemeinden. In der Bibel fanden zahlreiche Wichlinghauser Antworten auf Fragen, die sie bewegten. Sie fanden dabei eine Klarheit, Einfachheit und wohl auch eine gewisse Vorbildfunktion, die sie in den Zeiten der Veränderungen brauchten.

---

441 Vgl.: de Bruyn, Barmen, 103; Pogt, Herbert: Historische Ansichten aus dem Wuppertal des 18. und 19. Jahrhunderts, Wuppertal 1998, 38f.

442 Vgl.: Helmich, Wichlinghausen, 148.

Friedrich Voswinckel 1847–1883

54. Pfr. Friedrich Voswinckel

Auf der anderen Seite stand ein ganz anderes Mittel zur Verdrängung der rasanten Veränderungen. Wie in anderen europäischen Städten wuchs die Kneipen- und Brauereidichte in Wuppertal im 19. Jahrhundert an. Das zeigt sich auch in Wichlinghausen. Im Bereich der Märkischen Straße standen gleich zwei Brauereien. Zum einen die 1876 gegründete Feldschlößchen Brauerei von Otto Hollmann, zum anderen die 1867 gegründete Waldschlößchen Brauerei von Friedrich Wilhelm Hollmann. Obwohl die Brauereien erst nach 1850 gegründet wurden, scheint die Produktion von Alkohol in der Familie eine gewisse Tradition gehabt zu haben. So findet sich im Bereich Westkotten, also dort, wo die beiden Brauereien standen, mit Johann Wilhelm Hollmann ein Branntweinbrenner in den Kirchenbüchern[443]. Beide Brauereien zeigen in Verbindung mit den zahlreichen Kneipen in Wichlinghausen, die viele der um 1900 gebauten Eckhäuser in den Straßen Wichlinghausens prägten, einen weiteren Versuch der Weltflucht, die mit der Industrialisierung die Wichlinghauser überkam. Die einen griffen zum Alkohol, die anderen gingen vermehrt in die Kirche, wo sie von dem erweckten Pfarrer Friedrich Florens Voswinckel begrüßt wurden, der diese beiden Strömungen der Weltflucht in einer Person vereinen konnte. Als Sohn eines Gastwirts[444], wusste er um die kleinen und großen

[443]Vgl.: Ernestus, Familien, 284.
[444]Vgl.: http://www.gedbas.de/person/show/1127800938 (05. 09. 2015).

Befindlichkeiten, die innerhalb einer Gemeinde existierten und war wohl auch von Hause aus, anders als Pfarrer Sander, kein strikter Abstinenzler. Voswinckel wurde Nachfolger des Wichlinghauser Pfarrers Rudolf Stier, der später als exegetischer Theologe von sich Reden machen sollte. Stier war eine recht kontroverse Figur der Gemeinde. Er trat von seinem Amt zurück, als er ständig anonyme Drohbriefe ins Haus bekam, hoffte aber, dass „der Eklat eines solchen Schrittes noch das kräftigste Saatkorn" sei, das er zurücklassen konnte[445].

Einfach war die Situation demnach nicht, als Voswinckel 1846 nach Wichlinghausen kam, zumal trotz allem eine Minderheit in der Gemeinde Stier und seinen theologischen Ideen die Treue hielt. Voswinckel, der zu diesem Zeitpunkt noch keine 30 Jahre alt war, begann mit jugendlichem Elan zu predigen und schaffte es recht schnell, Gegner und Anhänger Stiers zu versöhnen[446]. Er war ein Theologe, der das Kreuz Christi in den Mittelpunkt seiner Arbeit stellte. Konfessionelle Gegensätze im protestantischen Lager schienen für ihn keine Rolle gespielt zu haben, denn er gab einmal an, dass seine Hilfsmittel beim Erstellen einer Predigt Luther und Calvin seien[447].

Voswinckel war ein traditioneller, konservativer Pfarrer, der wusste, was seine Gemeinde hören wollte. Wie überall in Europa war es die Sehnsucht nach dem Einfachen und Schlichten, die das Interesse bestimmte. Voswinckel suchte in der Bibel und blieb so bei den Figuren stehen, die konsequent zupackten, machten und keine Fragen stellten, wenn Gott etwas befahl: Den Erzvätern des Alten Testaments[448].

In seinen Predigten zeigt sich das ganze Wesen des Mannes und

[445]Kirchenkreisarchiv Wuppertal, Kirchengemeinde Wichlinghausen, Wi 02-31-1.

[446]Vgl.: Helmich, Wichlinghausen, 128.

[447]Vgl.: Ebenda, 129

[448]Vgl.: Voswinckel, Friedrich: Fünfzig Predigten aus dem Leben der Erzväter, Gütersloh 1872.

noch mehr das Wesen seiner Kirchengemeinde, die mehr von solchen Predigten wollte. So widmete Voswinckel das Buch, in dem er seine Predigten veröffentlichte, auch seiner „theuren Gemeinde Wichlinghausen“[449], die ihn dazu brachte, die Predigten zu veröffentlichen[450].

Darin zeigt sich Voswinckel als Mann, der weiß, was die Welt um ihn herum denkt. Den Weltschmerz, an dem so viele litten, verurteilt er mit klaren Worten[451]. Voswinckels Arbeit zeichnet sich dadurch aus, dass er konservativ und königstreu war, durchaus antisemitisch redete[452] und wohl als jovialer, nicht allzu strenger Pfarrer die Wichlinghauser für sich einnehmen konnte. Voswinckels Amtszeit als Pfarrer endete nach 36 Jahren 1883, drei Jahre später verstarb er in Wichlinghausen. Innerhalb dieser Zeit wurden zahlreiche Schulen gegründet, der neue Friedhof eingeweiht und vor allem eine neue Kirche gebaut.

Die Idee zum Neubau einer Kirche indes ging von der Gemeinde selber aus[453]. Den seit 1852 nicht mehr genutzten Friedhof an der Weststraße wollte man kurzerhand umnutzen, gab es doch bereits einen neuen in der Friedhofstraße[454]. Der Grundstein wurde im Juli 1864 gelegt. Keine drei Jahre später stand die neue Kirche. In ihrem Stil war sie ein Gegenstück zur Bauernkirche am Markt und erinnerte an die gotischen Kathedralen des Mittelalters[455]. Die Kirche entsprach in ihrer Architektur damit ganz der Sehnsucht der Wichlinghauser nach einer Flucht aus den veränderten Lebensbedingungen.

---

[449]Ebenda, I.
[450]Vgl.: Ebenda, III.
[451]Vgl.: Ebenda, 8.
[452]Vgl.: Ebenda, 1f.
[453]Vgl.: Helmich, Wichlinghausen, 127-130.
[454]Vgl.: Ebenda, 132f.
[455]Vgl.: Hendricks, Wichlinghauser Kirche, 120ff.

55. Die Wichlinghauser Kirche mit Efeu bewachsen

Die Nutzung des alten Kirchhofs als Neubau für die Kirche war vor dem pietistischen Hintergrund, der zu seiner Anlage geführt hatte, ein durchaus praktischer und vor allem respektvoller Umgang mit den Toten. Kirche und Kirchhof sollten nun endlich eine tatsächliche Einheit bilden, war doch die bisherige Lösung zwar dem Gedanken nach einheitlich, der Realität der Weststraße aber nicht mehr angemessen. Der Verkehr nahm zu, ein einfaches Passieren der Straße war kaum noch möglich. Um diese Einheit herzustellen, wurde der Kirchhof gärtnerisch umgestaltet, war aber als solcher noch immer zu erkennen. Zahlreiche Grabsteine aus der ältesten Zeit des Friedhofs blieben erhalten, Bäume und ein Rundweg ergänzten den Vorhof der neuen Wichlinghauser Kirche zu einer Parkanlage, die erkennbar als Kirchhof angelegt war.

56. Die Gebäude von Schüller & Sohn und der Walter Kellner AG

Dazu passte die neogotische Kirche, die über dem Friedhof errichtet wurde, und dem Stadtteil so den Anschein einer Jahrhunderte alten Gemeinde gab. Durch die Kirche setzten die Wichlinghauser die Ideen der Romantik um. Sie hatten jetzt nicht nur eine (neo)gotische Kirche mit Kirchhof, sondern zugleich auch eine Stück Grünfläche im Zentrum ihres Dorfes.

Zeitgleich wurden an den Rändern des Dorfes neue Fabriken gebaut[456]. Diese Gebäude geben einen Einblick in eine Zeit, in der Wirtschaftsgebäude auch architektonisch zeigen mussten, dass die Fabrik profitabel war. An der Ecke Kreuzstraße/Allensteiner Straße befindet sich eines der schönsten Jugendstilgebäude Barmens. Es handelt sich um das nach 1900 errichtete Firmengebäude von Emil Flüs, dessen Initialen an der Eckfront zu erkennen sind. In diesem Gebäude wurde geflechtet und Korsettriemen aber auch Schläuche produziert. Im Keller war das Garnlager untergebracht, während im 1. Geschoss die Klöppelmaschinen standen. In der Kreuzstraße befindet sich der 1907 errichtete Gebäudekomplex der Schlaraffia-Werke Hüser & Co.

Das Gebäude der Firma Schüller & Sohn besteht seit dem Jahr 1902 und wurde seit 1910 mehrfach erweitert. Das Gebäude besteht aus überwiegend Backstein und ist recht schmucklos, lediglich in der Wiescher Straße selber finden sich aufwendige Elemente. Betritt man den Hof des Gebäudes verstärkt sich der Eindruck. Auffällig sind neben den Fenstern vor allem die grünen Türen, die farblich an die Fenster der bergischen Fachwerkhäuser erinnern. Das Relief über dem Eingang des Nachbarhauses zeigt einen Metallarbeiter, der die Bedeutung des Maschinenbaus für Wuppertal verdeutlichen soll. Auch die Fassade des Gebäudes weist zahlreiche Elemente auf, die darauf hinweisen: Hammer, Zwinge, Zirkel und Zange. Es handelt sich um das Verwaltungsgebäude der Textilmaschinenfabrik Walter Kellner, die Spitzenklöppelmaschinen

[456]Die Informationen in diesem Unterkapitel stammen aus der Materialsammlung von Rainer Rhefus, dem ich dafür herzlich danken will.

herstellte, die in Wuppertal entwickelt worden waren. Das Gebäude stammt aus dem Jahr 1912.

57. Schaffen soll der Betrachter: Die Königsberger Straße

Für die Arbeiter dieser Fabriken wurden u. a. die Häuser an der Königsberger Straße gebaut, die von Häusern gesäumt ist, die um 1900 gebaut wurden[457]. Die Häuser auf der Ostseite der Königsberger Straße sind der Zeit entsprechend mit Jungendstil-Elementen verziert. Auf der Westseite finden sich Gebäude die eher dem neubergischen Stil zuzuordnen sind.

Als im Jahr 1900 eine zusätzliche Pfarrstelle im Osten eingerichtet wurde, musste der Pfarrer in diesem Bezirk etwa 3900 Menschen betreuen, 1908, nachdem ein vierter Pfarrbezirk errichtet worden war und der Bezirk daher einzelne Straßen abgegeben hatte, waren es in jedem Pfarrbezirk knapp 4700 Menschen[458], was

[457]Vgl.: Stock, Straßennamen, 232.
[458]Vgl.: Merck, Friedrich: Festgruß zur Einweihung des neuen Doppelheims

auf etwa knapp 19.000 lutherische Wichlinghauser schließen lässt, katholische, reformierte und jüdische kamen noch hinzu, so dass wohl von über 20.000 Wichlinghausern um 1900 gesprochen werden kann, eine Verzehnfachung in 100 Jahren, aber vor allem ein Zuzug von über 1000 Menschen in nicht einmal zehn Jahren.

4. Wichlinghausen nach 1900 – Bauen im Westen

Erst nach 1800 begann am Westkotten die fünfzig Jahre früher schon am Markt eingesetzte Bevölkerungsexplosion. Wie auch dort begann mit diesem Jahrhundert in Westkotten die Textilindustrie das Leben der Bauern zu verändern. Neben der Agrarwirtschaft beschäftigten sie sich mit der Bleicher- und der Bandwirkerei, die ihnen ein Nebeneinkommen sicherte. Dennoch warfen die Felder im Westkotten mehr ab als die verbliebenen Felder am Markt. Bis zum Anfang des 20. Jahrhunderts hin, wurde hier Landwirtschaft betrieben. Noch als der Nordpark angelegt wurde, wurde ein Teil des Parks für landwirtschaftliche Zwecke genutzt.

Im Bereich der Barmer Nordstadt fanden sich zum Ende des 19. Jahrhunderts zahlreiche Menschen zusammen, die auf ihren Höhen eine Wald- und Parkanlage anlegen wollten, die es den Bewohnern der Gebiete nördlich der Wupper ermöglichen sollte, hier abseits der Schlote zu entspannen[459]. Die Natur wurde in dieser Vorstellung überhöht und zu einem besseren Lebensraum gemacht, dessen Genuss der realen Arbeitswelt gegenüberstand, der Wald selber zum romantisierten Gegenstück der fortschreitenden Industrialisierung erhöht[460].

1893 wurde im Sinne dieses Gedankens der Nordstädtische Bürgerverein gegründet, in dem sich vor allem die Mittelschicht für den Park einsetzte, was einen geringen finanziellen Spielraum be-

Diekerstraße 19, Barmen 1908, 10f..

[459]Denkschrift des Nordstädtischen Bürgervereins 1893, zitiert nach: Dinnebier, Antonia: Grün für Barmens Norden, in: Förderverein, Nordpark, 16.

[460]Vgl.: Ebenda, 17.

deutete[461]. Elan und die Bereitschaft, mit anderen, etwa dem Barmer Verschönerungsverein oder auch der Stadt Barmen, zu kooperieren, glichen diesen Mangel jedoch aus. Oberhalb des Hofes Klingelholl fand sich das Gut Mallack, das sein Besitzer Hugo Greef gerne verkaufen wollte[462]. Der anfangs von ihm festgesetzte Preis von 140.000 Mark war für den Nordstädtischen Bürgerverein nicht zu stemmen, so dass man Greef auf 80.000 Mark herunterhandelte. Doch auch diese Summe war vom Verein nicht aufzubringen. Die Stadt Barmen wurde mit ins Boot geholt, die das Grundstück zusammen mit dem Verein, der sich durch einen Spendenaufruf am Kauf beteiligen konnte, kaufte[463]. Hinzu kamen Teile des Riescheider Waldes und einzelne Parzellen an der Märkischen Straße, deren Kauf der Verein mit 15.000 Goldmark mit finanzierte. Zu den Wäldern gesellten sich zahlreiche landwirtschaftliche Nutzflächen, die dem Park einen besonderen Reiz gaben, wie der Barmer Verschönerungsverein ausführte, der die Bau- und Gestaltungsaufgaben übernahm[464].

Da die Waldanlage forstwirtschaftlich wenig genutzt worden war, bestand ein erster Schritt darin, zunächst einmal den existierenden Baumbestand zu durchforsten. In einem zweiten Schritt wurden brachliegende Stellen mit 5000 neuen Bäumen bestückt. Diese Geschwindigkeit bei der Bebauung wurde bis zum Ausbruch des 1. Weltkriegs beibehalten und teilweise übertroffen. Insgesamt pflanzte man über 110.000 neue Bäume und Büsche. In den meisten Fällen waren es einheimische Buchen, aber auch Eichen, Eschen oder Holunder[465].

---

[461]Vgl.: Ebenda, 19.
[462]Vgl.: Sundermann, Bauernbusch, 16f.; Dinnebier, Antonia: Bellevue des Herrn Greef. Lusthaus, Obst und Wäscheknöpfe, in: Förderverein, Nordpark, 32ff.
[463]Vgl.: Dinnebier, Grün, 18.
[464]Vgl.: Ebenda, 18-20; Sundermann, Bauernbusch, 15.
[465]Vgl.: Dinnebier, Buchen, 21.

58. Restaurant Hof Mallack im Nordpark

Der Nordpark wurde so zu einem Waldpark, der sowohl die Erholung der Bürger als auch die forstwirtschaftliche Nutzung der Bäume zum Ziel hatte. Der Parkcharakter des Nordparks zeichnete sich vor allem durch das Anlegen von Aussichtspunkten aus, die einen Blick über die Stadt Barmen freigaben. Davon abgesehen wurde die Umgebung der Aussichtspunkte durch Peter Schölgen durchgeführt, der bereits beim Anlegen der Barmer Anlagen Erfahrungen gesammelt hatte[466].

Der Zuzug neuer Wichlinghauser sorgte für ein Wohnungsproblem, das relativ schnell gelöst werden musste. Pragmatismus war dennoch nicht das ausschlagende Argument für den Bau von Häusern. Tatsächlich existieren mit dem Jugendstil und dem neubergischen Stil zwei widerstreitende Bauformen, die sich in Wichlinghausen besonders bemerkbar machen.

Der neubergische Stil griff auf den Stil der Häuser um 1800 zurück. Der Begriff der Heimat war federführend. Zwar suchte man

[466]Vgl.: Ebenda, 23 – 26.

immer noch in der Vergangenheit, doch fand man diese nun in einer eigenen bergischen Bauweise in Schwarz-Weiß-Grün[467].

Neben der Villa Abendfrieden am Diek, die aus zwei ehemaligen Fachwerkhäusern entstanden ist, ist das Haus der heutigen Rubensapotheke am Markt dafür ein gutes Beispiel. Es wurde 1901 in diesem so genannten neubergischen Stil errichtet. Durch die Anlehnung an die Fachwerkhäuser passte es sich perfekt dem gegenüber liegenden *Baias* an, spielte darüber hinaus aber mit den Motiven des Mittelalters und der Renaissance. Deren Einflüsse sieht man an den gold-gelben Säulen und den hervorstehenden Fenstern, die ganz bewusst an mittelalterliche Häuser etwa des Frankfurter Römer erinnern, was deutlich macht, dass auch diese Art des Bauens noch dem Historismus angehörte, auch wenn man sich von ihm eigentlich abwenden wollte.

Tatsächlich dominiert das Straßenbild in Wichlinghausen jedoch der Jugendstil. Vor allem die Wichlinghauser Straße, die von der Berliner Straße aus kommend in Wichlinghausen aufhört, ist mit Mietshäusern dieser Stilrichtung bebaut. Einen besonderen Eindruck macht die von der Wichlinghauser Straße nach Westen abgehende Collenbuschstraße, deren linke Seite sich durch einen Gebäudekomplex auszeichnet, dessen Häuser alle von derselben Hand geplant gewesen sind. Der Komplex wurde 1899 begonnen. Innerhalb eines Jahres entstand immer ein weiterer Bau bis 1905 die Gebäude fertig waren. Sie zeichnen sich durch einen regelmäßigen Wechsel von farblichen Fassaden aus. Im steten Wechsel von gelb und rot ziehen sich zahlreiche Schmuckverzierungen des Jugendstils an den Häusern entlang. Weibliche Figuren, Blumen- und Rankenverzierungen, Fische oder bärtige Männerköpfe sind ebenso vertreten wie klare weiße Abgrenzungen zwischen Mauerwerk und Fenstern oder Türen.

---

[467]Vgl.: Heuter, Christoph: „Knäuel im langen Häuserfaden“. Stadtentwicklung und Wohnhausbau im Wuppertal 1770 – 1914, in: Arbeitskreis für Hausforschung (Hg.): Wuppertal, das bergische Land und der Hausbau im 19. Jahrhundert, Marburg 2014, 59.

59. Das Gebäude der Rubensapotheke von 1901

In dieser Zeit erweiterte sich Wichlinghausen weiter in Richtung Barmen. Der Südwesten, der sich bis in das 20. Jahrhundert hinein durch Felder und Trampelpfade auszeichnete, wurde mit zahlreichen weiteren Häusern bebaut, die die Frage nach neubergischem Stil oder Jugendstil klar für den letzteren entschieden.

Der Zuzug der Bewohner nach Westkotten hatte auch Veränderungen in der Gemeindestruktur zur Folge. Schon in den 1890er Jahren hatten Gespräche zwischen reformierten und lutherischen Christen in diesem Bereich Wichlinghausens stattgefunden, aus denen eine neue unierte Gemeinde hervorgehen sollte[468]. Die Gespräche scheiterten, doch beide Gemeinden, Wichlinghausen und Gemarke, waren nun darüber informiert, dass sie etwas tun mussten.

Die reformierte Gemeinde hatte sich in diesem Bereich besonders ausgebreitet. Durch einen Friedhof[469] und ein Armen- und Waisenhaus sowie den Industriellen Hugo Greef[470] hatte sie im Bereich Westkotten einen Vorsprung in Bezug auf die Gemeindearbeit. Eine Friedhofskapelle mit erweiterter Nutzung für Trauungen, Taufen und Gottesdienste war geplant[471].

Die Wichlinghauser zogen nach und kauften ein brachliegendes Grundstück, ein Wiesen- und Buschgelände, auf dem Schafe und Kühe weideten und Kinder vor allem im Winter auf den Hügeln, die sich zum Rodeln hervorragend eigneten, spielten [472]. Der Plan hier zu bauen, verflog aber wieder recht schnell.

Beide Gemeinden bauten ihre Pfarrstellen nahezu zum gleichen Zeitpunkt aus[473], was bei den Wichlinghausern noch einmal in Er-

---

[468]Vgl.: Blasberg, Theodor: Erlöserkirche, in: Lekebusch/Speer, Kirchen, 127.

[469]Vgl.: Stock, Gräber, 85.

[470]Vgl.: Werth, Gemarke, 347.

[471]Vgl.: Dinnebier, Drumherum. Infrastruktur als Nachbarschaft, in: Förderverein, Nordpark, 50.

[472]Vgl.: L., Karl: Unsere Erlöserkirche, in: Gemeinde Wichlinghausen, Gemeinde, 31.

[473]Vgl.: Helmich, Wichlinghausen, 144, 158.; Steiner, Robert: Gemarke 1702 –

innerung rief, das brachliegende Grundstück mit einem Betsaal zu bebauen. Als Architekt dafür gewann die Gemeinde Prof. Wilhelm Werdelmann, den Direktor der Kunstgewerbeschule Barmen. Durch die Einrichtung einer weiteren Pfarrstelle der Reformierten am Klingelholl wurde das Projekt doch zum Bau einer neuen Kirche umgewandelt, der man ihre Ursprünge bis heute jedoch ansieht. Anders als die neogotische Kirche am Markt, war die Idee hinter dieser Erlöserkirche modern geprägt. Der Kirchraum erhielt keine Bänke sondern Stühle, die bei jeder Gelegenheit umgeräumt werden konnten. Das runde Innendach war für die Gemeinde ungewohnt. Boshaft wurde dieser Raum nach dem ersten Pfarrer der Kirche, Walter Sproedt, als „Sproedts Fabrik“[474] bezeichnet. Das gibt einen Eindruck davon, wie diese Kirche auf die Gemeindemitglieder gewirkt haben muss, denn der Name „Fabrik“ leitet sich ganz klar von der Innenansicht der Kirche ab. Am 16. September 1914 war die Einweihungsfeier der Erlöserkirche. Seit Juli 1914 befand sich Europa und mit ihm seine Kolonien im Krieg. Eine Einweihungsfeier fand, wenn auch gekürzt um verschiedene Punkte, trotzdem statt[475].

1977. Kurze Geschichte der evangelisch-reformierten Gemeinde Barmen-Gemarke, Wuppertal 1977, 26.

[474]Vgl.: Kirchenkreisarchiv Wuppertal, Kirchengemeinde Wichlinghausen, ohne Signatur.

[475]Vgl.: Ebenda.

60. Die Erlöserkirche, fotografiert vom Architekten, Prof. Wilhelm Werdelmann

Der 1. Weltkrieg blieb auch für Wichlinghausen nicht ohne Opfer. An die 700 bis 800 im Krieg Getöteten der Gemeinde Wichlinghausen erinnert seit 1926 eine Gedenktafel auf dem Friedhof an

61. 1914 zog er freiwillig in den Krieg: Gustav Friedrich Merck

der Friedhofstraße[476]. Namentlich erwähnt sind diese aber nicht. Allerdings waren unter den im Krieg gebliebenen Wichlinghausern auch 75 Mitglieder des CVJM. Dazu gehörten etwa der Schreinermeister August Henderkott, der in der Sonnabendstraße 53 wohnte, oder der Fabrikarbeiter Walter Windgassen aus der Lüdorfstraße[477]. Auch einer der Pfarrer aus Wichlinghausen, Pastor Merck, der bereits im Krieg von 1870/71 im vierten Regiment gedient hatte[478], „[eilte] freiwillig zu den Fahnen“[479], kam aber unversehrt aus dem Krieg zurück und blieb bis zu seinem Tod 1930 Pfarrer in Wichlinghausen[480].

Das Ende des Ersten Weltkriegs ging einher mit dem Ende des Kaiserreichs und dem Beginn der Weimarer Republik. Wichtiger für die Geschichte Wichlinghausens waren innerhalb dieser Dekade jedoch zwei lokalhistorische Ereignisse. Zum einen die Gründung der Stadt Wuppertal im Jahre 1929[481], zum anderen die zeitlich davor liegende Erweiterung Barmens um die Gemeinden Nächstebreck und Langerfeld, denn dadurch verlor Wichlinghau-

---

[476]Vgl.: Stock, Gräber, 57. Helmich geht lediglich von 176 Männern aus, eine Zahl, die mir angesichts der Größe von Wichlinghausen in dieser Zeit sehr gering erscheint, vgl.: Helmich, Wichlinghausen, 158.

[477]Vgl.: Schnickmann, Heiko/Kuhlmann, Inge: Volkstrauertag: Erinnern an die Getöteten der Weltkriege, in: Gemeindegruß der evangelischen Kirchengemeinde Wichlinghausen-Nächstebreck, Oktober/November 2014, 6-7.

[478]Vgl.: Merck, Festgruß, 10.

[479]Lutze, Gemeinde, 13.

[480]Vgl.: Helmich, Wichlinghausen, 275.

[481]Vgl.: Schnöring, Kurt: Wuppertal zwischen den Weltkriegen, in: Goebel et al., Wuppertal 1977, 141.

sen nach Nordosten hin seine Grenzstellung zur preußischen Provinz Westfalen[482].

Noch wichtiger aber waren die sozialen Bewegungen, die sich in den 1920er Jahren bemerkbar machten. Wenn es aus der Kirchengemeinde heißt, dass „die hohen Steuerzahler [wegziehen und] die Gemeinde mehr und mehr Vorortcharakter bekommt“ oder sie „eine Arbeitergemeinde geworden“[483] sei, dann zeigt sich in diesen Feststellungen ein wesentlich gravierenderer Wandel als der Wechsel von Kaiser zu Präsident: In Wichlinghausen ändern sich die sozialen Strukturen, was für Probleme nicht nur bei der Kirche sorgte.

1927 brannte die alte Kirche am Markt ab, ein Umstand der der Stadtplanung sehr gelegen kam, da nun der Weg frei war, die Wichlinghauser Schulstraße direkt mit der Westkotter Straße zu verbinden. Auf der gegenüberliegenden Seite, in der neuen Wichlinghauser Kirche, tat sich allerdings auch etwas. In den Jahren 1928 und 1929 wurde der Innenraum durch den Architekten Peter Klotzbach und den Regierungsbaumeister Paul Flieter neu gestaltet[484].

Die größten Veränderungen gab es allerdings im Westen von Wichlinghausen, als die erst seit dem Ende des 19. Jahrhunderts stehenden Fachwerkhäuser der BBA um weitere Gebäude neueren Stils erweitert wurden und so die Siedlung Sedansberg entstand. Durch den Bau der Siedlung wurde zwischen den Orten Wichlinghausen und Gemarke eine Lücke geschlossen, die mitten auf der Grenze beider Gebiete lag. Nötig geworden war diese Siedlung durch die zuvor genannten Veränderungen innerhalb Wichlinghausens, in dem mehr Platz für Arbeiter geschaffen werden sollte.

---

[482]Vgl.: Helbeck, Nächstebreck, 244f.
[483]Ebenda, 162.
[484]Vgl.: Hendricks, Wichlinghauser Kirche, 122 – 125.

Erste Bebauung in diesem Gebiet hatte es bereits zu Beginn des 19. Jahrhunderts gegebenen als von Gemarke ausgehend die Leimbach entlang begonnen wurde, Häuser zu errichten[485]. Doch erst zum Ende des 19. Jahrhunderts hin wurde der Sedansberg zu einem tatsächlich interessanten Bebauungsprojekt erklärt. Baute zunächst die BBA seit 1875 mit dem Komplex Wichelhausberg I und ab 1896 Wichelhausberg II zahlreiche ihrer Fachwerkhäuser auf, so wurden diese Bauten in zwei Bauphasen durch die Errichtung der Siedlungen am Sedansberg ergänzt[486].

Die große Fläche des Sedansberges lud bei der Bebauung dazu ein, das Areal nicht zu dicht zu bebauen, Grünflächen anzulegen und tatsächlich eine eigenständige neue Siedlung zu kreieren, in deren Mittelpunkt sich mit St. Marien sogar eine eigene katholische Kirche befand, die den eigenständigen Charakter der Siedlung neben der einschließenden Bebauung zusätzlich betonte.

Der Ursprung der Bebauung von Gemarke aus ist bis heute wohl ein Grund dafür, warum jenseits der Westkotter Straße für viele Menschen Wichlinghausen aufhört und sich die Menschen auf dem Sedansberg bis heute kaum als Wichlinghauser, sondern viel mehr als Barmer verstehen. Die Verbindung war historisch, ideell und architektonisch klar zu Barmen hin orientiert. Mit St. Marien als Tochtergemeinde von St. Antonius wurde diese Beziehung auch kirchlich unterstrichen. Dennoch liegt ein großer Teil des heutigen Sedansberges klar auf Wichlinghauser Gebiet.

Durch die Nähe der Erlöserkirche zu diesen Siedlungen und einer weiteren Baumaßnahme in deren Vorhof wiederholte sich auch hier die Entwicklung hin zu einer eigenständigen Siedlungsmentalität, die sich bis heute darin zeigt, dass die Erlöserkirche als neue Hauptkirche der Gemeinde Wichlinghausen-Nächstebreck von den Alt-Wichlinghausern nicht angenommen wird. Dieser Teil Wich-

---

[485]Vgl.: Heuter, Christoph: StadtSchöpfung. Siedlungen der 1920er Jahre in Wuppertal-Barmen, Wuppertal 1995, 32.

[486]Vgl.: Ebenda.

linghausens gehört seit spätestens dem frühen 20. Jahrhundert mental nicht mehr dazu, sondern wurde ein eigenes Quartier.

Dieses Heimatbewusstsein in den einzelnen Quartieren drückte sich auch auf anderen Wegen aus. Es mag Zufall sein, doch ein großer Teil der Fotografien, die Wichlinghausen vor dem Zweiten Weltkrieg zeigen, stammen aus den 1920er Jahren. Die Backsteine, die sowohl die Oststraße als auch die Westkotter Straße pflasterten, die alte Kirche am Markt vor und während ihres Brands zeigen genau dieses Wichlinghausen der 20er Jahre. Im Jahre 1927 veröffentlichte Cläre Birkenstock selbst geschriebene Gedichte über Alt-Wichlinghausen. Schon in diesem Begriff zeigt sich eine Sehnsucht nach dieser Heimat Wichlinghausen, die sich mehr und mehr veränderte. Die Gedichte selber sind dabei eher amüsanter und zeitgenössischer Natur. Ein Auszug aus einem dieser Werke soll den Abschluss dieses Kapitels bilden:

> „[…]
> Ein Frühsommerabend unendlich mild
> Den Marktplatz zu silberne Schleier hüllt.
> Die Glocke schlägt neune mit hellem Schlag.
> Nun kommt das schönste Viertel vom Tag.
> In der alten Fontaine es raunt und rinnt,
> Sie ist so erwartungsvoll fröhlich gestimmt.
> Ist's ne heitere sorglose Stunde nicht,
> Wenn die Arbeit ruht - es wird still auf den Straßen -
> Der Mond sein träumerisch mildes Licht
> Sendet in trauliche Winkel und Gassen.
> Ueber dem Dörflein ein wunderbar traut,
> Ein selig erquickendes Feiern zieht.
> An der alten Fontaine, was steht man und lauscht,
> Singt leise der Brunnen sein Abendlied?
> […]“[487]

---

[487] Birkenstock, Cläre: Alt-Wichlinghausen. Gedichte verfaßt anläßlich des Winterfestes des Wichlinghauser Kirchenchores am 20. Februar 1927,

62. Die Westkotter Straße in den 1920ern

63. Die Tütersburg in den 1920ern

Barmen 1927, 9-12.

5. Wichlinghausen in und nach dem Zweiten Weltkrieg

Mit dem Jahr 1933 begann in Deutschland die Herrschaft der NSDAP und Adolf Hitlers. In einer Wahl am 5. März 1933 ließen sich Hitler und die NSDAP ihren Antritt als Regierungspartei in Berlin noch einmal durch die Bevölkerung bestätigen. Dank der Veröffentlichungen der Endergebnisse im Generalanzeiger der Stadt Wuppertal lässt sich recht eindeutig das Wahlverhalten der Wichlinghauser nachvollziehen. Bei der Reichstagswahl wurden in Barmen insgesamt 140.416 Stimmen abgegeben. Davon waren etwa 11.749 Stimmen ungültig. Von den restlichen Stimmen gingen insgesamt 58.486 Stimmen an die NSDAP, was einem Stimmenanteil von etwa 45,46 % entspricht. Die SPD kam auf 16.772 Stimmen (13 %), die Kommunisten auf 28.509 Wähler (22,16 %) und die Zentrumspartei auf 10.327 Stimmen (8 %). Die restlichen Stimmen verteilen sich auf sechs weitere Parteien, wie die Bauernpartei (14 Stimmen) oder auch die Kampffront schwarz-weiß-rot, die auf etwa 9.644 Stimmen kam[488].

64. Das Wahllokal mit dem höchsten Anteil der NSDAP in Wichlinghausen: Die Dieker Schule

[488]Vgl.: Stadtarchiv Wuppertal, Reichstagswahlen am 5. März 1933, A 525.

Insgesamt gab es in Wichlinghausen 22 Wahllokale. In allen Wahlbezirken war die NSDAP klarer Gewinner vor allen anderen Parteien. Dennoch zeigen sich Unterschiede in der Stärke des Gewinns. In einigen Fällen war die NSDAP bei über 50 Prozent gelandet, in anderen Fällen lag sie nur knapp vor den Kommunisten. Demnach kann man den Wahlbezirk Am Diek klar als die Wichlinghauser Hochburg der NSDAP bezeichnen, wo sie mit 65,9 Prozent gewählt wurde. Mit einigem Abstand, aber mit klar über 50 Prozent lagen die Wahlbezirke Kreuzstraße, Gennebrecker Straße, Hatzfelder Straße, die Collenbuschstraße und der Bezirk Bergstraße, heute Tütersburg. Auch der Wahlbezirk Hugostraße, wo sich der jüdische Friedhof befindet, lag bei 54 Prozent. Am anderen Ende des Spektrums lag hingegen der Bereich Klingelholl, wo nur 36,3 Prozent der Wahlberechtigten ihre Stimme der NSDAP gaben. Kommunisten und SPD kamen hingegen zusammen auf 46 Prozent. Generell zeigt sich, dass das Arbeitermilieu im Südwesten Wichlinghausens mehr auf Seiten der Kommunisten stand. Die Westkotter Straße und der Bezirk um die Amselstraße wählten die NSADP mit unter 40 Prozent der Stimmen. Am Markt selber hielt sich das Wahlergebnis etwa im Durchschnitt Barmens, lag also bei um die 45 Prozent[489].

Bei den NSDAP-Hochburgen in Wichlinghausen zeigen sich klar zwei Beobachtungen. Zum einen sind dort ländliche Regionen zu bemerken, wie das Hatzfeld, das Markland oder auch die Tütersburg und daran angeschlossen die Kreuzstraße und deren angeschlossenen Straßen Bilten oder Müggenburg. Zum anderen ist mit dem Diek das Villenviertel Wichlinghausens und das Industriegebiet besonders stark für die NSDAP. Die Bereiche Collenbuschstraße und Hugostraße fallen aus diesen Beobachtungen hinaus. Bei letzterer hat das Vorhandensein des jüdischen Friedhofs eventuell zu einem Erfolg der NSDAP geführt. Das andere Spektrum ist

[489]Analyse nach Zahlen aus dem Generalanzeiger vom 6. März 1933, Nr. 55b, 6.

klar definiert durch ein Arbeitermilieu im Bereich Sedansberg und Westkotten. Hier wählten weniger Menschen die NSDAP, sondern blieben eher dem linken Sprektum treu. Um es kurz zu machen: Der Nordosten von Wichlinghausen neigte weitaus mehr der NSDAP zu als der Südwesten, das Zentrum lag im Durchschnitt.

Es stellt sich dabei klar die Frage, ob jüdisches Leben in Wichlinghausen überhaupt eine Rolle spielte. Die zugänglichen Quellen schweigen im Prinzip über jüdisches Leben in Wichlinghausen. Daraus jedoch zu schließen, dieses hätte es nicht gegeben, ist sicherlich zu kurz gegriffen. Von den 643 Juden, die im Jahre 1910 in Barmen lebten[490], wohnten auch einige in Wichlinghausen. Mit der zunehmenden Zahl an Juden in Barmen mehrten sich die Stimmen, die eine eigene Gemeinde verlangten. Diese wurde 1894 gegründet. Bereits ein Jahr später wurde der Grundstein für die jüdische Synagoge in der Straße Zur Scheuren gelegt. Auch einen Friedhof benötigte die Gemeinde. Das Ehepaar Dannenberg kaufte dazu ein Grundstück an der Hugostraße, wo bereits 1895 mit Moses Meyer der erste Verstorbene bestattet wurde[491].

Die Tatsache, dass der jüdische Friedhof in Wichlinghausen lag, führte jedoch nicht dazu, dass Wichlinghausen zu einem Stadtteil wurde, in dem sich zahlreiche Juden niedergelassen hätten. Tatsächlich ergab eine Stichprobe der auf dem Friedhof begrabenen Menschen, dass die Zahl der dort begrabenen Wichlinghauser eher gering ist. Von den über 200 dort Begrabenen wurden von mir etwa 170 überprüft und nur eine war tatsächlich aus Wichlinghausen: Adele Risch, die 1935 starb und in der Westkotter Straße 114 gewohnt hatte[492].

Die Herrschaft der Nationalsozialisten war eine Zäsur im Leben

---

[490]Vgl.: Stock, Gräber, 278.

[491]Vgl.: Ebenda, 331-333. Ob es sich bei diesem Meyer um einen Verwandten des ersten erwähnten Wuppertaler Juden Isaak Meyer handelt, ist aufgrund der Häufigkeit des Namens nicht nachweisbar.

[492]Vgl.: Ahland,Timo/Schrader, Ulrike: Haus des Lebens. Der jüdische Friedhof in Wuppertal-Barmen, Wuppertal 2007, 62-66.

der jüdischen Bevölkerung. Den relativ schnell nach der Wahl von 1933 folgenden Repressionen waren auch die Wichlinghauser Juden ausgesetzt. Die Aufrufe zum Geschäftsboykott jüdischer Händler in Wichlinghausen sind beispielsweise dokumentiert. Das prominenteste Beispiel dafür dürfte die Firma Rabanus & Liebmann gewesen sein, die noch heute Am Diek 25 ihren Sitz hat und produziert. Walter Liebmann war Halbjude und daher Grund für den Boykott. Ein Nachbar der Firma, Ernst Werth aus dem Diek 23, arbeitete als Vertreter. Auch ihm sollte die nichtjüdische Bevölkerung Wichlinghausens nichts mehr abkaufen. Es verwundert daher nicht, dass ein Großteil der Juden schon vor Kriegsbeginn ins Exil gegangen war[493]. Der noch in Wuppertal verbliebene Rest wurde ab 1941 deportiert.

Zu diesen deportierten Juden gehören auch eine Reihe von Juden aus Wichlinghausen und Oberbarmen. Die Familie Rosenberg aus der Wichlinghauser Straße 28 wurde nach Minsk deportiert. Weiter oben in dieser Straße, in Nr. 50, wohnte Familie Steinmann, deren Tochter Else Herz als Textilkauffrau arbeitete und in Auschwitz umkam. Ihr Vater Siegfried kam nach Treblinka. In Auschwitz starb Hermann Frankenberg, ein jüdischer Viehhändler aus der Königsberger Straße. Auch zwei Überlebende des Holocaust sind bekannt. Neben Erna Epstein aus der Westkotter Straße 51, war dies noch der Schumacher Leiser Silberberg aus der Bartholomäusstraße 41, der jedoch 1962 bei einem Autounfall ums Leben kam[494].

In der Reichsprogromnacht im November 1938 wurden der Friedhof und die Leichenhalle in der Hugostraße zerstört. Letztere

[493]Vgl.: Stock, Gräber 279.

[494]Die hier dargestellten Fakten sind innerhalb eines lehrreichen Tages in der Bibliothek der Begegnungsstätte Alte Synagoge in Elberfeld von mir herausgesucht worden. Dank einer dort existenten Excel-Tabelle mit Adressen, Berufen und den Todesorten der Wuppertaler Juden kann man relativ schnell fündig werden. Dem Team der Alten Synagoge sei an dieser Stelle für seine Hilfe gedankt.

brannte bis auf die Grundmauer nieder. Die Feuerwehr schritt erst ein, als die Gefahr bestand, dass das Feuer der Leichenhalle auf andere Gebäude übergreifen konnte[495]. Der Friedhof wurde während des Krieges dennoch weiter genutzt. Die so genannten Russengräber sind Zeugnisse für die Bestattung russischer Zwangsarbeiter jüdischen Glaubens, die ihr Leben bei der Arbeit in der Müllverbrennungsanlage am Klingelholl ließen[496].

65. Der jüdische Friedhof in der Hugostraße

Auch für das kirchliche Leben in Wuppertal bedeutete die Herrschaft der Nationalsozialisten einige Einschnitte. Dies begann zunächst mit den Deutschen Christen, einer sehr national eingestellten Gruppe von Kirchgängern, die einer Theologie folgten, die sich klar gegen alles Jüdische wandte. Daneben waren sie gegen den

---

[495]Vgl.: Ahland/Schrader, Haus, 22-24.
[496]Vgl.: Stock, Gräber, 335.

kirchlichen Förderalismus der Landeskirchen, um diesen gegen ein Führerprinzip einzutauschen, und richteten sich gegen den Marxismus in jeder Form. Sie machten aus der Verbindung von Schöpfung, Führer und Vaterland eine Melange, die nach 1933 neuen Aufwind erhielt und die Kircheneintritte beflügelte.

In Wichlinghausen finden sich Spuren ihres Einflusses. Wenn das Presbyterium eine Verlautbarung der beiden Wuppertaler Kirchenkreise unterschrieb, in der es heißt, man begrüße "mit herzlicher Freude das Erwachen der deutschen Nation und die Erhebung unseres Volkes" und man danke "Gott für die Männer, durch deren kraftvolles Handeln uns der neue Staat geschenkt wurde", dann lässt dies keine Zweifel offen, welcher Geist in Wichlinghausen herrschte[497].

66. Mitglied der bekennenden Kirche: Pfr. Hermann Lutze

Das änderte sich erst am 2. Juli 1934, als das Presbyterium schließlich beschloss, sich der Bekennenden Kirche zuzuordnen. Mit einer Mehrheit von 10 Stimmen wurde der Antrag angenommen. Es gab vier Enthaltungen, die Presbyter der Deutschen Christen waren schon vorher gegangen und sollten auch nicht wiederkommen. Pfarrer Krampen, der vorher den Deutschen Christen nicht ablehnend gegenüber gestanden hatte, stellte den Antrag auf Dringlichkeit des Beschlusses[498].

Wie der Einfluss der Deutschen Christen schwand, zeigt sich auch

[497]Vgl.: Helmich, Wichlinghausen, 172.
[498]Vgl.: Ebenda, 175.

bei der Neubesetzung des 2. Bezirks, nachdem Pfarrer Bastert 1935 ausgeschieden war. Die Gemeinde war entschlossen, einen Pfarrer, der an der Bekenntissynode in Barmen teilgenommen hatte, nach Wichlinghausen zu holen: Hermann Lutze[499]. Eine solche Einstellung führte unweigerlich dazu, dass die Pfarrer der Gemeinde von der Gestapo beobachtet wurden[500].

An dieser Stelle muss noch ein weiterer Pfarrer aufgeführt werden, der in Wichlinghausen wirkte, aber seit 1927 zur reformierten Gemeinde Gemarke gehörte. Karl Immanuel Immer, der den 6. Bezirk Klingelholl betreute und im Pfarrhaus Klingelholl 54 wohnte, war Mitbegründer der Bekennenden Kirche. In seinem Pfarrhaus trafen sich die Mitglieder abends nach dem offiziellen Teil und berichteten über das Leben in den teilnehmenden Gemeinden. Karl Immers Einfluss auf die Bekennende Kirche und ihre Beschlüsse bis hin zur Barmer Theologischen Erklärung, die seine Tochter Leni Immer auf der Schreibmaschine abtippte, war weitreichend. Von Immer stammte der Beschluss, der das Wesen der Kirche bis hin zum Widerstand gegen einen 1938 zu leistenden Eid der Pfarrer auf Hitler zusammenfasste: „Ungehorsam gegen ein Kirchenregement, das wider Gottes Wort regiert, ist Gehorsam gegen Gott“[501]. Immer legte sich jedoch nicht nur mit dem Kirchenregiment an, auch gegen den Staat lehnte er sich auf. Die Wahl zu einem neuen Reichstag 1936 boykottierte er und rief dazu auf, an dieser Wahl nicht teilzunehmen, die gleichzeitig bedeutet hätte, mit Hitlers Außen- und Innenpolitik konform zu gehen. Immer war der Meinung, dass Kirche die Pflicht besaß, das Volk darüber aufzuklären, wenn es sich selber Unglück bringe. Dieser Pflicht kam er nach. Als Konsequenz daraus wurde sein Pfarrhaus

[499]Vgl.: Lutze, Hermann, Halt im Wetterwind, Erlebnisse und Erfahrungen aus acht Jahrzehnten, Köln 1983, 116.

[500]Vgl.: Hölzel, Reinhard: Feind schreibt mit – Wichlinghauser Gottesdienst während der NS-Zeit, in: Kirchengemeinde Wichlinghausen, Kirche, 10.

[501]Steiner, Gemarke, 33.

mit der Aufschrift „Hier wohnt der Volksverräter Immer“ beschriftet und vor seinem Haus kam es zu einem dauerhaften Tumult, der Immer und seine Familie zwang, für einige Tage das Haus zu verlassen[502]. Immer wurde 1937 verhaftet und in Berlin interniert. Dort erlitt er einen Schlaganfall an dessen Folgen er bei einem Erholungsurlaub 1944 in Bad Meinberg verstarb. Beerdigt wurde er auf dem reformierten Friedhof Hugostraße.

Immers Weigerung, Hitlers Außenpolitik zuzustimmen, zeigte einen Weitblick, der den meistens Wichlinghausern fehlte. Erst ab September 1939 wurden sie sich den Auswirkungen dieser Politik bewusst, als zahlreiche Männer aus Wichlinghausen zum Kriegsdienst eingezogen wurden. Eine genaue Aufzählung von Wichlinghausern, die im Zweiten Weltkrieg kämpften und starben, gibt es nicht. Ein undatiertes Büchlein im Stadtarchiv Wuppertal allerdings listet nach Stadtbezirken geordnet diejenigen auf, die aus Wuppertal wohl 1939 und 1940 gefallen sind. Wenn auch das Jahr nicht klar ist, so hat der Verfasser durchaus Tag und Monat vermerkt. So war der erste im Krieg gestorbene Wichlinghauser, der dort verzeichnet ist, Helmut Brüder, der am 25. September 1939 verstarb und vorher in der Westkotter Straße 159 gewohnt hatte. Der Anstreicher Paul Windgassen war Mitglied im CVJM und wohnte in der Freiheitsstraße 43. Aus dem Bereich Westkotten fielen kurz hintereinander der Buchdrucker Emil Middeldorf und der Schreinermeister Egon Blum, die beide in der Hugostraße 12 gewohnt hatten[503]. Das wohl letzte Wichlinghauser Opfer des 2. Weltkrieges war ein Pfarrer der Gemeinde. Karl Krampen war bereits im März 1941 einberufen worden. Am 21. April 1945 wurde er durch einen Kopfschuss auf der Schwäbischen Alb getötet[504].

---

[502]Vgl.: Helmich, Hans: „Hier wohnt der Volksverräter Immer. Pfarr- und Gemeindehaus Klingelholl 54, in: Goebel, Klaus: Historische Schauplätze in Wuppertal, Solingen und RemscheidWuppertal 1990, 39ff.

[503]Vgl.: Schnickmann/Kuhlmann, Volkstrauertag, 6-7.

[504]Vgl.: Krampen, Hans: „Karl Krampen (1901-1945) – Leben und Gedanken eines gläubigen Christen, Bad Pyrmont 2014, 68-108.

67. Wohl der letzte Wichlinghauser, der im Krieg fiel: Pfr. Karl Krampen

Die Folgen des Krieges für das Stadtbild Wichlinghausens waren gering. Die Bomben der Alliierten trafen Wichlinghausen nicht. Dennoch ließen die Angriffe auf Barmen und Oberbarmen weitere Angriffe vermuten, so dass die Stadtverwaltung vor der Kirche einen Löschteich für den Fall eines Bombenangriffs anlegen ließ. Als die Bagger ankamen, wurden zunächst die alten Grabsteine beiseite geräumt und dann die Erde und mit ihr die Gebeine der Verstorbenen ausgegraben. Mit einem der Schädel wurde von den Kindern der Sonntagsschule sogar Fußball gespielt, bis das Treiben unterbunden wurde. Das hinderte viele der Jungen aber nicht daran, später erneut mit den Schädeln zu hantieren, die sie dann der Reihe nach auf die Mauer des Grundstücks legten. Der Löschteich selber wurde nie gebraucht und blieb auch nach Mai 1945 erhalten – zum Ärger der Gemeinde, die ihn loswerden wollte. Noch 1947 wurden Schreiben aufgesetzt, in denen die Stadt darum gebeten wurde, den Teich zu leeren, da die Gefahr bestünde, dass die Kinder und Jugendliche in ihn hineinfallen könnten[505].

Mit dem Kriegsende in Wuppertal am 18. April 1945 kam die amerikanische Besatzungsmacht nach Wichlinghausen. Sie hatte sich in zwei Villen in Wichlinghausen einquartiert. Im östlichen Teil saßen sie im Haus Am Diek 49. In der Mitte Wichlinghausens hatten sie sich die Villa Schneider-Paas in der Westkotter Straße

[505]Vgl.: Teckenberg, Gerd: Vom Friedhof zum Löschteich, in: Kirchengemeinde Wichlinghausen, Kirche, 8; sowie Erzählungen von anderen Gemeindegliedern.

175 als Dienststelle ausgesucht. Die Eigentümer der Villa zogen in das gegenüberliegende Pfarrhaus zu Herman Lutze ein. In die Zeit der amerikanischen Besatzung fällt mindestens ein sexueller Übergriff auf eine Wichlinghauserin durch einen der Soldaten, die durch den Bericht Pfarrer Lutzes belegt ist. Die Amerikaner nutzten darüber hinaus die Erlöserkirche für ihren Militärgottesdienst[506]. Sie wurden später durch die Briten abgelöst, die in denselben Gebäuden ihre Dienststellen errichteten[507].

68. Volksmissionar Pfr. Arthur Stephan

Die Tatsache, dass Wichlinghausen im Zweiten Weltkrieg nahezu verschont geblieben war, brachte in den Nachkriegsjahren zahlreiche Menschen in den Stadtteil. Die Zahl der lutherischen Gemeindeglieder war so von 21.000 Menschen im Jahr 1933 auf 28.000 Menschen 1946 gestiegen. Das hatte auch damit zu tun, dass die Industrie in Wichlinghausen den Krieg relativ unbeschadet überstanden hatte.

Mit dem Tode Pfarrer Sproedts 1945 folgte ihm mit Pfarrer Arthur Stephan ein charismatischer junger Pfarrer nach, der es recht schnell schaffte, die Gemeindeglieder und auch Kirchenfremde von sich und der Gemeindearbeit zu überzeugen. Während Stephan in der Erlöserkirche seinen Dienst verrichtete, hatte an der Wichlinghauser Kirche kein weniger charismatischer Pfarrer die Nachfolge von Pfarrer Hölzel angetreten: Walter Posth, der in seiner Anfangszeit in kurzen Lederhosen durch Wichlinghausen lief und die älteren Gemeindeglieder

---

506 Vgl.: Lutze, Wetterwind, 132.
507 Vgl.: Hendricks, Halstenbach, 68.

sehr verstörte[508]. Bei der Gemeindejugend hingegen war er als zuständiger Jugendpfarrer sehr beliebt. Zwei Charismatiker hatten jedoch auch zur Folge, dass sich die beiden Kirchenbezirke in einem Konkurrenzkampf befanden, der das ohnehin durch die Siedlungsbauten entstandene Gefühl der Eigenständigkeit beider Bezirke noch verstärkte[509].

Im Jahre 1945 kam es zudem in Wichlinghausen zu einem Ereignis von bundesrepublikanischer Bedeutung. Ausgehend von Pfarrer Lutze, dem Presbyter und Anwalt Otto Schmidt, dem Druckereibesitzer Klaus Brauda, dem Industriellen Ernst Plutte sowie dem Fabrikanten Halstenbach wurde der Beschluss gefasst, den sich neu etablierenden politischen Kräften der Linken eine bürgerlich-christliche Partei entgegen zu stellen. Zum Konzipieren dieser Idee traf man sich in der Villa Halstenbach am Diek 47[510]. Auch der ehemalige Kölner Oberbürgermeister, Konrad Adenauer, entschied sich, dieser entstehenden Partei beizutreten. Am 17. August 1947 wurde die Gründung der Christlich Demokratischen Partei beschlossen. Im Dezember 1945 benannte sich die CDP dann um in Christlich Demokratische Union, denn die Union aller Christen war eines der Hauptziele gewesen[511].

Dennoch bestimmten auch in Wichlinghausen Engpässe in der Versorgung und Not das Leben. Am deutlichsten wird dies an der Tatsache, dass der Weg von Wichlinghausen nach Schellenbeck recht unsicher war. Immer wieder kam es zu Überfällen, so dass sich Beerdigungsgesellschaften am Wichlinghauser Markt trafen, um gemeinsam zum Friedhof zu gehen[512]. Der Mangel war in Wichlinghausen ein großes Problem. Durch die in Wichlinghausen

---

[508]Vgl.: Posth, Walter: Gemeindegeschichte von Wichlinghausen 1945 bis 1957, Manuskript im Kirchenkreisarchiv Wuppertal, Gemeinde Wichlinghausen, Wi 02-31-1, 6.

[509]Vgl.: Helmich, Wichlinghausen, 199f.

[510]Vgl.: Hendricks, Halstenbach, 68f.

[511]Vgl.: Lutze, Wetterwind, 224.

[512]Vgl.: Posth, Gemeidegeschichte, 2.

niedergegangenen Brandbomben war es zu einigen Schäden an der Kirche gekommen, hinzu kamen Abnutzungsspuren, die dringend repariert werden mussten. Zur Finanzierung dieser Kosten wurden die aus Amerika kommenden Care-Pakete geöffnet, die verschenkten Zigaretten entnommen und verkauft[513].

Die Berichte über den Gottesdienst zum Weihnachtsfest 1945 um 6.00 Uhr morgens machen deutlich, dass in der Not dieser Zeit der Glaube der Wichlinghauser wuchs. Posth berichtet, dass bis hinauf auf die Kanzel Menschen standen. Sogar außerhalb der Kirche befanden sich zahlreiche Menschen, die das Bedürfnis hatten, den Weihnachtsgottesdienst zu dieser Stunde zu feiern[514].

Die Nachkriegszeit in Wichlinghausen zeichnet sich so durch Not, aber auch durch Pragmatismus aus, wenn es darum ging, diese Not zu lindern. Das zeigt sich auch in der Durchführung der Jugendfreizeiten, die durch persönliche Kontakte und Einsatz schon 1945 durchgeführt und 1947 bis nach Baltrum gingen[515]. Es war dieses politische, kirchliche und ehrenamtliche Engagement, das die Wichlinghauser in die neue Bundesrepublik begleiten sollte, die Unterstützung der NSDAP in der Zeit davor jedoch wurde vergessen.

6. Strukturwandel in Wichlinghausen

Auch in Wichlinghausen zeigte sich das Wirtschaftswunder. Der Zuzug zahlreicher Menschen wurde dadurch gefördert, dass die in Wichlinghausen ansässigen Firmen helfende Hände suchten. Wer den Schulabschuss gemacht hatte, ging daher nicht unbedingt in die Lehre, sondern wurde Arbeiter in den Wichlinghauser Fabriken, was ihnen kurzfristig mehr Geld einbrachte als denjenigen, die eine Ausbildung machten[516].

---

[513]Ebenda, 4.
[514]Ebenda, 4.
[515]Ebenda, 3.
[516]Diese Informationen stammen aus der Erinnerung zahlreicher Wichlinghauser.

69. Jugendpfarrer Walter Posth

An Wochenenden liefen im Gemeindehaus Filme, zu denen Pfarrer Posth bis zu 2000 Menschen in das Gemeindehaus lockte. Gezeigt wurden für 50 Pfennig pro Person, die für die Gemeindearbeit genutzt wurden, zunächst Stummfilme, dann Tonfilme. Posth machte sich zudem mit seiner Kamera auf den Weg und filmte Szenen aus Wichlinghausen, die im Vorprogramm der jeweiligen Filme liefen. Auch eine Märchenverfilmung, in denen Kinder aus Wichlinghausen die Hauptrollen spielten, wurde auf einem solchen Filmabend gezeigt[517].

Was Walter Posth an der Wichlinghauser Kirche war, das war Arthur Stephan an der Erlöserkirche. Während Posth sich sehr stark auf die Jugendarbeit konzentrierte, lag Stephan die Idee der Volksevangelisation am Herzen. Als Posth 1957 die Gemeinde verließ und sich Stephan 1960 verabschiedete, war der Zenit der Gemeindearbeit aber bereits überschritten, denn „die große Zahl, die 1945-48 Kirche suchten, hatte sich verlaufen"[518].

Im selben Zeitraum wuchs bei einem jungen Wichlinghauser in der Riescheider Straße 14 die Überzeugung, politisch tätig werden

[517] Vgl.: Posth, Gemeindegeschichte, 9; Landeskirchenarchiv Rheinland, Nachlass Walter Posth 7NL 152.

[518] Helmich, Wichlinghausen, 201.

zu müssen[519]. Es war Johannes Rau, der unterhalb des Nordparks in einem der Häuser, die beim Bauprojekt Sedansberg erbaut wurden, wohnte.

70. Riescheider Straße 14: Das Wohnhaus von Johannes Rau

Als Rau 1931 geboren wurde, wurde er vor allem durch eine pietistische und erweckte Einstellung seiner Familie geprägt. Diese Prägung legte er bis zu seiner Zeit als Bundespräsident nicht ab und kultivierte sie zu einem Markenzeichen. Einer seiner Ziehväter war in diesem Sinne daher auch Pfarrer Karl Immer[520]. Schon in seiner Kindheit zur Zeit der Bekennenden Kirche soll Rau im Pfarrhaus Immer kleine Hilfsdienste geleistet haben und ging dort

[519]Vgl.: Goebel, Klaus: Nur einmal war er sprachlos. Erinnerungen an Johannes Rau, Neukirchen 2007, 27; Reulecke, Jürgen: „Zeitheimat" und „Generativität". Geschichte und Geschichten um Johannes Rau, in: Mittag, Jürgen/Tenfelde, Klaus (Hg.): Versöhnen statt spalten. Johannes Rau: Sozialdemokratie, Landespolitik und Zeitgeschichte, Oberhausen 2007, 35.
[520]Vgl.: Reulecke, Rau, 37.

ein und aus[521]. Die Beziehung zwischen Immer und Rau prägte Raus Verehrung für die Ideen der bekennenden Synode[522].

Raus spätere Wichlinghauser Jahre waren durch die von Leni Immer initiierte Jugendarbeit im sechsten Bezirk geprägt. Die Junge Gemeinde Gemarke traf sich regelmäßig zu Vorträgen und Gesprächsabenden, die man im Restaurant *Palette* am Sedansberg ausklingen ließ[523]. Das Restaurant *Palette* war, im Haus des Künstlers Adolf Röder gelegen, seit den 50er Jahren Treffpunkt zahlreicher Künstler, Intellektueller und Politiker[524].

Die Verbindungen, die Rau aus diesen frühen Kontakten zur Wuppertaler Führungsschicht aufbaute, sorgten dafür, dass seine politischen Ambitionen gefördert wurden[525], die ihn erst in die GVP und ab Ende des Jahres 1957 in die SPD brachten, für die er seit dem Ende der 1950er Jahre auch im Landtag saß[526].

Raus Wichlinghauser Zeit, die ihn in vielerlei Hinsicht geprägt hatte, endete erst in den 1970er Jahren. Er wohnte in seiner Zeit als Landtagsabgeordneter, als Oberbürgermeister und als Minister die ganze Zeit in der Riescheider Straße. Erst mit seiner Wahl zum Ministerpräsidenten zog er von Wichlinghausen nach Elberfeld, das er erst mit der Wahl zum Bundespräsidenten Richtung Berlin verließ[527]. Einer seiner letzten Besuche in Wichlinghausen galt im Oktober 1995 seinem goldenen Konfirmationsjubiläum, das er in der Wichlinghauser Kirche feierte.

[521]Vgl.: Goebel, Erinnerungen, 56.
[522]Vgl.: Ebenda, 21.
[523]Vgl.: Goebel, Erinnerungen, 23.
[524]Vgl.: de Bruyn, Barmen, 262ff.
[525]Vgl.: Goebel, Erinnerungen, 46.
[526]Vgl.: Reulecke, Rau, 41.
[527]Vgl.: https://de.wikipedia.org/wiki/Johannes_Rau (30. 09.2015).

71. Goldkonfirmation im Okotber 1995 mit Johannes Rau (oberste Reihe, Mitte)

Die Zeit des Wirtschaftswunders, in der Johannes Rau begann, politisch zu arbeiten, sorgte für einen enormen Aufschwung, der noch bis in die 1960er Jahre anhalten sollte. Zu diesem Zeitpunkt waren in Wuppertal insgesamt 93.000 Menschen in Industrie und Produktion beschäftigt. 30.000 davon arbeiteten in der Textilbranche[528]. Geht man dabei von einem konventionellen Standardfamilienbild aus, bei dem der Mann Geld verdiente und die Frau mit zwei Kindern zu Hause blieb, ernährte die Textilindustrie grob geschätzt in Wuppertal 120.000 Menschen bei einer Bevölkerung, die etwa bei 420.000 lag. Bricht man diese Zahlen für Wichlinghausen ein wenig herunter, darf man davon ausgehen, dass auch hier etwa dreißig Prozent der Bevölkerung von der Textilindustrie

---

[528]Vgl.: Schürmann, Heinz W.: Wuppertaler Wirtschaft auf neuen Wegen. Wechselvolle Entwicklung in vier Jahrzehnten, in: Werner, Gerhart (Hg.): Heimatchronik der Stadt Wuppertal, Wuppertal o.J, 240.

abhängig waren.

So beeindruckend diese Zahlen auch wirken mögen, offenbarten sie doch ein strukturelles Problem. Denn wenn so viele Menschen von einer einzelnen Industrie abhängig sind, stellt sich sofort die Frage, was passiert, wenn diese Industrie aus irgendeinem Grund verschwindet. Die Textilindustrie war daher auch der Strick, der dem Stadtteil schließlich das Genick brach. Bereits Ende der 1960er Jahre wurde etwa in der Firma Schüller & Sohn darüber geklagt, dass es eine große Konkurrenz aus dem Osten gebe, die auf Dauer ein Produzieren in Wichlinghausen unmöglich machen würde, weil die dortigen Lohnkosten wesentlich geringer seien als hier[529]. Dazu gehört auch der Umstand, dass die Firma Emil Flüs 1965 ihre Produktion einstellte[530].

Zunächst jedoch merkte man davon nichts. Die positive Entwicklung der 1950er Jahre prägte auch die 1960er Jahre. Arbeit gab es genug. Die Vollbeschäftigung, wohl eine in der Wirtschaftsgeschichte einmalige Episode, erfasste auch Wichlinghausen. Die Gastarbeiter aus Griechenland, Italien, Jugoslawien, der Türkei und dem Nahen Osten kamen auch nach Wichlinghausen, um hier zu arbeiten. Generell arbeiteten sie für weniger Geld als die einheimischen Arbeitskräfte und waren anspruchsloser, weil sie oftmals alleine gekommen waren und ihre Familien in der Heimat zurückgelassen hatten. Auch die Kirchengemeinde Wichlinghausen hatte in dieser Zeit Geld zur Verfügung, mit dem sie nicht nur begann, alte Gebäude zu renovieren, sondern sogar ein neues Pfarrhaus in der Neanderstraße zu bauen.

Während es in dieser Zeit in Wichlinghausen vielen Leuten noch sehr gut ging, wurde der entscheidende Stich für die Wichlinghauser Textilwirtschaft an ganz anderem Ort gesetzt. Mit dem Jahr 1978 kam in der Volksrepublik China Deng Xiaoping an die Macht, der die kommunistische Volksrepublik für die westliche

[529]So ein Augenzeugenbericht einer Betriebsversammlung 1968.
[530]Mit Dank an Rainer Rhefus für diese Information.

Marktwirtschaft öffnet und zahlreiche Firmen einlud, sich in China niederzulassen[531]. Unzählige Textilunternehmen kamen nach China und ließen dort für einen Bruchteil deutscher Lohnkosten produzieren. Diesem Konkurrenzdruck konnten nur wenige Unternehmen standhalten, zumal ein Großteil der Unternehmer in Wuppertal keine Großkonzerne, sondern Mittelständler waren. Dazu gehörten über 200 Betriebe, in denen weniger als zehn Menschen arbeiteten. In den restlichen 400 fand sich eine Spanne von 10 bis 13.000 Arbeitern und Angestellten[532]. In Wichlinghausen war die RiRi Reißverschlußfabrik an der Gennebrecker Straße eine der ersten Firmen, die diesen Druck bemerkten. Nachdem sie bereits 1970 von den Opti-Werken in Essen übernommen worden waren, stellte man am Standort Wichlinglinghausen 1990 die Produktion ein[533]. Noch im Jahre 2006 wurden bei Schüller & Sohn Bänder hergestellt, bis das Firmengebäude mitsamt den noch vorhandenen Webstühlen verkauft wurde. 2012 meldete BOB-Textil in der Wichlinghauser Straße Insolvenz an.

Dieser über mehrere Jahrzehnte andauernde Niedergang der Wichlinghauser Textilindustrie hatte für die Bevölkerung unangenehme Folgen. Vor allem diejenigen, die ohne Lehre als angelernte Arbeiter viel Geld gemacht hatten, und dieses oftmals in die Kneipen und Restaurants der Gegend brachten, verloren nun ihre Arbeit, ohne dass sie eine große Aussicht auf eine neue Anstellung anderswo bekamen. Aber auch diejenigen, die jahrelang mit abgeschlossener Berufsausbildung in einem der Unternehmen gearbeiteten hatten, waren oftmals Experten für die Textilbranche und konnten so kaum in anderen Bereichen unterkommen, wenn sie nicht sowieso schon ein Alter erreicht hatten, in dem sie nur schwer eine Stelle bekommen konnten.

Unter diesen Umständen schrumpfte das Einkommen der ehema-

[531]Vgl.: Vogelsang, Kai: Geschichte Chinas, Stuttgart 2012, 585.
[532]Vgl.: Schürmann, Wirtschaft. 240.
[533]Mit Dank an Rainer Rhefus für diese Information.

ligen Arbeiter, Frührentner und Arbeitslosen auf ein Minimum, das es kaum ermöglichte, andere Branchen in Wichlinghausen weiter zu finanzieren. Elektrogeschäfte, Bäckereien, Gemüseläden und Metzgereien, kurz der gesamte Wichlinghauser Einzelhandel, der sich noch 1954 in der Festschrift zum 25jährigen Bestehen der Stadt Wuppertal mit Anzeigen verewigt hatte, also Geschäfte wie Radio Bremer, Schuhgeschäft Josef Siepe, die Kohlenhandlung Carl Wiebel oder die Lebensmittelgroßhandlung von Ewald Graf, um nur einige zu nennen[534], verschwanden nach und nach, weil sie entweder selber bankrott gingen, keine Nachfolger fanden oder in andere Teile Wuppertals zogen, in denen mehr Umsatz zu machen war.

Die Zeit, in der die Wichlinghauser ihren Stadtteil nicht mehr verlassen mussten, um sich mit den Dingen des täglichen Bedarfs einzudecken, war damit endgültig vorbei. Dabei spielte natürlich nicht nur der Niedergang der Textilindustrie eine wichtige Rolle, auch innerstädtische Planung kam hinzu. Einen ehemaligen Marktplatz in ein Verkehrszentrum zu verwandeln, war etwa eine dieser Entscheidungen[535].

Dieser Bebauungsplan Nr. 67 fußte auf einem Konzept, das sich in Wuppertal nach dem Zweiten Weltkrieg durchgesetzt hatte, aber bereits in den 1930er Jahren entwickelt worden war, um dem zunehmenden Automobilverkehr Herr zu werden. Die Zerstörungen des Zweiten Weltkriegs waren in der Barmer Innenstadt und in Wupperfeld bei der Umsetzung dieses Konzepts, das einem fließenden, strikt am Autoverkehr orientierten Verkehr folgte, hilfreich. Da man dort alles wieder aufbauen musste, konnte es auch gleich neu und autogerecht aufgebaut werden[536]. Das Problem im Falle Wichlinghausens war dabei, dass der Krieg hier nichts zerstört hatte. Die Fachwerkhäuser hatten den Krieg zwar unbescha-

---

[534]Vgl.: Wichlinghauser Bezirksverein, Heimattage, 14-34.
[535]Vgl.: Metschies, Schicksale, 143.
[536]Vgl.: de Bruyn, Barmen, 238.

det überstanden, standen aber der Straßenführung im Weg.

Hinzu kam die Tatsache, dass durch den oben beschriebenen Strukturwandel die Häuser in einem schlechten Zustand waren. Als im Oktober 1973 der Dachstuhl des Hauses Alte Straße 6 abbrannte, wohnten zum damaligen Zeitpunkt vierzig Gastarbeiter in diesem Fachwerkhaus[537]. Eine solche Belegung war jedoch nichts besonders, wenn auch die Anzahl im genannten Fall besonders hoch war. Tatsächlich machten zahlreiche Vermieter von dieser Gelegenheit Gebrauch und vermieteten ihre zum Teil seit Jahrzehnten vernachlässigten und nicht instand gehaltenen Häuser an Gastarbeiter, deren Ansprüche nicht besonders hoch waren, bis diese sie soweit heruntergewohnt hatten, dass die Gebäude nicht mehr zu retten waren[538].

Es versteht sich, dass diese Art der Gebäude bei den meisten Wichlinghausern nicht mehr als schützenswert wahrgenommen wurde, zumal als Gerüchte aufkamen, in den Häusern würde es von Ratten wimmeln oder Obdachlose würden sie zu Übernachtungszwecken nutzen[539]. Der Aufkauf der Gebäude durch die Stadt und ihr Abriss wurden von zahlreichen Wichlinghausern daher herbeigesehnt. Diesem Wunsch kam der Bebauungsplan 67 nach. Zusammen mit den Fachwerkhäusern wurde auch das Haus Wichlinghauser Straße 138 abgerissen, ein Bau aus dem Jahre 1881, das in Wichlinghausen als *Porta Nigra* bekannt war[540]. Dieses Haus behinderte den Verkehrsfluss enorm, da es die Autos, Busse und Straßenbahnen zu einer Kurve zwang, die man nicht einsehen konnte. Die angrenzenden Fachwerkhäuser der Alten Straße, der Wichlinghauser Straße und auch der Teichstraße, die bis dahin den *Beias* gebildet hatten wurden, wurden auch abgerissen und hinterließen eine Brachfläche. Einzig bei den Häusern Nr. 2, 4, 4a, 6 und

---

[537]Vgl.: Metschies, Wiederentdeckt, 152.
[538]Vgl.: Metschies, Schicksale, 144.
[539]Vgl.: Ebenda, 143f.
[540]Vgl.: Ebenda, 144.

8 der Oststraße und der Nr. 6 und 8 der Alten Straße wurde die Umsetzung des Planes gestoppt, weil der Landeskonservator sein Veto einlegte[541].

Bis zur Umsetzung des Bebauungsplans sollten knapp zehn Jahre vergehen. Bei der Fertigstellung des neuen Wichlinghauser Marktes waren zahlreiche Häuser verschwunden, andere durch Neubauten ersetzt worden. Letzteres traf vor allem für die Gebäude nördlich des Wichlinghauser Marktes zu, die bis 1972 moderneren Häusern weichen mussten. Im Osten des Marktes hatte man die gesamte untere Tütersburg abgerissen und ohne Ersatz gelassen. Um den Autoverkehr besser leiten zu können, war der Markt als solcher nicht mehr erkennbar und für Fußgänger regelrecht unbenutzbar.

Unabhängig davon überlegte auch die Kirchengemeinde Wichlinghausen aus Kostengründen einen radikalen Schritt zu gehen. Im Jahre 1970 dachte man dort darüber nach, die Wichlinghauser Kirche abzureißen. An ihrer Stelle sollte ein neues Haus entstehen, in dem man Gemeindearbeit und Gottesdienst miteinander hätte verbinden können. Der Architekt Günter Wessel mischte sich in diese Diskussion ein und entwarf ein Gebäude, das die alte Kirche in dieses Gebäude mit einbezogen hätte. Die Wiese vor der Kirche wäre dabei durch einen gläsernen Vorbau ersetzt worden, der bis zur Westkotter Straße gereicht hätte. Dieser Bau wäre eine Art Gemeindezentrum gewesen, durch das man den Kirchraum von unten hätte betreten können[542]. Weder dieser noch der ursprüngliche Plan des Abrisses wurden jedoch umgesetzt, spielten aber auch im neuen Jahrtausend eine Rolle, als die Zukunft der Wichlinghauser Kirche noch einmal diskutiert wurde.

Bereits zwei Wochen, nachdem der Wichlinghauser Markt 1973 fertig gestellt worden war, kamen erste Zweifel auf, ob die beab-

---

[541]Vgl.: Ebenda.

[542]Vgl.: Kirchenkreisarchiv Wuppertal, Gemeinde Wichlinghausen, Plan von Wessel, ohne Signatur.

sichtige Nutzung tatsächlich alle Anforderungen an moderne Stadtplanung erfüllte[543]. Die Reaktion auf diese Zweifel war der Bebauungsplan Nr. 553 von 1975, der das Gesicht des Marktes erneut ändern sollte. War der erste Bebauungsplan rein auf Verkehr ausgerichtet gewesen, so hatte der neue Plan klar zum Ziel, die bestehende Unzulänglichkeit des Bebauungsplans in ästhetischer Hinsicht abzuändern, denn diese „besteht darin, dass er die Erhaltung der städtebaulichen Eigenart im Ortsmittelpunkt von Wichlinghausen nicht den heutigen Erkenntnissen entsprechend berücksichtigt“, während der neue Plan eine Entwicklung ermöglichen sollte, „die dem Gedanken der Wahrung des Ortsbildes und des Denkmalschutzes in besonderer Weise Rechnung trägt“[544]. Anlass für diesen neuen Plan waren Überlegungen der Stadtsparkasse auf dem freigewordenen Grundstück des *Beias* einen mehrstöckigen Neubau mit Wohn- und Geschäftsräumlichkeiten zu bauen. Da man befürchtete, die Sparkasse könnte einen nützlichen, aber ästhetisch nicht passenden Betonbau errichten, wurde dieser Bau Dreh- und Angelpunkt der Planung[545]. Das Ergebnis dieses Prozesses ist das heute dort stehende Gebäude, das die Idee des *Beias* aufnimmt, in dem es verschiedene Häuser verbindet und in der Mitte einen kleinen Hof besitzt. Während man beim Bau nur bedingt die Materialien nutzte, die der restlichen Umgebung entsprachen, hatte man sich bei der Farbauswahl an den Fachwerkhäusern orientiert, so sind die Farben Grün und Schwarz prägend für den Bau, während die Schieferelemente des Gebäudes die Umgebung aufnehmen.

[543]Vgl.: Metschies, Wiederentdeckt, 145.
[544]Zitiert nach: Metschies, Schicksale, 146.
[545]Vgl.: Ebenda, 151f.

72. Das Gebäude der Sparkasse

An der Tütersburg wurde zunächst ein Park angelegt, der dem Gottesbrünnlein eine passende Umgebung geben sollte[546]. Daran angeschlossen war der Neubau eines Gebäudekomplexes für den Einzelhandel, der Tütersburg und Oststraße miteinander verband. Für den Markt selber stellte sich recht schnell heraus, dass die ursprünglichen Planungen nicht ausreichen würden und man wesentlich mehr Bauraum im Norden des Marktes benötigte. Der Bebauungsplan wurde daher in zwei Hälften geteilt. Die östliche Hälfte wurde wie geplant erstellt, die westliche Hälfte um den Bebauungsplan Nr. 737 erweitert. Diesem Plan ist das heutige Aussehen des Wichlinghauser Marktes zu verdanken, denn die zwischenzeitliche Lösung des Plan Nr. 553 sah schmucklose Blumenkübel als Grünflächen vor, die jedoch wenig Anklang fanden[547].

Die Planungen zur baulichen Veränderung des Raums hatten die Absicht, den Markt und seine Umgebung (wieder) zu einer Heimat umzugestalten, die ihm durch den ursprünglichen Plan genommen worden war. Vor dem Hintergrund der sozialen und wirtschaftlichen Entwicklung versprach man sich durch die Baumaßnahmen auch eine Steigerung der Attraktivität des Stadtteils.

Da eine solche Attraktivität jedoch auch andere Seiten hat, konnte der Umbau alleine dieses gesteckte Ziel kaum erreichen. Zudem war die Ausgangssituation eher schlecht. Neben der schwindenden Kaufkraft der Wichlinghauser wichen diejenigen, die weiter dort hätten einkaufen können, auf andere Stadtteile aus – allen voran die Barmer Innenstadt, die in der zweiten Hälfte des 20. Jahrhunderts ausgebaut wurde. Das Einkaufen dort wurde zunehmend attraktiver, was andere Barmer Ortsteile so zu einem Schattendasein verdammte[548]. Hinzu kam eine Veränderung innerhalb der Bevölkerung, die der Bebauungsplan 553 vor allem negativ bewertete, denn „die Bevölkerungsstruktur [wies] zunehmend jene Merkmale

[546]Vgl.: Ebenda, 156.
[547]Vgl.: Ebenda, 154.
[548]Vgl.: Metschies, Schicksale, 150.

der Überalterung und des wachsenden Ausländeranteils auf, die auf Verfallserscheinungen des breit gefächerten und gemischten Sozialgefüges hinweisen“[549]. An dieser Diagnose hat sich bis in die jüngste Zeit kaum etwas geändert – wenn auch sie auch weniger als Problem und eher als Chance betrachtet wird.

Die Mitgliederzahlen der Kirchengemeinde belegen, dass es sich bei Wichlinghausen um eine Gemeinde mit älteren Mitgliedern handelt. Gleichzeitig übersteigt der Anteil der Menschen unter 18 Jahren jedoch den der Menschen über 65 um etwa ein bis drei Prozent[550], was wiederum mit dem wachsenden Teil von Migranten zu tun hat, die in Wichlinghausen leben[551]. Andere Beobachtungen, die den Verfall deutlich machen, sind die wachsende Zahl an Leerständen von Läden und Wohnungen sowie eine hohe Fluktuation von Umzügen innerhalb des Stadtteils[552].

Diese Probleme waren bereits in den 1980er Jahren erkannt worden. Das langsame Aussterben des Einzelhandels sorgte bei den verbliebenen Händlern für Unruhe. Sie entschlossen sich 1981 zur Gründung einer Interessengemeinschaft[553], die sich das Ziel gesteckt hatte, dieser Entwicklung etwas entgegen zu setzen. Die Tatsache, dass die Interessengemeinschaft sich mittlerweile zu einem Bürgerverein gewandelt hat, weil die Einzelhändler weiter verschwanden und ihr so die Mitglieder ausgingen[554], zeigt, dass dieses Ziel nicht erreicht werden konnte.

---

[549] Ebenda.

[550] Vgl.: https://www.wuppertal.de/medien_zentral/bindata/Ueberarbeitung_IHK_Oberbarmen-Wichl_Stand_Okt_2011.pdf, 10 (30. September 2015).

[551] Ebenda.

[552] Eine Information aus der Hand von Paketlieferanten, denen dieses im Vergleich mit ihrem alten Liefergebiet auffiel.

[553] Vgl.: http://www.wuppertal-wichlinghausen.de/Ueber-uns/ (30.09.20115).

[554] So der Ehrenvorsitzende des Vereins im Gespräch.

73. Das neue Stadtteilzentrum: Die Wichlinghauser Kirche

Auch staatliche Bemühungen, den Stadtteil Wichlinghausen positiv zu entwickeln, gibt es. Durch die Initiative Soziale Stadt Oberbarmen/Wichlinghausen wurden neben Bauvorhaben, die soziale, pädagogische und ästhetische Ziele umsetzen sollten, auch kleinere Projekte finanziert, die das soziale Miteinander weiter fördern bzw. das Image des Stadtteils über seine Grenzen hinaus verbessern sollten.

Eines dieser geförderten Projekte betrifft die Wichlinghauser Kirche, die zu Ostern 2014 von der Kirchengemeinde Wichlinghausen-Nächstebreck als Gottesdienststätte verabschiedet wurde. Die Kirche blieb weiterhin im Besitz der Gemeinde und wurde nicht entwidmet. Man verpachtete sie jedoch an einen Verein der Diakonie Wuppertal, der die Räume bis September 2015 umbaute, um dort ein Stadtteilzentrum zu eröffnen, was am 26. September 2015 geschah[555].

Licht und Schatten fällt daher auf die zeithistorische Entwicklung des Stadtteils. Damit jedoch ging nicht unbedingt ein Verlust der Identität mit dem Stadtteil einher. Zahlreiche ehrenamtliche Bürger engagieren sich bis heute für den Erhalt ihrer Häuser und Straßen. Besondere Beispiele dafür fanden und finden sich in den Bereichen Eylauer Straße sowie in der Jung- und Nornenstraße, wo die Anwohner verkehrsberuhigte Plätze schufen, die mit ihren gepflegten Pflanzenkübeln und Sitzmöglichkeiten zum Verweilen einluden und -laden. Zwar ist noch immer einiges zu tun, wenn außerhalb des Stadtteils, vor allem auf den Südhöhen, also in Beyenburg, Ronsdorf, Cronenberg, oder auch Elberfeld, bei Wichlinghausen an eine Art Getto gedacht wird, doch wurden erste Schritte getan, um dieses Image abzuwerfen.

[555]Vgl.: http://www.evangelisch-wtal.de/index.php/aktuelle-meldungen-leser/wichlinghauser-kirche-10979.html (30.09.2015).

Zusammenfassung

Blickt man auf die historische Entwicklung Wichlinghausens zurück, stellt man recht schnell fest, dass es mehrere Punkte gibt, die für den Stadtteil von großer Bedeutung waren:

1. Das Fehlen von Wasser und gutem Boden im Wichlinghauser Kernland
2. Die Grenzlage zwischen den Regionen Mark und Berg
3. Religiosität und Frömmigkeit
4. Der Markt als Zentrum Wichlinghausens

Die natürlichen Bedingungen, die im Kernland Wichlinghausens zu finden waren, waren nicht von Anfang an schlecht. Wäre dies so gewesen, hätte sich kaum eine gesellschaftliche Struktur entwickelt. Vielmehr waren die Bedingungen zunächst durchaus gut. Die ersten (wohl sächsischen) Siedler, die sich im Bereich Wichlinghausen niederließen, fanden ein Gebiet vor, dass mit Buchen bewachsen war, in dem es einen durchaus fruchtbaren Boden gab und in dem ein Bach entsprang, der Mensch, Tier und Pflanzen bewässern konnte. Die Höhenlage im Norden sorgte zudem für eine gute Sonnenbestrahlung über den gesamten Tag, weil das Land von morgens bis abends von der Sonne beschienen wurde. Auf den ersten Blick war dieses Land daher ideales Bauland. Wenn dann noch zutrifft, dass seit antiker Zeit in der Nähe Straßen und Wege verliefen, die dafür sorgten, dass der Hof nicht ganz abgeschieden war, wurden die guten natürlichen Bedingungen durch soziale ergänzt.

Ein Problem trat erst dann auf, als das angewandte Erbrecht die Siedler zwang, ihr Land zwischen den Nachgeborenen aufzuteilen. Die Abgabenliste des Amtes Beyenburg aus der Mitte des 15. Jahrhunderts zeigt recht eindeutig, dass die Abgaben in Naturalien aus Wichlinghausen und dem Bereich Westkotten nicht mit anderen Erträgen, etwa aus Clausen, mithalten konnten. Daher liegt der Schluss nahe, dass Land, Boden und auch die Gewässer zu diesem

Zeitpunkt zu einem gewissen Grade erschöpft waren. Da zum selben Zeitpunkt aber die Beyenburger Amtsrechung von Geld weiß, das als Abgabe gezahlt wurde, scheinen sich die Wichlinghauser zu diesem Zeitpunkt durchaus wirtschaftlich betätigt zu haben und zwar nicht durch den Verkauf von Feldfrüchten.

Auch der Verkauf Wichlinghausens vor dem Jahr 1245, den die Ravensberger an ihre Ministerialen tätigten, weist in gewissem Maße daraufhin, dass das Gebiet eine gewisse wirtschaftliche Prosperität besessen haben muss. Der Käufer hat sicherlich darauf bestanden, für sein Geld einen Hof zu bekommen, der Einnahmen abwarf, gerade auch deswegen, weil der Hof am Rande des Einflussgebiets der Bielefelder lag.

Für mich besteht kaum Zweifel daran, dass die Prosperität durch die Verarbeitung von Zwirn bzw. der Bleicherei erklärt werden muss. Die räumliche Nähe zu den Flachsfeldern bei Sprockhövel sowie die Gründungslegenden, die den Ort der Garnbleiche an die Leimbach verlegen bzw. einen Wichlinghauser zum Stammvater der Garnnahrung erklären, sind für mich recht eindeutige Hinweise auf diesen Gewerbezweig.

Dabei ist eine Sache unbedingt zu bedenken. Die Rede ist hier von kleinen Mengen, die nebenberuflich verarbeitet wurden. Im Hauptberuf waren die Wichlinghauser weiterhin Bauern, die im Vergleich zu anderen weniger Erträge besaßen. Man darf sich daher die Bleicherei und Zwirnerei nicht als eine Art vormoderne Massenproduktion vorstellen, sondern als einen wahrscheinlich durchaus lukrativen Nebenerwerb.

Im Verlauf des Spätmittelalters und der Frühen Neuzeit sowie durch das Garnnahrungsprivileg wurde dieser Nebenerwerb professionalisiert. Diejenigen Wichlinghauser, die dem Gewerbe hauptberuflich nachgehen wollten, zogen von den unzureichenden Wassermengen der Wichlinghauser Bäche weiter zur Wupper, wie etwa ein Zweig der Familie Klingelholl. An diesen Orten waren die Bedingungen für ein hauptberufliches Gewerbe des Bleichens wesentlich besser geeignet als die Wiesen Wichlinghausens, was sich an den Wupperfeldern zeigt, die sich zum Ende des 18. Jahrhunderts unter anderem mit der Begründung der Unwirtschaftlichkeit von Wichlinghausen lossagten.

Gleichzeitig entstand so an der Wupper eine lohnendere Bleicherei als es in Wichlinghausen möglich war. Da die Boden- und Wasserbedingungen mit dem Zuzug und der weiter voranschreitenden Erbteilung eher schlechter wurden und durch die hauptberufliche Bleicherei an der Wupper das private Bleichen keinen oder kaum noch Gewinn abwarf, gingen die Wichlinghauser dazu über, sich mehr und mehr auf das Zwirnen und Weben zu konzentrieren, wozu sie neue Häuser benötigten, was um 1800 zum Bau neuer Fachwerkhäuser führte, die mehr Licht zum Arbeiten ließen. Mit der Spezialisierung auf Bänder und Fäden wuchs auch eine Schicht von Händlern, die die Produkte an den Mann brachten. Damit einhergehend etablierten sich andere Berufe, die sich zwischen 1400 und 1800 in Wichlinghausen finden. Fuhrunternehmer, Schmiede und Goldwaagenhersteller waren nur einige der Nutznießer der Textilproduktion in Wichlinghausen, die sich innerhalb dieses Geflechtes befanden.

Im Laufe des 19. Jahrhunderts konnte so eine Reihe von Firmen und Händlern entstehen, die den Ausbau Wichlinghausens von einem Teil Barmens mit nahezu dörflicher Struktur hin zu einer Stadtgesellschaft förderten. Dieses Geflecht bestand mit wechselnden Teilnehmern bis zum 20. Jahrhundert, in dem die Öffnung der internationalen Märkte, die eben nicht nur Absatzmärkte, sondern auch Arbeitsmärkte waren, zum Niedergang dieser Industrie führte.

Erkennbar in dieser gerafften Darstellung ist klar, dass die Wichlinghauser Wirtschaftlichkeit immer wieder vor besonderen Brüchen stand. Sie wandelte sich vom Ackerbau zur Bleicherei, spezialisierte sich auf Bänder und man wechselte vom selbstständigen Weber zum Lohnarbeiter. All das zeigt eine gewisse Anpassungsfähigkeit und Flexibilität, die von Anfang an Wichlinghausen prägte. Die Bewohner passten sich den widrigen und sich verändernden Bedingungen der Umwelt an. Dass diese Einstellung im Laufe des 19. Jahrhunderts verloren ging, ist ein Zeichen der verlorenen gegangenen Eigenständigkeit, die zum einen mit der preußischen Regierung in Berlin zu tun hatte, die alle Landstriche ihres Einzugsbereiches gleich verwaltete und behandelte, und zum anderen mit dem Wachsen der Stadt Barmen und später Wuppertal, die die Eigenständigkeit und Flexibilität der Wichlinghauser von ihrem Stadtteil weg hin zu Stadt und Land erweiterten. Während sich die Menschen vergleichsweise oft in der Zeit vorher den Bedingungen in Wichlinghausen anpassten, nutzten sie nun die Möglichkeit, den Bedingungen zu entkommen. Dabei ist entscheidend, dass dies vor allem die Mitglieder einer Führungs- und Bildungsschicht waren. Diese suchten ihr Glück anderswo, während der Teil der Bevölkerung, der sich an diese Schicht anzupassen pflegte, im Großen und Ganzen in Wichlinghausen verharrte.

Woher kam diese Anpassungsfähigkeit? Die Antwort auf diese Frage führt zum zweiten Faktor, der die Geschichte Wichlinghausens maßgeblich beeinflusste: die Grenzlage zwischen Mark und Berg. Wer an der Grenze wohnt, lebt auch immer am äußeren Rand eines Herrschaftsgebietes bzw. am Rand zweier solcher Regionen. Das hat sowohl Vor- als auch Nachteile. Beide Seiten prägten Wichlinghausen. Der sicherlich größte Nachteil am Leben an der Grenze besteht in der ständigen Gefahr, durch einfallende gegnerische Truppen angegriffen zu werden, weil Grenzland in politisch unsicheren Zeiten auch immer umkämpftes Gebiet ist. Diese Problematik war für Wichlinghausen vor allem zu zwei Zeitpunkten gegeben. Zum einen vom Ende des 14. Jahrhunderts bis in das 16. Jahrhundert hinein, als die Streitigkeiten zwischen den Herzögen von Berg und den Grafen von der Mark zur Abtretung Barmens an den Grafen führten, was den bergischen Herzog dazu veranlasste, bis zur Mitte des 15. Jahrhunderts Barmen und damit Wichlinghausen zurückzuerobern. Zum anderen in der Zeit des Jülisch-Klevischen Erbfolgestreits und des 30jährigen Krieges, als gegnerische Söldner immer wieder einfielen und Bauernhöfe überfielen. Bis auf die Bezeichnung *Burg* und die Überreste der Bauernburg südlich des Nordparks haben diese Ereignisse jedoch kaum Spuren hinterlassen, wenn man von der dauerhaften Trennung zwischen Ober- und Unterbarmen absieht, die sich im 14. bzw. 15. Jahrhundert abzeichnete.

Ganz anderer Natur waren stattdessen die positiven Aspekte der Grenzlage. Diese zeigen sich in einer relativen Selbstständig- und Unabhängigkeit, die bis zu einer eigenen Verwaltung führte. Dieses Gefühl prägte die Mentalität Wichlinghausens bis in das 19. Jahrhundert hinein. Als Grenzort ist man außerhalb von Krisenzeiten in den meisten Fällen sich selbst überlassen. Das führt oftmals zu der Erfahrung, dass Dinge in Eigenregie schneller und effektiver gelöst werden können. Durch dieses jedoch festigt sich auch die Vorstellung, auf andere nicht angewiesen zu sein und eine wie auch immer geartete Verwaltung von außen nicht zu benötigen. Dieses Gefühl der Eigenständigkeit wurde durch das in Wichlinghausen tagende Hofgericht noch verstärkt, mit dem in Wichlinghausen eine eigene Verwaltung geschaffen wurde.

Die Eigenständigkeit hatte zudem einen entscheidendem Vorteil außerhalb der administrativen Funktion. Im Bereich der Wirtschaft verband sie sich harmonisch mit den ohnehin im Bergischen Land eher laxen Lehnsgesetzen. Diese Verbindung begann mit der Möglichkeit, ohne Einverständnis des Landesherrn Land zu verkaufen, was nur im Nachhinein angegeben werden musste. Der Verkauf von Land bildete die Basis für weitere wirtschaftliche Transaktionen, die sich in Wichlinghausen durch die berufliche Selbstständigkeit der einzelnen Bandwirker, Kaufleute und Handwerker zeigte. Diese arbeiteten zwar eng zusammen und bildeten eine dichtes Interessennetzwerk, blieben aber zunächst unabhängig voneinander.

Für die Kaufleute entstand aus dieser Mentalität ein Selbstbewusstsein, das sie positiv für den Handel mit anderen Regionen nutzten und auch gegenüber Obrigkeiten gewinnbringend anwendeten. So schafften sie es, etwa die Lücken in Napoleons Zollpolitik geschickt zu nutzen, was wiederum den Heimarbeitern in Wichlinghausen zu Beginn des 19. Jahrhunderts zugute kam, so dass die Wichlinghauser weniger unter der Politik des französischen Kaisers zu leiden hatte als andere Barmer. Diese aus dem eigenständigen Selbstbewusstsein gewonnenen Kontakte nutzen die Kaufleute auch nach der Franzosenzeit, um die Produkte aus Wichlinghausen wieder an den Mann zu bringen.

Sehr deutlich wird dieses Selbstverständnis der bürgerlichen Oberschicht von Wichlinghausen jedoch weniger im Bereich der Wirtschaft als im Bereich der Kirchengemeinde und damit im dritten ausgemachten Aspekt für die Entwicklung Wichlinghausens. Die Eigenständigkeit Wichlinghausens und auch Oberbarmens zeigt sich spätestens im 17. Jahrhundert das erste Mal, wenn die Oberbarmer an der Schwelmer Kirche eine eigene Kapelle für sich erbauen ließen, zu der nur sie Zutritt hatten. Es ist durchaus möglich, dass die enge Verbindung, die durch die Schenkung Peters von Heckinghausen an den Marienaltar in der Schwelmer Kirche, zu der auch das Westkotten gehörte, zwischen Schwelm und Oberbarmen hergestellt wurde, im Gegenzug bei den Oberbarmern und Wichlinghausern zu einer größeren Distanz führte, aus der schließlich diese Kapelle resultierte und mit ihr auch das Bestreben, sich mehr und mehr von Schwelm als Muttergemeinde zu lösen.

Ein theologischer Aspekt, der mit der Reformation aufkam, darf dabei nicht unterschlagen werden. Die Reformation gilt allgemein auch als die Epoche, in der der Individualismus gefördert wurde. Diese Idee lässt sich ohne große Probleme vom Einzelnen auch auf einzelne Gemeinden übertragen, so dass hinter den Bemühungen, sich von Schwelm zu lösen, auch der gesteigerte Wunsch steht, seine eigene Selbstständigkeit zu besitzen. Dieser aber wurde durch die Reformation, die, so paradox es klingen mag, ja von Schwelm nach Wichlinghausen kam, getragen.

Als bestimmender Faktor spielte das kirchliche Leben in Wichlinghausen aber vor allem eine Rolle durch seine Verbindung zum Kapital. Die Presbyteriumsmitglieder sind in den meisten Fällen identisch mit der Wichlinghauser Elite. Kaufleute bestimmen die Geschicke der Kirchengemeinde bis in das 20. Jahrhundert hinein. Diese Verbindung ist alles andere als zufällig, sondern hat ihren Grund in der Bewegung des Pietismus, der sich verstärkt auf zwei Dinge spezialisiert. Zum einen ist dort der fromme, oft von der Kirchendoktrin unabhängige Glaube des einzelnen, zum anderen eine strikte Orientierung an nützlichem Weltwissen im Bereich von Wirtschaft, Naturwissenschaft und Technik. Deutlich wird das erstens in der Biographie des Wichlinghauser Arztes Samuel Collenbusch, der aus einer Familie von Kaufleuten kam, sich im Bergwerkswesen und der Chemie versuchte, Arzt wurde und als einer der bedeutendsten Pietisten des 18. Jahrhunderts gilt. Es zeigt sich zweitens am Leben des Wichlinghauser Pfarrers Arnold Müller, der dem Essener Bürgertum, vor allem der Familie Krupp entstammte, als großer Pietist galt, den sogar Goethe sehen wollte, und in dessen Familie sich Kapital und Religion miteinander vereinten. Drittens kann dies durch die Briefe der Catharina Leckebusch belegt werden, die sie an Johann Caspar Engels schrieb und deren Inhalt neben den medizinischen Einzelheiten vor allem frommer Natur ist.

Genauere Arbeit, die eher in den Bereich der Soziologie als der Geschichtsschreibung gehört, müsste in meinen Augen noch zu der Frage betrieben werden, ob der Niedergang der Wichlinghauser Wirtschaft und der seit den 1920er Jahren zu beobachtende Rückzug der Wichlinghauser Bürgerschicht in andere Teile des Wuppertals auch Grund für den zunehmenden Bedeutungsverlust der Wichlinghauser Kirchengemeinde war oder ob es sich dabei lediglich um zwei Symptome eines anderen Problems handelt.

Deutlich wird bei der Beschäftigung mit der Wichlinghauser Frömmigkeit jedoch auch, dass diese niemals die gesamte Gemeinde erreicht hatte. Beispiele der Kirchenzucht zeigen diesen Umstand deutlich. Dennoch war der Prozentsatz der frommen Wichlinghauser wesentlich höher als in anderen Gemeinden und erreichte auch die nicht bürgerlichen Schichten bzw. die spätere Arbeiterschaft. In der Beschreibung Walter Posth vom Weihnachtsmorgen 1945 findet sich ein letztes Aufblitzen dieser religiösen Massenbegeisterung in Wichlinghausen, die spätestens seit den 1960er Jahren abbrach.

Schließlich ist die Bedeutung des Wichlinghauser Marktes als Zentrum bedeutend. Wie ich gezeigt habe, besteht die Möglichkeit, dass seit der Besiedlung des Landes, das einmal Wichlinghausen werden sollte, der Markt und seine direkte Umgebung als Zentrum Wichlinghausens zu verstehen sind. Diese Entwicklung hatte sich spätestens mit dem Bau der Schule im 17. Jahrhundert gefestigt und mit dem Sitz des Hofgerichts Wichlinghausen, das auf ihm tagte, bekam er eine weitere Bedeutung. Auch die im 17. Jahrhundert unternommene Einteilung in Rotten half dabei, da der Wichlinghauser Rottenmeister seinen Sitz am Markt hatte.

Diese Einteilung bedeutete jedoch für andere Bereiche Wichlinghausens eine Abspaltung vom Zentrum, weil diese so eine eigene Verwaltungseinheit bekamen und vor allem eine eigene Identität bildeten. Dazu zählten zunächst nur die Westkotter und die Leimbacher Rotte, mit dem 20. Jahrhundert aber vor allem der Sedansberg. Diese Viertel entwickelten eine Eigenständigkeit, die sich in der Unabhängigkeit vom Markt zeigte. Die Gründung des Nordstädter Bürgervereins, der sich schon durch den Namen als Teil Barmens und nicht etwa Wichlinghausens verstand, spiegelt dies deutlich wieder. Als Reaktion darauf ist bei vielen Wichlinghausern bis heute die Vorstellung geprägt, Wichlinghausen beziehe sich vor allem auf den Markt und reiche höchstens bis zum Beuler Bach im Osten und zur Westkotter Straße im Westen.

An diese Vorstellung sind bestimmte Ideen von Heimat geknüpft, die sich sowohl im Bau der neuen Wichlinghauser Kirche mit sich daran anschließendem Kirchhof als auch in den Gedichten der Kläre Birkenstock manifestieren, die aber spätestens nach dem Zweiten Weltkrieg für einige Zeit verschwanden. Erst mit der kompletten Umgestaltung des Wichlinghauser Marktes, der durch den Bebauungsplan Nr. 67 im Prinzip verschwand, entstand dieses Bewusstsein von Neuem und hält sich seit diesem Zeitpunkt. So heißt es auf der Startseite des Vereins *Wir in Wichlinghausen*, der Markt sei „unser Herzstück"[556].

So ist es auch verständlich, dass die Kirchengemeinde Wichlinghausen-Nächstebreck seit der Schließung der Wichlinghauser Kirche Einbußen bei den Gottesdienstbesuchern, sogar bei dem Weihnachtsgottesdiensten registrierte. Dabei spielte nicht etwa der räumliche Abstand die wichtige Rolle, sondern ein mentaler Abstand, der viele Wichlinghauser nicht in den Norden von Barmen gehen lässt. Das Gefühl, nicht mehr in Wichlinghausen zu sein, spielt dabei eine entscheidende Rolle.

[556]Vgl.: http://www.wuppertal-wichlinghausen.de/ (3.10.2015).

Abbildungsverezeichnis

Titel:
Wichlinghauser Markt: Foto/Repro: Harald Hülle Fritz Grotejohann

Teil 1
Abb. 1: Kopie aus de Bruyn-Ouboter, Barmen, S. 12.
Abb. 2: LVR-Landesmuseum Bonn
Abb. 3: Wikipedia, gemeinfrei
Abb. 4: Bild Google Earth
Abb. 5: Sammlung Schnickmann
Abb. 6: Wikipedia, gemeinfrei
Abb. 7: Kopie aus de Bruyn-Ouboter, Barmen, S. 28.
Abb. 8: Kopie aus Stock, Straßennamen, S. 389.
Abb. 9: Wikipedia, gemeinfrei
Abb. 10: Wikipedia, gemeinfrei
Abb. 11: Wikipedia, gemeinfrei
Abb. 12: Wikipedia, gemeinfrei
Abb. 13: Wikipedia, gemeinfrei
Abb. 14: Wikipedia, gemeinfrei
Abb. 15: Sammlung Schnickmann
Abb. 16: Kopie aus Schepers, Bauernhaus, S. 465.
Abb. 17: Sammlung de Bruyn-Ouboter
Abb. 18: Google Earth
Abb. 19: Kopie aus Schepers, Bauernhaus, S. 99
Abb. 20: Wikipedia, gemeinfrei
Abb. 21: LVR, Rheinische Landesgeschichte
Abb. 22: Google Earth
Abb. 23: reformiert-info.de
Abb. 24: Wikipedia, gemeinfrei

Teil 2
Abb. 25: Wikipedia, gemeinfrei
Abb. 26: Sammlung Schnickmann
Abb. 27: Sammlung Schnickmann
Abb. 28: Sammlung Schnickmann
Abb. 29: Wikipedia, gemeinfrei
Abb. 30: Wikipedia, gemeinfrei
Abb. 31: Wikipedia, gemeinfrei
Abb. 32: ev. Kirchenkreisarchiv, Gemeinde Wichlinghausen
Abb. 33: Wikipedia, gemeinfrei
Abb. 34: Kopie aus Haacke, Barmens Bevölkerung, Anhang
Abb. 35: historisches-lexikon-bayerns.de
Abb. 36: Sammlung Schnickmann
Abb. 37: ev. Kirchenkreisarchiv, Gemeinde Wichlinghausen
Abb.38: Sammlung de Bruyn-Ouboter
Abb. 39: Foto/Repro: Harald Hülle
Abb. 40: ev. Kirchenkreisarchiv, Gemeinde Wichlinghausen
Abb. 41: Wikipedia, gemeinfrei
Abb. 42: Wikipedia, gemeinfrei
Abb. 43: Sammlung Klaus Goebel
Abb. 44: Foto/Repro: Harald Hülle
Abb. 45: Wikipedia, gemeinfrei

Teil 3:
Abb. 46: Kopie aus Röhrig, Mittelsten Scheid
Abb. 47: Sammlung Schnickmann
Abb. 48: Sammlung Schnickmann
Abb. 49: Sammlung Schnickmann
Abb. 50: Friedhelm Ross

Abb. 51: Wikipedia, gemeinfrei
Abb. 52: Wikipedia, gemeinfrei
Abb. 53: Foto/Repro: Harald Hülle

Abb. 54: Foto/Repro: Harald Hülle
Abb. 55: ev. Kirchenkreisarchiv, Gemeinde Wichlinghausen
Abb. 56: Sammlung de Bruyn-Ouboter
Abb. 57: Sammlung de Bruyn-Ouboter
Abb: 58: ev. Kirchenkreisarchiv, Gemeinde Wichlinghausen
Abb. 59: Sammlung Schnickmann
Abb. 60: ev. Kirchenkreisarchiv, Gemeinde Wichlinghausen
Abb. 61: Foto/Repro: Harald Hülle
Abb. 62: ev. Kirchenkreisarchiv, Gemeinde Wichlinghausen
Abb. 63 : ev. Kirchenkreisarchiv, Gemeinde Wichlinghausen
Abb. 64: Kopie aus Vogelsang, Diekerstraße Schule, Einband innen.
Abb. 65: Sammlung Schnickmann
Abb. 66: Foto/Repro: Harald Hülle
Abb. 67: Kopie aus CVJM Festschrift 1994, S. 19.
Abb. 68: Foto/Repro: Harald Hülle
Abb. 69 Posth: Foto/Repro: Harald Hülle
Abb. 70: Sammlung Schnickmann
Abb. 71: Foto: Harald Hülle
Abb. 72: Sammlung Schnickmann
Abb. 73: Sammlung Schnickmann

Rückseite:
Autorenbild: Astrid Die FotoGräfin - www.astrid-my-view.de

Literaturverzeichnis

In der folgenden Liste sind Aufsätze, Monographien, Sammelbände und Lexika verzeichnet. Sammelbände und Lexika werden immer dann ohne Aufsatz aufgeführt, wenn aus diesem Buch bzw. Lexika mehrere Artikel benutzt wurden. Wurde nur ein Aufsatz genutzt, ist dieser verzeichnet.

Internetquellen und Archivalien sind unter der jeweiligen Fußnote komplett angegeben. Sie werden daher hier nicht noch einmal angeführt.

Quellentexte sind nicht gesondert von der Literaturliste dargestellt.

Ahland,Timo/Schrader, Ulrike: Haus des Lebens. Der jüdische Friedhof in Wuppertal-Barmen, Wuppertal 2007.

Altmann, Alexander: Moses Mendelsohns Frühschriften zur Metaphysik, Tübingen 1969.

Arens, Franz: Das Heberegister des Stiftes Essen, nach dem Kettenbuch im Essener Münsterarchiv, in: Beiträge zur Geschichte von Stadt und Stift Essen, Bd. 34, 1912, 1-111.

Arensmeier, August: Hüser on Hüsker. Schönes altbergisches Fachwerk, hrsg. von Michael Metschies, Wuppertal 1987.

Augé, Friedrich: Samuel Collenbusch und sein Freundeskreis, Bd. 1 u. 2, Neukirchen o.J.

Bergischer Geschichtsverein - Abt. Wuppertal (Hg.): Fäden, Farben, Wasser, Dampf, Wuppertal 2008.

Birkenstock, Cläre: Alt-Wichlinghausen. Gedichte verfaßt anläßlich des Winterfestes des Wichlinghauser Kirchenchores am 20. Februar 1927, Barmen 1927.

Böhmer, Emil: Aus der Frühgeschichte unserer Garnindustrie, in: ders.: Bilder zur Geschichte unserer Heimat, Schwelm 1935, 22-

31.

Böhmer, Emil: Das älteste Traubuch der lutherischen Gemeinde Schwelm 1654-1670, Schwelm 1939.

Bouterwek, Karl Wilhelm: Die Reformation im Wupperthal und Peter Lo's Antheil an derselben, in: ZBGV 4, 1867, 337-413.

Bredt, Johann Viktor: Studien zur Rechtsgeschichte von Barmen, in: Zeitschrift des Bergischen Geschichtsvereins, 65. Bd, Wuppertal 1937, 1-288.

Bruyn-Ouboter, Hans Joachim, de: (1)200 Jahre Barmen. Die Stadtgeschichte, Wuppertal 2009.

Christlicher Männer- und Jungmänner-Verein Wuppertal-Wichlinghausen (Hg.), Fest-Schrift zum 100. Jahresfest, Wuppertal 1946.

Collenbusch, Samuel: Aufsätze, Briefe und Tagebücher, hrsg, von Hermann Cremer, Stuttgart 1902.

Conrad, Joachim/Flesch, Stefan/Kuropka, Nicole/Martin, Thomas (Hg.): Evangelisch am Rhein. Werden und Wesen einer Landeskirche, Düsseldorf 2007.

Crecelius, Wilhelm/Werth, Adolf: Urkunden zur Geschichte der Garnnahrung im Wupperthale, in ZBGV 6 1880, 3-132.

CVJM Wichlinghausen (Hg.): 150 Jahre CVJM Wuppertal-Wichlinghausen e.V., Wuppertal 1996.

Dabringhausen, Gerhard: Heckinghausen. 1300 Jahre an der Grenze zwischen Rheinland und Westfalen, Wuppertal, 2012.

Denzel, Ernst: Wirtschafts- und Sozialgeschichte der Stadt Wetter, Wetter 1952.

Derks, Paul: Flurnamen und Rechtssprache. Ein Widerwort anläßlich eines Volmarsteiner Grenzgangs aus dem 16. Jahrhundert, in: Märkisches Jahrbuch für Geschichte 109, 2009, 346 – 397.

Derwein, Herbert: Geschichte des Friedhofs, Frankfurt/Main 1931.

Diekhaus, Ferdinand: Unser „Dorp“ Wichlinghausen. Sein geschichtliches, wirtschaftliches und kulturelles Werden, Wuppertal 1952.

Dietz, Burkhard/Ehrenpreis, Stefan (Hg.): Drei Konfessionen in einer Region. Beiträge zur Geschichte der Konfessionalisierung im Herzogtum Berg vom 16. bis zum 18. Jahrhundert. (= Schriftenreihe des Vereins für Rheinische Kirchengeschichte Bd. 136), Köln 1999.

Dietz, Walter: Barmen vor 500 Jahren, Wuppertal 1966.

Dietz, Walter: Chronik der Familie Wuppermann, Bd. 1, Leverkusen-Schlebusch 1960.

Dietz, Walter: Die Wuppertaler Garnnahrung, Neustadt an der Aich 1957.

Dietz, Walther: Das Hofgericht Wichlinghausen, Köln 1939.

Dütschke, Gottlieb: Die älteste Bevölkerung des Wuppertals nach ihren Höfen, in ZBGV 41, 1908, 185-208.

Eberlein, Hans-Peter: Peter Lo, der Reformator Elberfelds, in: Federschmidt, Karl (Hrsg.): „Ein Schritt zu mehr Freiheit“. Veranstaltungen zum 450-jährigen Reformationsjubiläum in Elberfeld. Eine Dokumentation, Wuppertal 2002, 5-22.

Ehrenpreis, Stefan (Hg.): Der Dreißigjährige Krieg im Herzogtum Berg und in seinen Nachbarregionen, Neustadt an der Aisch, 2002.

Engel, Gustav (Hrsg.): Ravensberger Regesten, Bielefeld/Dortmund/Münster 1985.

Ernestus, Ursula: Die Familien der evangelisch-lutherischen Gemeinde Wichlinghausen (Wuppertal) 1744 – 1809, Wuppertal 1998.

Evangelisch-lutherische Gemeinde Barmen-Wichlinghausen

(Hrsg.): Unsere Gemeinde. 1744 – 1864 – 1914 – 1964, Wuppertal 1964.

Finger, Heinz: Die Abtei Werden als geistiges und geistliches Zentrum im Grenzraum von Rheinland und Westfalen. (= Libelli Rhenani. Series minor. 2.) Köln 2003.

Förderverein Historische Parkanlagen Wuppertal e.V. (Hrsg.): Waldanlage Nordpark. Alleen, Spielplätze, Wildgehege, Wuppertal 2011.

Frauer, Hans-Dieter : Das schwäbische Paradies. Geschichten zur Geschichte – Pietismus in Württemberg, Marburg an der Lahn ²2011.

Frisch, Margarete: Die Grafschaft Mark. Der Aufbau und die innere Gliederung des Gebietes besonders nördlich der Ruhr, Münster 1937.

Goebel, Klaus: Nur einmal war er sprachlos. Erinnerungen an Johannes Rau, Neukirchen 2007.

Gorißen, Stefan/Sassin, Horst/Wesoly, Kurt (Hg.): Geschichte des Bergischen Landes. Bis zum Ende des alten Herzogtums 1806, Bielefeld 2014.

H. O. Kö. (Sigle nicht auflösbar): XVIII. Homiletisches, in: Zeitschrift für die gesamte lutherische Theologie und Kirche, Bd. 35, Leipzig 1874, 373-374.

Haacke, Heinrich: Barmens Bevölkerung im XVII. und XVIII. Jahrhundert, Barmen 1911.

Haacke, Heinrich: Die Entwicklung der Besiedlung Barmens bis zum Beginn des 19. Jahrhunderts, in ZBGV 52, 1921,94-133.

Haan, Heiner/Niedhart, Gottfried: Geschichte Englands vom 16. bis zum 18. Jahrhundert, München ²2002.

Helbeck, Gerd: Barmen vor 1245, in: Mitteilungen des Stadtarchivs, des historischen Zentrums und des Bergischen Geschichtsvereins – Abt. Wuppertal 11, 1986, 33-38.

Helbeck, Gerd: Beyenburg. Geschichte eines Ortes an der bergisch-märkischen Grenze und seines Umlandes Bd. 1, Schwelm 2007.

Helbeck, Gerd: Die schriftlichen Quellen zur Geschichte der Stadt Schwelm und ihres Umlandes, Schwelm 1977.

Helbeck, Gerd: Nächstebreck. (=Beiträge zur Geschichte und Heimatkunde des Wuppertals Bd. 30), Wuppertal, 1984.

Helbeck, Gerd: Schwelm. Geschichte einer Stadt und ihres Umlandes, Band I, Schwelm 1995.

Helmich, Hans: „Hier wohnt der Volksverräter Immer. Pfarr- und Gemeindehaus Klingelholl 54, in: Goebel, Klaus: Historische Schauplätze in Wuppertal, Solingen und Remscheid, Wuppertal 1990, 39-41.

Helmich, Hans: Die Gemeinde Wichlinghausen in Wuppertal 1744 – 1994. Ein Beitrag zu Pietismus und Erweckung im Wuppertal, St. Augustin 1994.

Hendricks, Rainer: Die märkischen Höfe in Wichlinghausen nach den Protokollen von 1660-1809, Wuppertal 1997.

Hendricks, Rainer: Villa Halstenbach. Geschichte eines Hauses und der Fabrikantenfamilien Mittelsten Scheid, Lekebusch und Halstenbach, Wuppertal 1996.

Hennig, Beate: Kleines Mittelhodeutsches Wörterbuch, Tübingen 2001.

Heuter, Christoph: „Knäuel im langen Häuserfaden“. Stadtentwicklung und Wohnhausbau im Wuppertal 1770 – 1914, in: Arbeitskreis für Hausforschung (Hg.): Wuppertal, das bergische

Land und der Hausbau im 19. Jahrhundert, Marburg 2014, 21-75.

Heuter, Christoph: StadtSchöpfung. Siedlungen der 1920er Jahre in Wuppertal-Barmen, Wuppertal 1995.

Höller, Klaus Albert: Die Südgrenze der Freigrafschaft Volmarstein, in: Märkisches Jahrbuch für Geschichte 108, 2008, 151 – 166.

Holthaus, Peter Heinrich: Kirchen- und Schulgeschichte von Schwelm, Schwelm 1831.

Hübner, Johannes: Geschichte der Evangelisch-lutherischen Gemeinde Barmen-Wupperfeld von 1777 – 1952, Barmen 1953.

Johann Heinrich Jung's, genannt Stilling, sämmtliche Schriften. Erster Band. Stilling's Leben. Stuttgart 1835.

Jung, Martin H.: Reformation und Konfessionelles Zeitalter (1517 – 1648), Göttingen 2012.

Kaiser, Paul: Das sogenannte Eisenacher Regulativ von 1861. Ein kirchenrechtliches Phantom, in: Raschzok, Klaus/Sörries, Reiner (Hg.): Geschichte des protestantischen Kirchenbaues. Festschrift für Peter Poscharsky zum 60. Geburtstag, Erlangen 1994, 115-118.

Kießling, Hermann: Steuerliste Barmen für 1663, Wuppertal 1970.

Kirchengemeinde Wichlinghausen-Nächstebreck (Hg.) Wichlinghauser Kirche in Bildern und Geschichten, Wuppertal 2014.

Klugkist Hesse, Hermann: Elberfeld und seine Kirche im Mittelalter und im Dreißigjährigen Krieg, Kamen 2013.

Knierim, Michael: Kommentar, in: ders (Hrsg.): Geistliche Briefe an Johann Caspar Engels und seine Frau Louise, geb. Noot, 1798 – 1821. Zugleich ein Beitrag zum Collenbuschianismus im Wuppertal, Neustadt an der Aisch 1992.

Köhler, Heinrich (Hrsg.): Barmen, Berlin 1928.

Köllmann, Wolfgang: Sozialgeschichte der Stadt Barmen im 19.

Jahrhundert, Tübingen 1960.

Krampen, Hans: Hans Krampen: „Karl Krampen (1901-1945) – Leben und Gedanken eines gläubigen Christen, Bad Pyrmont 2014.

Krummacher, Friedrich Wilhelm: Immanuel Friedrich Sander. Eine Prophetengestalt aus der Gegenwart, Elberfeld 1860.

Lacomblet, Theodor: Urkundenbuch für die Geschichte des Niederrheins, Düsseldorf 1840.

Ledebur, Leopold von: Leitfaden für die Königliche Kunstkammer und das Ethnologische Cabinet, Berlin 1844.

Lehmhaus, Fritz: eine seltsame Grenze quer durch das Bergische, in: Mitteilungen des Bergischen Geschichtsvereins 2, 1933, 41-44.

Leidinger, Paul: Die Grafen von Werl und Werl-Arnsberg (ca. 980 – 1124): Genealogie und Aspekte ihrer politischen Geschichte in ottonischer und salischer Zeit, in: Harm Klueting, Harm/Foken, Jens (Hrsg.): Das Herzogtum Westfalen. Band I: Das kurkölnische Herzogtum Westfalen von den Anfängen der kölnischen Herrschaft im südlichen Westfalen bis zur Säkularisierung 1803, Münster 2009, 119-170.

Leithaeuser, Julius: Bergische Ortsnamen, Elberfeld 1901.

Leja, Michael, Tesche-Ricciardi: Als das Bergisches Land noch am Äquator lag, hrsg. von Sigurd Tesche, Remscheid 2012.

Lekebusch, Sigrid/Speer, Florian (Hg.): Kirchen und Gottesdienststätten in Barmen (=Kirchen und Gottesdienststätten in Wuppertal, Band 2), Wuppertal 2008.

Lewald, Ursula, Die Ezzonen. Das Schicksal eines rheinischen Fürstengeschlechts, in: Rheinische Vierteljahrsblätter 43, 1979, 121-168.

Lexer, Matthias: Mittelhochdeutsches Handwörterbuch, Leipzig,

1872-1878.

Lexikon des Mittelalters, München et al. 1980-1999.

Lieb, Stefanie: Was ist Jugendstil. Eine Analyse der Jugendstilarchitektur 1890 – 1910, Darmstadt 2000.
Lindnder, Theodor: Die Feme, Münster/Paderborn, 1888.

Lorenz, Sönke: Kaiserswerth im Mittelalter. Genese, Struktur und Organisation königlicher Herrschaft am Niederrhein, Düsseldorf 1993.

Lutze, Hermann, Halt im Wetterwind, Erlebnisse und Erfahrungen aus acht Jahrzehnten, Köln 1983.

Mehnert, Fritz (Hrsg.): Oberbarmer Gemeindegeschichte, Wuppertal 2008.

Merck, Gustav Friedrich: Festgruß zur Einweihung des neuen Doppelheims Diekerstraße 19, Barmen 1908.

Metschies, Michael: Gefährdet – Gerettet – Verloren. Schicksale Wuppertaler Bauten, Wuppertal 1982.

Metschies, Michael: Wuppertal wiederentdeckt, Wuppertal 1975.

Michels, Franz: Baudessin, Wolf Heinrich v., in: Neue Deutsche Biographie Bd. 1, Berlin 1953, 632.

Moeller, Bernd et al: Deutsche Geschichte Bd. 2. Frühe Neuzeit, Göttingen 1985.

Münch, Willi: Niederbergische Steingaden und Wehrspeicher, Düsseldorf 1967.

Muthmann, Ernst: Barmer Steuerrolle von 1655, in ZBGV 44 1911, 83-98.

Ohler, Norbert: Reisen im Mittelalter, Düsseldorf ^{4}2004.

Peters, Christian: Pietismus I. Begriff und Geschichte, in: Lexikon für Theologie und Kirche Bd. 8, Freiburg et al. 1999, 291-292.

Petri, Franz/Droege, Georg (Hgg.): Collectana Franz Steinbach, Bonn 1967.

Pivka, Otto von: Napoleon's German Allies (1) : Westfalia and Kleve-Berg (Men-At-Arms Series, 44), Oxford 1975.

Rees, Wilhelm: Gehöft und Bauernhaus im Bergischen Lande, in: Rheinische Heimatpflege 7.2, 1935, 166-182.

Reininghaus, Wilfried: Über die Wupper gehen … Aspekte einer vergleichenden Geschichte der benachbarten Territorien Berg und Mark vor 1806, in ZBGV 99 2003, 9-25.

Religion in Geschichte und Gegenwart, Tübingen 1998 – 2007.

Reulecke, Jürgen: „Zeitheimat" und „Generativität". Geschichte und Geschichten um Johannes Rau, in: Mittag, Jürgen/Tenfelde, Klaus (Hg.): Versöhnen statt spalten. Johannes Rau: Sozialdemokratie, Landespolitik und Zeitgeschichte, Oberhausen 2007, 33-48.

Röhrig, Ernst Walter: Geschichte des vom Gute Lehn stammenden Geschlechtes Mittelsten Scheid, Barmen 1928.

Ruhbach, Gerhard: Pietismus, in: Evangelisches Lexikon für Theologie und Gemeinde Bd. 3, Wuppertal/Zürich 1994.

Rürup, Reinhard et al.: Deutsche Geschichte 19. und 20. Jahrhundert, Göttingen 1985.

Sauder, Gerhard: Pietismus III. Sprache und Literatur, in: Lexikon für Theologie und Kirche Bd. 8, Freiburg et al. 1999.

Schell, Otto: Die frühere Befestigung der Bergischen Höfe und Dörfer, in ZBGV 42, 1909, 1-34.

Schepers, Josef: Haus und Hof deutscher Bauern. Westfalen-Lippe, Münster 1960.

Schmitt, Charles: Das Großherzogtum Berg 1806 – 1813, hrsg. von Burkhard Dietz und Jörg Engelbrecht, Neustadt/Aisch 1999.

Schnettler, Otto: Geschichte des Volmarstein'schen Vemgerichts im Mittelalter, in: Jahrbuch für Orts- und Heimatkunde in der Grafschaft Mark, Bd. 25, 1910/11, 1-48.

Schnettler, Otto: Zur Geschichte von Volmarstein im 12. und 13. Jahrhundert. Regesten aus dem Archiv des Hauses Westhusen, in: Jahrbuch des Vereins für Orts- und Heimatkunde in der Grafschaft Mark 26, 31-47.

Schnickmann, Heiko: Die Gründung des Altenheims Stollenstraße, in: Gemeindegruß Oktober/November 2015, 6.

Schnickmann, Heiko/Kuhlmann, Inge: Volkstrauertag: Erinnern an die Getöteten der Weltkriege, in: Gemeindegruß der evangelischen Kirchengemeinde Wichlinghausen-Nächstebreck, Oktober / November 2014, 6-7.

Schnöring, Kurt: Wichlinghausen in Bildern von damals und heute, Horb am Neckar 1988.

Schnöring, Kurt: Wuppertal zwischen den Weltkriegen, in: Goebel, Klaus et al. (Hg.), Geschichte der Stadt Wuppertal, Wuppertal 1977.

Schöller, Peter: Die rheinisch-westfälische Grenze zwischen Ruhr und Ebbegebirge, Münster 1953.

Schreiner, Peter: Richeza. Die polnische Königin aus dem Rheinland. Anfänge der Beziehungen zwischen Deutschen und Polen im 11. Jahrhundert, Pulheim 2012.

Schürmann, Heinz W.: Wuppertaler Wirtschaft auf neuen Wegen. Wechselvolle Entwicklung in vier Jahrzehnten, in: Werner, Gerhart (Hg.): Heimatchronik der Stadt Wuppertal, Wuppertal o.J, 229-306.

Schweikle, Irmgard: Biedermeier, in: dies./Schweikle, Günther (Hrsg.): Metzler Literaturlexikon. Begriffe und Definitionen, Stuttgart 1990, 51-52.

Seebold, Elmar: Kluge. Etymologisches Wörterbuch der deutschen Sprache, Berlin/Boston [25]2011.

Sonderland, Vincent Paul: Die Geschichte von Barmen im Wuppertale, Elberfeld 1821.

Spannagel, Carl: Barmen im siebenjährigen Kriege. Eine Beckmannsche Chronik, in ZBGV 26, 85-212.

Steinbach, Franz: Beiträge zur bergische Agrargeschichte, Bonn 1922.

Steiner, Robert: Gemarke 1702 – 1977. Kurze Geschichte der evangelisch-reformierten Gemeinde Barmen-Gemarke, Wuppertal 1977.

Stock, Wolfgang: Wuppertaler Gräber, Essen 2007.

Stock, Wolfgang: Wuppertaler Straßennamen. Ihre Herkunft und Bedeutung, Essen 2002.

Sundermann, Margot: Vom Bauernbusch zum Bürgerpark. Eine Studie zur Geschichte des Nordparks (= Mitteilungen des Stadtarchivs, des historischen Zentrums und des Bergischen Geschichtsvereins – Abt. Wuppertal 14) Wuppertal 1989.

Thier, Dietrich: Die märkische Freiheit Wetter, Hagen 1989.

Vahrenhold-Huland, Uta: Grundlagen und Entstehung der Territoriums der Grafschaft Mark, Dortmund 1968.

Vogelsang, Kai: Geschichte Chinas, Stuttgart 2012.

Vogelsang, Wilhelm: Geschichte der Diekerstraßer Schule in Barmen-Wichlinghausen. Zu ihrem 50jährigen Jubiläum am 26. Juni 1912, Barmen 1912.

Wahl, Emil: Die Freiheit Barmen und ihre ältesten Höfe, in: Romerike Berge, Band 5, 1955, 177-185.

Werner, Gerhart: Wuppertal in Napoleonischer Zeit, Wuppertal

1967.

Werth, Adolf: Barmen. Festschrift zur Jahrhundert-Feier, Barmen 1908.

Werth, Adolf: Geschichte der Evangelisch-Reformierten Gemeinde Barmen-Gemarke 1702-1927, hrsg. von Adolf Laufs, Barmen 1927.

Wesoly, Kurt: Elementare Bildung bis zum Ende des 18. Jahrhunderts (insbesondere des Niederbergischen), in ZBGV 95 1993, 1-19.

Westkott, Hermann: Auf heimatgeschichtlichem Neuland. Bisher unbekannte Dokumente erzählen aus der tausendjährigen Geschichte des Freigutes Westkotten, in: Rheinische Landeszeitung, 5. Februar 1939 – 28. Mai 1939.

Wichlinghauser Bezirksverein (Hg.): Wichlinghauser Heimattage aus Anlaß des 25-jährigen Jubiläums der Stadt Wuppertal vom 31. Juli – 2. August 1954, Wuppertal 1954.

Wiescher, Michael: Bauern, Weber, Arbeiter. Zur Geschichte der Südhöhen in Barmen, Wuppertal 2015.